土地利用变化与生态系统服务权衡

马彩虹　著

国家自然科学基金项目（41761034）资助出版

科学出版社

北　京

内 容 简 介

　　生态系统服务之间的协同与权衡作用在全球具有普遍性和明显的差异性。近年来，生态系统服务权衡与协同研究已成为生态学、地理学、环境科学以及全球变化等众多领域的研究热点。本书以陕西省榆林市、渭南市和安康市为主要研究区域，定量评估不同土地利用转移流下初级生产力、固碳释氧、涵养水源以及水土保持等各项生态系统服务之间的相互依赖性、权衡和此消彼长关系，并对其生态服务的权衡与协同效应进行对比分析。本书可为土地利用规划、土地决策制定和生态环境保护提供科学的理论依据，对推动区域可持续发展、深化人地关系研究以及生态文明建设具有重要意义。

　　本书可供地理学、生态经济学、社会学、区域可持续发展与生态文明建设等领域的研究人员和高校师生阅读和参考。

审图号：陕 S（2018）012 号

图书在版编目（CIP）数据

土地利用变化与生态系统服务权衡 / 马彩虹著. —北京：科学出版社，2018.8

ISBN 978-7-03-058495-3

Ⅰ. ①土…　Ⅱ. ①马…　Ⅲ. ①土地利用-关系-生态系-研究-陕西　Ⅳ. ①F321.1　②X321.241

中国版本图书馆 CIP 数据核字（2018）第 181682 号

责任编辑：祝　洁　徐世钊/责任校对：郭瑞芝
责任印制：张克忠/封面设计：陈　敬

科 学 出 版 社 出版

北京东黄城根北街 16 号
邮政编码：100717
http://www.sciencep.com

三河市荣展印务有限公司 印刷

科学出版社发行　各地新华书店经销

*

2018 年 8 月第　一　版　　开本：720×1000　B5
2018 年 8 月第一次印刷　　印张：13 1/4
字数：267 000

定价：90.00 元
（如有印装质量问题，我社负责调换）

前　言

由于生态系统服务的多样性、空间分布的不均衡性以及人类使用的选择性，在土地利用/覆被变化（land use and cover change，LUCC）作用下，生态系统服务之间的关系出现了此消彼长的权衡和相互增益的协同等变化。LUCC 引起的生态系统服务之间的协同与权衡作用在全球具有普遍性和明显的差异性。近年来，生态系统服务对 LUCC 的响应，尤其是生态系统服务权衡与协同研究已成为生态学、地理学、环境科学以及全球变化等众多领域的研究热点。通过生态服务对土地利用变化的响应研究，可以有效认识不同土地利用方式对生态服务的效应，对土地利用优化配置、有效保障区域主体功能以及促进区域生态与经济双赢有直接的指导意义。

权衡和协同关系与土地利用矛盾密不可分，相互影响，不仅土地利用变化会对生态系统服务的冲突和协同产生影响，权衡土地资源利用中各类冲突对土地资源的使用也有很大的意义。了解土地资源的权衡和协同关系，可以更加精准地解决土地资源使用矛盾，避免人类忽略生态系统服务的内部作用导致冲突的加深，从而使土地利用的整体效益达到最大化。本书主要研究内容如下。

第一，土地利用及其景观格局时空动态变化研究。根据遥感数据解译获得研究区土地利用数据，分析榆林市、渭南市和安康市 2000 年与 2010 年土地利用结构特征及其变化、土地利用转移流的动态变化、土地利用转移的空间特征和土地利用转移的区域差异性。

第二，生态系统服务价值时空变化定量评估。评估 2000 年和 2010 年研究区域植物净初级生产力（net primary production，NPP）价值、固碳释氧价值、涵养水源价值和水土保持价值四项生态系统服务价值的分项指标及其合成生态服务价值，并对榆林市、渭南市和安康市各生态服务价值的时空异质性和差异性进行比较。

第三，生态系统服务对土地利用变化的响应。分析多功能土地利用与生态系统服务形成与维持之间的关系，包括不同土地利用类型及格局与生态系统服务的空间关联和对应关系，进行生态系统服务流的空间路径与通量研究。

第四，生态系统服务权衡与协同定性识别与定量测评。进行生态系统服务权衡与协同关系定性识别；定量评估生态系统服务权衡与协同效应；对土地利用转移流所产生的区域生态系统服务权衡与协同效应进行评估，并对其区域差异性进行对比分析。

　　本书研究内容获得国家自然科学基金项目（41261040，41661042）及教育部人文社科研究基地项目（14JJD840004）资助，国家自然科学基金项目（41761034）资助出版。陕西师范大学博士生导师任志远教授对本书的撰写提出了宝贵的指导意见，在此致以崇高的敬意和诚挚的感谢！

　　限于作者水平，书中难免有不妥之处，敬请读者不吝指教。

作　者

2018 年 1 月

目　录

第1章 绪　　论

1.1　研究背景与意义

1.1.1　研究背景

生态系统服务是人类直接或间接地从生态系统获得的各种收益（Reid et al.，2006）。千年生态系统评估（the Millennium Ecosystem Assessment，MA）报告指出，全球生态系统的服务功能正逐渐退化，甚至出现了局部地区生态系统服务被耗竭的情况（MA，2005）。由于生态系统服务种类的多样性、空间分布的不均衡性以及人类使用的选择性，生态系统服务之间表现为此消彼长的权衡、相互增益或相互减损的协同等形式（李双成等，2013）。全球范围内生态系统服务之间的权衡与协同作用普遍存在，但又表现出明显的地域差异性与动态变化性。MA之后，生态系统服务权衡与协同研究成为该领域新的热点（傅伯杰等，2016；李文华等，2009）。土地利用/覆被格局和承载于其上的生态过程是生态系统服务保育和发挥的物质基础。土地覆被的空间格局是泥沙运移、面源污染物质输出和产水等过程的载体，格局的变化会引起该随机面状生态过程的改变，而过程中也包含众多塑造格局的动因和驱动力，其改变也会使格局产生一系列的响应。因此，土地利用直接影响生态系统提供服务的能力（黄云凤等，2012）。权衡与协同的产生往往是人类通过土地利用等方式对自然生态系统服务有选择使用的结果，分析土地利用与生态系统服务形成与维持之间的关系是生态系统服务研究的优先主题（李双成等，2011）。

第一，伴随着全球化进程的加快，土地利用变化对生态系统的影响更为显著。人类通过改变土地的利用方式改变着整个地球陆地生态系统（Liu et al.，2016）。从全球范围来看，人类活动正在以惊人的速度改变着地球表面的植被覆盖状况、景观格局、水热状况及生态系统。这种土地利用、景观格局和生态环境的改变，不仅影响自然环境自身的健康，更主要的是影响人类的生存与发展，引发了一系列诸如资源匮乏、环境污染加重和自然灾害群发等自然环境问题（Blaen et al.，2015）；还对各种生态环境等造成危害，进而影响社会、经济的可持续发展和生态文明建设。土地利用变化是全球变化的主要驱动力这一观点已经得到公认。这种驱动过程通过与气候、生态系统过程、生物地球循环过程以及生物多样性和人类活动之间的相互作用来体现。土地利用/覆被变化触及和反映了自然及社会经济条件的变化以及人为影响的变化，既是自然科学与社会科学的交叉研究领域，也是从区域到全球变化的桥梁，故而土地利用/覆被变化的生态效应研究成为全球变化研究中的前沿和热点。目前，土地利用/覆被变化研究已经深入到对土地利用变化过程、机理及其效应的格局-过程和尺度效应的挖掘和分析，以及土地利用变化与自然、生态和社会经济系统的权衡与协同关系探究中。

第二，生态系统服务关乎人类福祉。生态系统提供给人类的价值是巨大的，是人类生存与现代文明的基础。伴随着密集的人类活动、快速的工业化和土地开发、高污染型产业的发展，农田、森林、草原和湿地的生态系统遭到严重破坏。生态系统服务功能及生态系统健康持续下降等问题给环境保护、社会经济可持续发展以及人民健康造成了严重影响。自 20 世纪中期以来，资源环境问题的日益严峻，尤其是 21 世纪以来全球生态系统的危机信号频出，人类逐渐认识到生态系统服务也是一种稀缺资源。我国近年来频频爆发沙尘暴、雾霾等重大灾害性天气，"蓝天白云""清洁水源"和"干净的空气"成为民众的渴望。几乎所有生态系统服务的决策都涉及利益权衡，因而生态系统服务之间的相互竞争作用在全球具有普遍性，在不同区域内又表现出明显的差异性。生态系统服务功能理论可以比较清晰地描述人对自然的依赖性。人们通过运用其相关知识，对各种社会、经济和技术发展方式的长远影响进行评价，以防止或减少对生态系统的破坏。

第三，生态文明建设和绿色发展引领可持续发展。生态问题是人类在谋求发展的过程中产生的。生态文明建设的核心就是要在保证人与社会合理发展要求的基础之上，通过改变不合理的生产方式与消费方式，调整不合理的社会物质利益关系，以实现人与自然的和谐，从而建构生态文明，即物质生产与生态环境的协调统一。党的十六大报告中提出了"生态环境得到改善""增强可持续发展能力""资源利用效率显著提高""促进人与自然的和谐"和"生态良好的文明发展"等与生态文明相关的观点；十七大报告进一步提出"建设生态文明，基本形成节约能源资源和保护生态环境的产业结构、增长方式、消费模式"；十八大报告中提出，要大力推进生态文明建设，要求全面促进资源节约，推动资源利用方式产生根本性的转变，大幅降低水资源、土地资源的消耗强度，提高资源的利用效率和利用效益，加大自然生态系统和环境保护力度；建立国土资源空间开发保护制度，执行最严格的耕地保护制度。可见，土地资源开发利用中，必须十分重视土地生态安全的问题。十八大报告指出，大力推进生态文明建设。建设生态文明，是关系人民福祉、关乎民族未来的长远大计。面对资源约束趋紧、环境污染严重、生态系统退化的严峻形势，必须树立尊重自然、顺应自然、保护自然的生态文明理念，把生态文明建设放在突出地位，融入经济建设、政治建设、文化建设、社会建设各方面和全过程，在十三五期间主体功能区布局和生态安全屏障基本形成，让绿水青山变成金山银山，让绿色惠民富民。十九大报告进一步指出，加大生态系统保护力度，实施重要生态系统保护和修复重大工程，优化生态安全屏障体系，构建生态廊道和生物多样性保护网络，提升生态系统质量和稳定性。

1.1.2　研究意义

　　土地资源合理开发利用对提升生态系统服务功能起着重要作用。研究生态系统服务的权衡和协同关系，分析其表现类型、时空格局、影响因素和区域差异，找到生态保护和经济发展的平衡点，对于提升生态系统服务的总体效益，实现区域可持续发展和生态系统保护的双赢具有重要的价值。从土地利用/覆被变化视角切入，定量评估生态系统服务相互关系的时空特征，有利于研究生态系统服务之间相互关系在时间上的非线性变化以及空间上的分布异质性，对区域土地管理与生态系统服务优化具有重要的指导意义（王鹏涛等，2017）。

　　第一，为国土资源空间优化开发提供一定参考依据。生态环境是人类生产生活基础物质和能源的来源，离开生态系统提供的物质和能量，人类便无法生存，更谈不上社会和经济的发展。人类活动强烈影响着生态系统提供服务的形式与能力，生态系统服务的变化反过来影响土地利用数量结构和空间开发的优化配置相关决策的制定。在科学发展观的指导下，要使社会可持续发展就要保证优良生态环境。国家在十二五规划中提出了主体功能区的划分方案，同时要求深入研究不同区域的自然和社会经济特征，选择科学的国土资源开发计划。十三五规划要求进一步做好国土资源空间优化开发。陕西省南北狭长，自然资源和环境差异较大，生态服务功能空间分异明显，经济区位也有很大差异，在国家主体功能区建设中的地位和要求也存在明显不同。随着人口增长、城镇化和能源基地建设等，生态环境问题日益突出，区域生态系统的承载压力显著。研究陕西省三大区域土地利用变化及生态服务响应的时空变异性，可以为土地利用变化调控、生态服务功能整合与提高及国土资源优化开发提供科学依据。

　　第二，有利于揭示生态系统服务之间的作用与反馈机制，从而为优化生态系统服务管理、制定与实施人类福祉的生态文件建设政策提供科学依据。生态系统能够为人类提供多种生态服务，并且数量极其庞大。人类对资源的开发和环境的关系中，通过改变土地利用形式从而着改变生态系统服务的类型、量级和其他相关服务。然而，由于人类对生态系统服务之间的内在关系缺乏深入的认识或者受自身知识限制判断错误，某些冲突无形之中就发生了。不同生态系统服务之间存在着不同程度此消彼长的关系，不同生态系统服务之间也可能形成相互促进或抑制的协同作用。不同生态系统服务的供给与需求在空间上也不一致，生态系统服务的空间转移也会造成不同行政尺度利益相关方之间对服务的竞争与权衡。为了避免以牺牲多种生态系统服务的代价来换取某一种特定服务，迫切需要对作为区域生态系统中最重要不确定性因素的土地覆被变化及其所带来的相关生态系统服务能力的改变进行综合、理性的管理和调节。

第三，促进区域生态文明建设服务。十八大将生态文明建设提升到前所未有的高度，强调生态文明的理念是顺应、尊重、保护自然，指出生态文明建设是关系民族未来和人民福祉的长远大计。"生态兴则文明兴，生态衰则文明衰。"生态系统是生态文明建设的物质基础和空间载体。以生态系统服务为切入点，加强生态文明建设关系到自然资源开发与保护的全局。生态系统服务为生态文明建设提供供给服务、调节服务、文化服务和支持服务。本书为优化生态系统服务管理、生态服务功能整合与提高、制定与实施人类福祉的生态建设政策提供科学依据，对促进区域生态文明建设和绿色发展具有重要作用。

1.2　国内外研究现状

1.2.1　生态系统服务的含义及分类

"生态系统服务"的概念首次提出是在 20 世纪 60 年代。广义的生态系统服务包含生态系统产品及生态系统服务（Costanza et al.，1997）。Daliy（1997）提出，"生态系统服务是指生态系统与生态过程所形成的，维持人类生存的自然环境条件及其效用"。Constanza 等（1999）将生态系统服务分为 17 类，包括气体调节、气候调节、干扰调节、水调节、水供给、基因资源、休闲娱乐和文化等。满足和支持人类生存和发展的自然生态系统状况和过程是多种多样的。千年生态系统评估认为，生态系统服务是人类从生态系统获取的惠益，包括供给服务、调节服务、文化服务和支持服务。供给服务指由生态系统生产的或提供的服务，如食物、纤维和淡水等。调节服务指从生态系统过程的调节功能所得到的益惠，如调节大气质量和净化水质等。文化服务指从生态系统获取的非物质惠益，如休闲和生态旅游等。支持服务为提供其他服务而必需的一种服务，如生产生物量、养分循环、水循环以及提供栖息地。Hein 等（2006）分析了生态系统服务的空间衡量并发现生态系统服务在不同的空间存在不同的价值。Daily 等（2008）将生态系统服务功能分为 13 类，包括缓解干旱和洪水，废物的分解和解毒，产生、更新土壤和土壤肥力，植物授粉，农业害虫的控制，稳定局部气候，支持不同的人类文化传统，提供美学、文化和娱乐等（不包括产品）。欧洲环境署（European Environment

Agency）的报告介绍了生态系统服务的共同国际分类（common international classification of ecosystem services，CICES），生态系统服务是生态系统对人类福祉的贡献（Haines et al.，2013）。CICES 将生态系统服务分为三大类，一是供应服务，涵盖所有营养、材料和生活系统的能量输出；二是管理和维护生物可以调解或缓和影响人类活动的环境的所有方式；三是覆盖所有非物质的、通常非消耗性的、影响人类身心状态的生态系统的产出。

国内，1998 年刘晓荻首次引入"生态系统服务"一词。欧阳志云等（1999）参考了 Daily 的定义，认为生态系统服务不仅为人类提供了食材、药材及其他生产生活原料，还创造与维持了地球生态支持系统，形成了人类生存所必需的环境条件。谢高地等（2001）认为，生态系统服务是通过生态系统的功能直接或间接得到的产品和服务，是由自然资本的能流、物流和信息流构成的生态系统服务和非自然资本结合在一起所产生的人类福利。

迄今为止，学界对生态系统服务的基本定义和分类方案仍存在争论，不同的服务分类方案侧重于生态系统服务的不同特征（李琰等，2013）。对生态系统服务的概念，不同学者虽有不同的表述，但在基本含义和内涵上已达成共识。从内涵来说，生态系统服务涵盖三方面内容，即生态系统服务对人类生存的支持作用，生态系统服务主体是自然生态系统，生态系统服务通过生态系统状况和过程体现。

1.2.2　生态系统服务价值评估

生态系统服务价值随时空动态变化，受生态系统过程、尺度和完整度的影响。国外关于生态系统服务的表述有 ecosystem services 和 ecological services，目前国内使用较为广泛的是"生态系统服务"和"生态系统服务功能"，和国际上广泛使用的"ecosystem services"相一致。生态系统功能是生境、生物学性质或生态系统过程，是生态系统本身所具备的性质，不因人类的存在而存在，却会在受到人类干扰后做出一定的反应。生态系统服务是生态系统功能的表现，生态系统功能是生态系统服务的基础。生态系统功能和服务并不是一一对应，在有些情况下，一种生态系统服务是由两种和两种以上的生态系统功能共同产生，在另外一些情况下，一种生态系统功能可提供两种或多种服务，如生态系统的水分循环功能提供水供给、水调节、控制土壤侵蚀和减缓旱涝灾害等服务，土壤肥力维持和更新的服务则是由生态系统中 C、N 和 P 的循环及营养过程等所提供。生态系统功能之间的相互依存性，使得生态系统服务之间也存在相互依存性，生态系统的初级生产常常与 C 和 N 等的固定相互耦合，生态系统服务中的产品生产和土壤肥力更新之间也相互耦合。生态系统服务的各种形式之间形成了多种相互关联的模式，气体成分的调节伴随着气候的调节，水分的调节与土壤的保持相依存，水分的调节与土壤肥力的保持和食品生产功能相关联。将生态系统服务从生态系统功能中分离出来的第一份报告是 *Study of Critical Environmental Problem*，其列举了害虫控制、昆虫传粉、自然渔业、气候调节、土壤保持、洪水减缓、土壤形成、物质分解和空气成分稳定等生态系统服务。不同时空尺度上生态系统服务的类型和价值评估已得到普遍的认识和研究。Boumans 等（2002）利用"全球生物圈统一元模型"（global unified metamodel of the biosphere，GUMBO），在校正 1900~2000 年相关数据基础上，模拟 2000 年全球生态系统服务的价值达到 180 万亿美元，是当年全球经济总量的 4.5 倍（1997 年 Costanza 等评估的全球生态系统服务价值为当年经济总量的 1.8 倍）。Queiroz 等（2015）选择多达 16 个生态系统服务指标评估瑞典 Norrstrom 流域 62 个城市的生态系统服务价值，并且将地理信息系统（geographic information system，GIS）数据与公开可用的信息结合起来，以量化和映射服务的分布。

　　我国关于生态系统服务的研究相对较晚，在 20 世纪 90 年代后才有学者将其内涵和价值评价方法引入。欧阳志云在 1999 年将生态系统服务价值评估的思想和方法引入我国，并对我国陆地生态系统服务价值作了初步估算。在 Costanza 工作的基础上，谢高地等（2003）对我国 200 位生态学者进行问卷调查，并据此制定出我国生态系统生态服务价值当量因子表，并分别于 2008 年和 2015 年对其进行修订（谢高地等，2015，2008），极大地促进了我国生态服务评估工作。除此之外，一些学者在谢高地确定的生态服务价值当因子的基础上，根据研究区域的差异，尝试对其进行修订，以适应不用研究区域的需要（赵小汎，2016；彭文甫等，2014；胡喜生等，2013）。近十余年来，从国家尺度到省市县（郭荣中等，2014；吴海珍等，2011；盛莉等，2010）、从大的地理单元到自然保护区（王忠诚等，2014）、从流域尺度到养殖池塘等不同的空间尺度对其生态服务功能进行测算（赖敏等，2013；李屹峰等，2013；王友生等，2012），为生态服务价值评估提供了丰富的研究案例。但在生态系统服务价值的选择上，依据研究区域的生态服务价值重要性和研究的侧重点而有所差异。王雅等（2017）对黑河中游的生态系统服务价值评估中，选择生境质量、土壤保持量、水源涵养和气体调节四种生态系统服务的价值；Felipe-Lucia 等（2014）的研究则包括气候调节、气体调节、土壤稳定性、营养调节、生境质量、原料生产、粮食生产、渔业、体育、娱乐、教育和社会关系等诸多服务价值；Dobbs 等（2014）在城市化对生态系统服务的影响中，选择对城市植被生态系统的碳储存、娱乐潜力和生境潜力进行量化评估。

　　总之，近年来有关生态系统服务的研究呈指数级增长，但这些服务的评估和测量仍然具有挑战性。由于不同学者采用的指标和计量方法仍然有较大差异，给不同时空的生态系统服务价值测算结果的可比性带来了困难。

1.2.3 生态系统服务对土地利用变化的响应研究

人类活动能够在一定程度上重塑生态系统的结构和功能，进而影响生态服务功能的供给。土地利用/覆被变化是人与自然交叉最为密切的环节，土地利用变化必然影响生态系统的结构和功能，土地利用结构变化导致各类生态系统类型、面积以及空间分布格局的改变，对维持生态系统服务功能起着决定性作用。土地利用/覆被变化被认为是生态系统服务的重要影响因素之一。土地利用变化中，在某些生态服务功能增大的同时，生态系统调节服务功能受到限制甚至损害。从生态系统服务的相互作用来看，某些情况下生态系统服务之间的影响是单向性的，某些情况下服务功能之间能够相互影响，在供给服务上升的同时可能导致调节服务下降。由于尺度的差异、区域的差异和生态系统的差异，这种复杂关系存在很大的差异。

在实现途径上大多是通过比较不同土地利用/覆盖情景获得各类生态系统类型的面积，应用 Costanza 等于 1997 年提出的生态服务价值计算方法，参照我国陆地生态系统单位服务价值系数来计算土地利用/覆被变化的生态服务价值的差异量。

土地利用变化是生态服务变化的主要驱动因素。土地利用变化引起的各类生态系统面积、空间格局的改变及由此产生的对生态服务功能的影响受到广泛关注（王燕等，2014；冯伟林等，2013；王科明等，2011；孙慧兰等，2010）。从研究方法上，基于遥感的数据支持与 GIS 的方法，是开展土地利用变化与生态系统服务效应研究的重要途径与手段（马彩虹等，2015；彭文甫，2014；吴海珍等，2011）。有学者提出通过不同时期土地利用变化图谱的分析进行地图对比（杨越等，2014）。从研究的思路看，一是从生态服务价值的变化直接分析影响结果，二是通过对景观的影响间接分析土地利用变化对生态系统服务的影响。

着眼于土地利用变化的生态系统服务价值变化核算方面，又可分为分析不同生态系统服务价值数量的变化和空间格局变化两个方面（胡和兵等，2013）。近年来以土地利用变化数据为数据源，对诸如食物生产、调节气候、净化空气、水源涵养、控制侵蚀、废弃物降解和营养物质循环等生态服务价值的评估研究较多（马彩虹，2013；陈春阳等，2012）。蒋晶等（2010）通过生态系统敏感度分析研究1988~2005 年北京生态服务价值对土地利用变化的响应，发现在其他土地类型生态服务价值均减少的情况下，水体的生态服务价值增加导致总体生态服务价值增加，水体的生态服务价值对整个生态系统有重要的作用。同时发现由于林地的面积和单位面积的生态服务价值较大，林地的敏感性指数最大。相对于水域和林地，耕地和草地的生态价值系数都较低，但是耕地的灵敏度大于草地，这是由于耕地的面积大于草地。城市化对生态用地的大量占用是导致区域生态系统服务能力降低的重要因素之一。快速城市化进程严重影响了土地的生态服务功能（阳文锐等，2013）。快速城市化导致增加的生态服务价值并不能弥补损失的价值，致使城市生态系统服务价值有所下降（张珏等，2014）。刘永强等（2015）对湖南省土地利用变化对生态系统服务的影响研究，进一步验证了城市化对生态系统服务的不利影响。土地利用优化配置则有利于生态系统服务能力的提高，这对于生态脆弱区尤其重要（马彩虹，2014）。例如，四川洪雅县在实行退耕还林工程后，生态系统服务价值比以前有了明显增加（赖元长等，2011）；宁夏干旱区红寺堡生态移民开发区从灌区开发前到灌区建设初见成效后，生态系统服务价值也表现为增加（胡馨月等，2017）；岳耀杰等（2014）对宁夏盐池县的研究也得出了相似的结论。

土地利用变化及生态服务研究发展迅速，对不同空间尺度上土地利用变化对生态服务价值的影响进行探讨，内容涉及土地面积变化、不同土地利用类型之间的比较、土地利用强度以及土地利用方式转变对生态服务功能的影响等方面。

土地利用格局的变化带来生态系统过程的改变，生态系统过程的改变影响着生态系统服务的供给（王书明等，2017）。例如，对黄土高原 1990～2000 年的景观格局演变及生态系统服务功能分析表明，研究时段内黄土高原的景观连通性指数增大且破碎度指数下降，景观类型趋于集中，在分布上有利于生态建设，需在土地开发利用中注重生态环境保护，合理进行区域景观开发和治理以提高区域生态系统服务功能，从而实现生态和经济的双赢（刘琳等，2011）。王云等（2014）以西安市为例，探讨了都市农业景观破碎化过程对生态系统服务价值的影响。结果表明，都市农业景观分离度与都市农业生态系统服务总值及各项价值均呈较强的负相关关系，耕地、林地和水域呈景观破碎化趋势，而园地聚集度上升，同时耕地、林地和水域的生态系统服务价值下降，园地生态系统服务价值增加。王航等（2017）对淮河上游土地利用时空演变特征分析和生态系统服务之间的响应作了分析，发现生态系统服务价值与土地利用时空变化和土地景观格局丰度和聚集度变化存在明显相关，说明合理的土地利用开发方式及适当的开发速度将有助于改善生态系统服务，开发过程要兼顾土地利用类型优势，避免土地利用类型斑块过度破碎化。还有学者研究发现，土地利用中种植面积的快速扩张，是导致栖息地的破碎化和影响景观连通性的重要原因。因此，在土地利用优化中，在分散的斑块之间构建具有高度连接级别的栖息地配置对于维持关键的生态系统服务非常重要（Liu et al.，2016）。

总体而言，我国学者对不同空间尺度上土地利用变化对生态服务价值的影响进行探讨，内容涉及土地面积变化、不同土地利用类型之间的比较、土地利用强度以及土地利用方式转变对生态服务功能的影响等方面。从时段的侧重点来看，20 世纪 90 年代的生态系统服务价值对土地利用/覆被变化响应方面的研究更多的是关注土地利用对生态系统服务总价值的影响，2000 年以来开始关注特定区域内土地利用对生态服务功能影响的多尺度综合集成，并涉及具体生态功能对土地利用方式响应的直观表达和空间差异研究（张立伟等，2014）。

1.2.4　生态系统服务的权衡与协同问题

　　生态系统对人类社会福祉提供的服务功能是多重的，人们常常试图最大化一种生态系统服务的产出，主要是供给功能，如粮食、木材等，而导致其他生态系统服务供给的实质性下降。几乎所有已知的生态系统服务，尤其是供给服务，人类的利用程度都在增加。由于对服务需求的增加，人们常常通过改造生态系统来增加其提供能力，如转换生态系统类型、减少自然生态系统面积或向生态系统投入更多的人为辅助能量等，结果往往以牺牲一些服务来换取其他服务。对于不同行政尺度上的利益相关方来说，不同生态尺度内生态系统提供的服务不同。充分全面分析不同尺度及其利益相关方之间的相互关系，将有助于解决不同利益群体间的利益冲突。

　　由于生态系统服务种类的多样性、空间分布的不均衡性以及人类使用的选择性，生态系统服务之间的关系出现了动态变化，表现为此消彼长的权衡和相互增益的协同等形式。生态系统服务间的关系存在权衡（tradeoffs）、协同（synergies 或 co-benefits）以及无关（no-relationship）等不同表现类型（Willemen et al，2010）。所谓权衡是指某些类型生态系统服务的供给，由于其他类型生态系统服务使用的增加而减少的状况；协同是指两种或多种生态系统服务同时增强的情形（MA，2005）。生态系统服务权衡，作为一种平衡和抉择，可以理解为对生态系统服务间关系的一种综合把握（彭建等，2017）。当生态系统服务的各种服务之间存在冲突时，就需要对其进行权衡分析，目的是减少冲突而增加协同作用（傅伯杰等，2016）。几乎所有生态系统服务的决策都涉及利益权衡，因而生态系统服务之间的相互竞争作用在全球具有普遍性，在不同区域内又表现出明显的差异性。越来越多的研究对多个生态系统服务及其相互作用进行了实证评估（Plieninger et al.，2013；Maes et al.，2012；Raudsepp-Hearne et al.，2010）。阐释不同时空尺度下生态系统演变及不同受益者因此获益或损失的变化量，能更有针对性地权衡利弊并制定可行的保护利用方案（陈能汪等，2009）。在管理生态系统服务时，最大的挑战在于它们之间相互交织在一起，并且相互作用的关系是高度非线性的。Balbi 等（2015）提出了一个依据不同生态系统服务之间驱动力和相互作用的类型体系，目的在于理解多重生态系统服务之间的联系以及隐匿在这些联系之后的机制。

　　土地利用变化中，在某些生态服务功能增大的同时，生态系统调节服务功能受到限制甚至损害。不同土地利用类型比例的争议是土地资源使用的主要矛盾。土地利用变化的生态服务响应的区域差异性研究已成为全球变化领域的热点问题。国内外大量学者对生态系统服务权衡/协同关系辨识、表现形式、时空尺度特征、驱动机制和情景变化等内容进行了模拟分析，分别对不同生态系统中存在的生态系统服务的冲突进行探讨，如对森林草地和湿地保留与开发程度进行分析，最终都归结为土地利用方式的冲突（饶胜等，2015）。而两个服务之间的权衡可以归结为一个公共驱动程序的影响或者是这些服务之间的真实交互。例如，使用化肥和杀虫剂来提高作物产量是导致作物生产和水质之间的权衡的驱动因素；相比之下，碳封存与供水供应之间的平衡是服务之间真正相互作用的结果，因为树木增长导致蒸散发的增加降低了水资源的可用性（Bennett et al.，2009）。根据权衡的类型，将需要采取不同的措施来减轻负面结果。Butler 等（2013）评估了澳大利亚大堡礁地区 4 种土地利用情景下水质调节服务与其他 10 种服务之间的权衡与协同关系。有形产品可以直接提高人类福祉，并且坚信经济增长可以提供资源，弥补生态系统功能的损失，因此在千年生态系统服务评估中，供给服务是最重视的生态服务（张舟等，2013）。这种做法可能导致生态灾难已经得到学界的共识。

　　空间权衡、时间权衡以及可逆权衡是生态系统服务权衡的三种类型。生态系统服务的尺度关联使得生态系统服务的权衡关系在不同时空尺度的表现不尽相同，即使同一对生态系统服务在不同区域、不同研究尺度上的权衡关系也存在很大差异（彭建等，2017）。Meehan 等（2013）对美国中西部的河岸地带从一年生到多年生能源作物的转换对生态系统服务的影响做了权衡分析，认为在中西部水道上使用常年能源作物的替代，将会增加广泛的生态系统服务，这对社会很重要，但会对生产者和土地所有者的收入供应产生重大的负面影响，但在目前的状态下，保护计划和环境市场可能无法提供足够的补偿来补偿生产者的损失。然而，从一年生到多年生能源作物的转换对增强生态系统服务的社会价值的估计远远高于转向多年生能源作物的机会成本。该研究是一个由从权衡的机理机制研究逐渐走向应用研究的很好的探索。Kragt 等（2014）引入农业生产系统模型（agricultural production system simulator，APSIM），分析西澳大利亚农产品供应和生态系统服务的权衡关系。Tian 等（2016）耦合水文评价模型（soil and water assessment tool，SWAT）和 CASA（Carniegie-Ames-Stanford approach）模型探索 NPP、产水量和沉积量之间的权衡和协同关系。Felipe-Lucia 等（2014）测量了 12 个生态系统服务（ecosystem service，ES），包括气候调节、气体调节、土壤稳定性、营养调节、生境质量、原料生产、粮食生产、渔业、体育、娱乐、教育和社会关系在三个空间尺度上的 7 个公共土地使用类型，但其在不同尺度上存在着巨大的差异，并且 ES 之间的协同效应要大于权衡。某些服务在给定的土地使用范围内互不相容，而另一些服务则依赖于土地使用类型的土地管理决策，因此产生了权衡。基于此，其提出了一种将社会价值观作为管理决策的驱动因素和生物物理因素相结合的社会价值观的分类，并以实际的建议来减少权衡，并加强对社会的多元供给。国际上，Eastburn 等（2017）对美国加州的橡树林中农业生产、生物多样性和栖息地等生态系统服务进行研究，发现管理者会在相比土壤健康、生物多样性和其他生态系统服务方面，尽可能使农业生产力最大化，但在热带稀树草原和林地的多个生态系统中，有明显的协同效应，它们具有明显的更大的营养池，更多的多样性和原生植物的丰富性，以及较少的入侵物种。

国内，李屹峰等（2013）对北京密云水库土地利用变化引起的生态系统服务权衡研究发现，农田面积的减少和森林的扩张改善了土壤保持服务，森林面积的增加同时也改善了固碳服务，但会削弱水资源供给服务，建筑用地的扩张会大幅度削弱水质净化功能。基于此，其提出了为维持和改善流域整体的生态系统服务功能，应加强对森林和建筑用地的控制的建议。李晶等（2016）利用 ESCI 和 ESSI 两个指数对关天经济区生态系统 NPP、固碳释氧、水文调节、水土保持和粮食生产等生态系统服务价值之间的相互权衡协同关系分析表明也说明了权衡的尺度效应。周晓等（2017）对银川盆地生态系统服务权衡与协同关系分析有效揭示了不同生态系统服务的空间权衡效应。因此，在多个尺度上全面探讨生态系统服务的权衡关系，才能系统了解权衡关系形成的内在机制。在认知机制的基础上，通过调整土地利用类型实现生态系统服务优化是由基础研究走向应用的重要环节。Langemeyer 等 2016 年提出基于多元规划分析模型的生态系统服务与土地利用优化的思路。包蕊等（2018）选取黄土高原某典型小流域为例，采用多目标线性规划方法，将生态系统服务分为供给服务、水土保持服务与其他服务，以三者价值作为权衡子目标，生态系统服务总价值作为总目标构造目标函数，对如何通过调整甲积峪土地利用类型实现小流域生态系统服务的权衡优化作了有益探讨。

尽管生态系统服务权衡研究已逐渐深入，但总体来说仍然处于起步阶段（Queiroz et al.，2015；李鹏，2012）。现有的研究方法和生态系统服务权衡研究模型仍不能全面地揭示生态系统服务权衡/协同关系与生态系统结构和功能以及人类活动之间的联系，有效地输出生态系统服务管理和效益优化方案，但仍可以为构建生态系统服务权衡研究的理论框架提供重要的切入点（戴尔阜等，2016）。并且，由于权衡与协同的复杂性，一些学者提出了开展长期生态监测的重要性。例如，尽管时间在权衡和协同（如时间动态或生态系统服务的变化）中是隐含的，但这样的交互通常是基于生态系统服务之间的空间关系（例如，生态系统服务的空间一致性意味着协同作用，而不一致意味着权衡）（Tomscha et al.，2016）。从权衡的机理机制研究逐渐走向应用研究，使得生态系统服务对人类福祉实现最优化，是生态系统服务权衡与协调研究的重要趋势。

1.2.5　存在的问题及未来的主要趋势

　　生态系统服务研究已成为国内外生态学和相关学科研究的前沿领域，也取得了较多的研究成果。从文献研究来看，以 MA 为界限，以前的相关研究以 Constanza 的分类开展的研究居多（马骏等，2014），MA 之后，涌现出大量以供给、调节、支持和文化 4 种生态系统服务为主要类型的研究成果（Carpenter et al.，2009），但在生态系统服务权衡研究方面，仍然以 Constanza 分类为基础开展的研究居多（包蕊等，2017）。

　　然而，当下仍然存在一些与社会实践相关的科学难题急需得到解决。首先，在自然资源限制日益突出的情形下，一种生态系统服务或人类活动的增加常常会导致其他服务和活动的减少。过去一个世纪中，供给服务的增加已经付出了调节和文化服务及生物多样性降低的代价。今后应同时考虑多种生态系统服务和多种生产功能，而不仅仅是追逐某一种服务的收益，因为任何一种生态系统服务都或正或负地与其他服务相关。要兼顾多种生态系统服务，使其效益最大化，那么，不同尺度下各生态系统服务之间相互作用关系到底是怎样的呢？有几种外在表现形式？是权衡、协同抑或是无关？这些都是需要回答的问题。其次，现在的科学认知水平虽然能够较好地理解森林砍伐与土壤侵蚀、水质下降以及降低洪水控制之间的因果关系，但不能从数量上测定森林砍伐对这些生态系统服务的影响，同时也不能精确地认识到资源被开发到何种程度而不使生态系统的功能与服务发生不可逆变化。在外界条件的扰动下，生态系统服务非线性特征如何，其变化是否存在阈值效应？这个问题仍然没有解决。最后，生态系统服务研究与应用的另一个挑战是：在受到外界因素作用后，不同的生态系统服务响应的时间和空间尺度不同。权衡可发生在不同的生态系统服务之间，也可发生于服务现在和未来的提供之间。

　　由于其对可持续发展目标实现的关键性地位，生态系统服务研究已取得了很大的进展，达成了以下共识：生态系统服务对人类文明是至关重要的，是可持续发展目标实现的基本保证；生态系统服务类型是多种多样的，已经认可的有 10 多种类型；生态系统服务与生态系统功能、健康是既有区别又有紧密联系的概念，后者是基础；生态系统服务的价值可以用经济方法测度，初步测度表明生态系统服务的价值是巨大的，对人类的福利是重要的；生态系统服务在人类活动的影响下，在不同的时空尺度上均有不同程度的衰退；人类技术对生态系统服务的替代是有限的，在有些方面是不可替代的；如果人类目前追求短期经济效益的状况不改变的话，人类将对生态系统服务产生不可逆转的破坏；必要的生物多样性对生态系统服务的维持是不可少的；某些受损的生态系统，人们在适当的时候采取适当的措施是可以恢复的；维持和保护生态系统服务是公众、政府和世界的共同责任，只有通过全世界的协调一致的行动，全球的可持续发展才不会由于生态系统服务的衰退而成为泡影（Yang et al.，2015；Zhang et al.，2010）。

在生态管理过程中，减弱生态服务的竞争作用，加强不同服务的协同增强作用，是生态服务权衡与协同研究的目标。目前关于生态系统服务相互作用和相互联系的机理研究还远远不够，生态系统服务权衡和协同关系的变化特征有待进一步的归纳和总结。加强土地利用变化驱动下生态系统过程与服务的相互关系、生态系统服务之间的相互关系以及生态系统服务的区域集成与优化是生态系统服务研究的前沿科学问题（傅伯杰等，2014）。从土地利用/覆被变化角度切入，开展生态系统服务研究是该领域的重要视角和基本方法。当前的研究已经深入到对土地利用变化过程、机理及其效应的格局-过程和尺度效应的深入挖掘和分析（马彩虹等，2017a），以及土地利用变化与自然、生态和社会经济系统的权衡与协同关系探究等方法。

第一，土地利用/覆被变化研究最主要和最根本的目标是提高对土地利用/覆被变化的区域性的、相互作用的变化的认识。大多数土地利用研究集中在对某一个区域内部土地利用时空动态变化的分析上，对于不同区域的对比分析的研究较少。土地利用变化研究中应该加强区域之间的对比性研究。

第二，将土地利用/覆被变化拓展为分析土地利用与生态系统服务形成与维持之间的关系上，包括土地利用时空变化与生态系统服务的空间关联和对应关系，土地利用形成与维持过程中不同生态系统服务的权衡与协同作用等。

第三，生态服务研究侧重于估算区域生态系统提供的所有生态系统商品与服务的定量测评，对生态系统服务之间的竞争关系与协同作用重视与分析不够。不同的土地利用方式如何影响这些功能？这些功能之间又存在什么样的内在联系？是权衡作用还是协同作用？由于生态服务关系的复杂性，需要做更深入的研究。

第2章 研究区概况

2.1 研究区的选择

近年来，随着西部大开发和新丝绸之路经济带等政策的实施，西北地区经济得到迅速发展，但同时也承载了巨大的生态环境压力。供给服务上升的同时带来调节服务的下降，生态环境受到威胁，最终对人类福祉产生一定的消极影响。陕西省在西部大开发和新丝绸之路经济带中具有重要地位，植被类型丰富，森林、灌丛、草原和草甸等均有分布，地貌类型多样，气候具有明显的水平分异特征，生态系统复杂多样，社会经济也具有明显的空间差异。

陕西省地理位置为 $105°29'E \sim 111°15'E$，$31°42'N \sim 39°35'N$，纵跨黄河、长江两大水系，总面积 $20.58 \times 10^4 km^2$，地域狭长，地势南北高、中间低，从北到南依次为陕北高原、关中盆地和秦巴山地。

陕南秦巴山地属亚热带气候，关中盆地及陕北高原大部分属暖温带气候，陕北北部长城沿线属中温带气候。陕南为湿润区，关中为半湿润区，陕北为半干旱区。森林主要分布在秦岭、巴山、关山、黄龙山和桥山等区域，草原主要分布在陕北榆林地区。陕北地区温带草原较多；关中地区以种植农作物为主；秦岭、巴山素有"生物基因库"之称，生态重要程度高和较高的区域约占全省总面积的 70%，中度以上生态脆弱区域占全省总面积的 35.4%，水土流失、土地荒漠化、沙化和湿地退化等生态问题仍然存在，大气与地表水环境质量面临较大压力。

陕北地区包括榆林市与延安市两个地级市，榆林市部分区域属于国家层面重点开发区域，又有重点生态功能区；渭南市东北部的韩城市是国家层面的重点开发区域，其他区县属于农产品主产区；安康市大部分位于重点生态功能区，汉滨区则属于省级重点开发区。

榆林市按自然地理特征可分为长城沿线风沙区和黄土丘陵沟壑区，该地区气候干旱，土质较疏松，水土流失与风沙侵蚀严重，生态环境脆弱。同时，该地区煤炭、石油和天然气储量丰富，是我国重要的能源化工基地，其通过开采能源获得了巨大的经济财富，是陕西省近年来突出经济增长带。但是，在资源开发中伴随着的生态环境问题对当地脆弱的生态环境造成了很大的生态压力，使人地矛盾日益突出。

陕西关中地区包括西安市、铜川市、宝鸡市、咸阳市、渭南市和杨凌示范区。关中地区为陕西工农业发达、人口密集的富庶之地，是一个极具政治、军事和经济意义的优良地区，被称为"陆海之枢纽""天府之富饶"。关中盆地是陕西省乃至西北地区重要的粮食主产区，同时也是关天经济区的核心区域。

陕南地区是中国南水北调中线工程的核心水源区。由于缺乏严格的管理和先进的技术，农产品加工、采矿业等工业点源污染相对严重。中线调水工程取水口

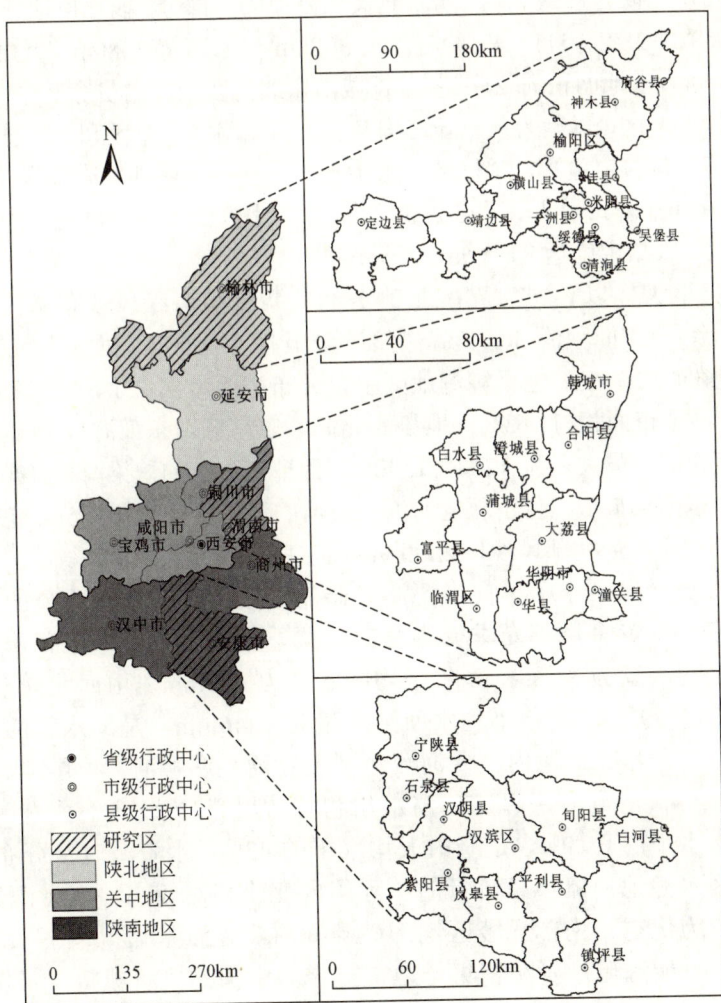

图 2-1 研究区示意图

确定后，汉江上游成为集中式饮用水源地，同时该地区还是长江中上游重点水土保持区以及全国生态环境建设重点区域。鉴于水源区的重要战略地位，其土地利用及其生态效应研究成为研究的热点问题。

本书选择榆林市、渭南市和安康市作为陕西省三大自然和社会经济分异区域的代表区进行研究（图 2-1）。

2.2　榆林市概况

榆林市位于陕西省最北端，属陕北黄土高原的一部分。榆林市地处 36°57′N～39°34′N 和 107°28′E～111°14′E，南北长 300km²，东西宽 348km²，总面积 4.3 万km²，占陕西省土地面积的 21.17%。长城由东北向西南方向贯穿其中，长城沿线以北为风沙草滩区，以南为黄土丘陵沟壑区。辖榆阳区 1 个区和神木县、府谷县、横山县、靖边县、定边县、绥德县、米脂县、佳县、吴堡县、清涧县及子洲县 11 个县。2010 年榆林市总人口为 360.55 万人，其中农业人口 290.68 万人，占总人口的 80.6%，人口密度达 84 人/km²。

地貌类型大体以长城为界，北部是毛乌素沙漠南缘风沙草滩区，面积约 15813km²，占全市面积的 36.77%，南部黄土丘陵峁墚交错，面积约 22300km²，占全市面积的 51.86%。地梁墕涧地区主要分布在西南部白于山区一带，面积约 5000km²，占全市面积 11.63%。地势西北高、东南低，东部海拔大多为 1000～1200m，而西部海拔大多为 1200～1500m。西部定边县的魏梁海拔 1907m，为全区最高处；东南部最低点位于无定河汇入黄河的河口处，海拔 585m。较大河流均发源于西部白于山或北部风沙丘陵地区，向东南或东部汇入黄河。

榆林市属暖温带半干旱向半湿润气候的过渡地带，具有明显的大陆性季风气候。春季干燥多风，夏季炎热短促，秋季多暴雨且集中，冬季干冷而漫长。多年平均气温为 8.1℃，多年平均降水量为 405mm，由西北向东南递增，时间集中在 7～9 月。多年平均水面蒸发量为 1246mm，是降水量的 3 倍多，加剧了本区的干旱化。境内主要河流包括无定河、窟野河、秃尾河、佳芦河、黄莆河、孤山河、清涧河、八里河、清水川和石马川等，人均占有水量为 979m³，是全省人均水平的 65.9%，是全国人均水平的 43%。水资源时空分布不均匀。北部沙滩区水源地河流年径流量的年际年内变化相对较小，水资源开发利用条件相对较为优越。南部丘陵区地形破碎，河流含沙量大，地下水埋藏深，可开采量小。能源矿产资源富集一地，被誉为中国的"科威特"（图 2-2）。

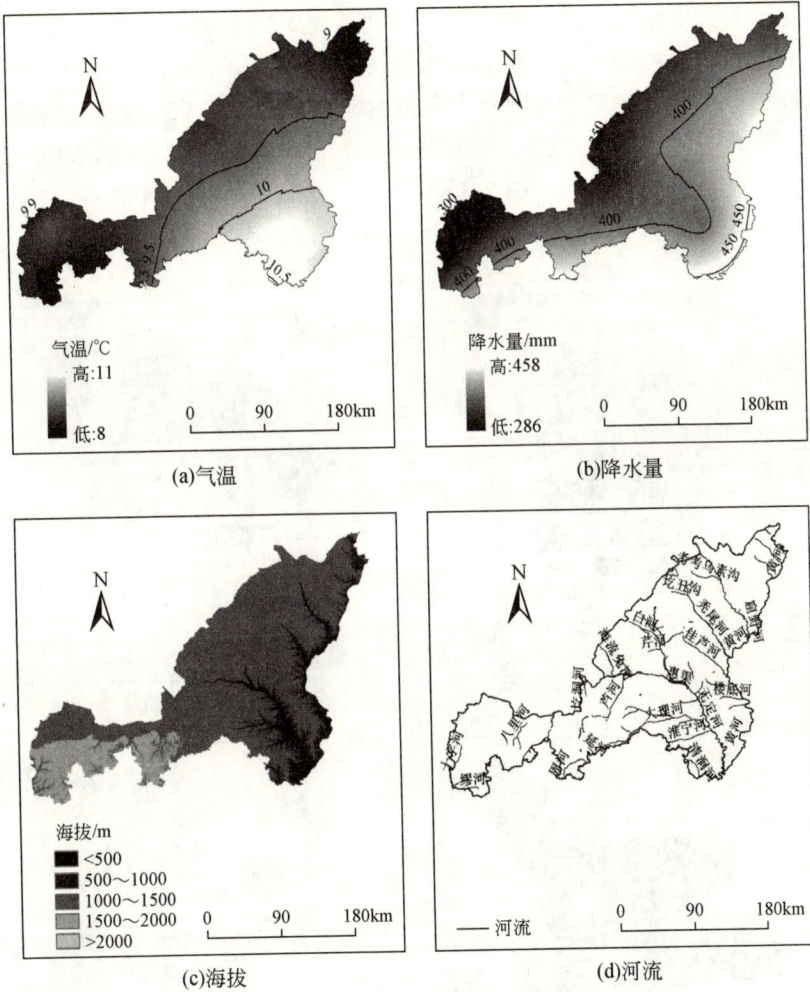

(a)气温

(b)降水量

(c)海拔

(d)河流

图 2-2 榆林市自然要素地图

2.3 渭南市概况

渭南市位于 108°50′E~110°38′E 和 34°13′N~35°52′N，地处陕西关中渭河平原东部，东濒黄河与山西和河南毗邻，西与西安和咸阳相接，南倚秦岭与商洛为界，北靠桥山与延安和铜川接壤。

渭南市下辖 1 个市辖区（临渭区）、8 个县（华县、潼关县、大荔县、澄城县、合阳县、蒲城县、富平县和白水县），2 个县级市（华阴市和韩城市），并代管国家级高新区、省级经济技术开发区、卤阳湖现代产业综合开发区及华山风景名胜区。南北长 182.3km，东西宽 149.7km，总面积约 1.3 万 km²。地势以渭河为轴线，形成南北两山、两塬和中部平川五大地貌类型区，中部渭河冲积平原是八百里秦川最宽阔的地带。地势属于华北地台的陕甘宁盆缘区，地质呈现南北隆起、中部断陷的阶梯状地堑构造，南北高，中间低，东西开阔，呈仰瓦状，海拔 330～2645m，外围是台塬，垦耕历史悠久（图 2-3）。

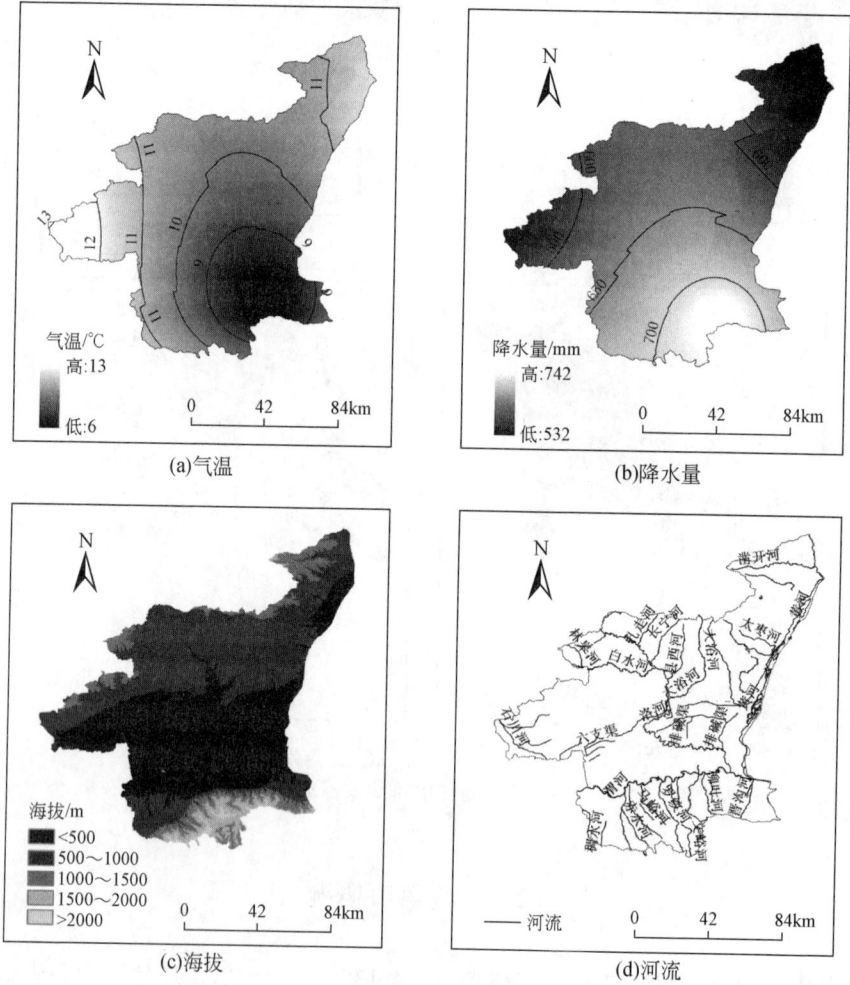

(a)气温　　　　　　　　　　　　　(b)降水量

(c)海拔　　　　　　　　　　　　　(d)河流

图 2-3　渭南市自然要素地图

　　渭南市南部黄土台塬与洪积扇相间，素有"长捻原"之美称，南北边缘为石质山地。属暖温带半湿润半干旱季风气候，四季分明，光照充足，雨量适宜。无霜期 199～255d，春季气候多变，夏季炎热多雨，秋季凉风送爽，冬季晴冷干燥，年平均气温 12～14℃，年降水量 600mm 左右。气候条件优越，有利于发展农业，但伏旱、秋涝和夏季干热风对农作物造成的危害较大。渭南除黄河、渭河、洛河三大过境河流外，还有发源于秦岭的马峪河、赤水河、罗纹河和晋沟河等，以及发源于北部山区的大浴河、白水河、石川河、大枣河和孔走河等。渭南市水资源总量 20.06 亿 m³，占全省水资源总量的 4.4%。2010 年常住人口为 528.99 万人，较 2000 年减少了 10.49 万人。渭南市 2010 年 GDP 为 801.42 亿元；人均 GDP 为 1.51 万元。

2.4　安康市概况

安康市位于陕西省东南部，北依秦岭，南靠巴山，汉水横贯东西，河谷盆地居中，幅员在北纬 31°42′～33°49′和东经 108°01′～110°01′。

南依巴山北坡，北靠秦岭主脊。下辖汉滨区、旬阳县、白河县、石泉县、平利县、紫阳县、岚皋县、宁陕县、镇坪县和汉阴县 1 区 9 县和安康高新技术产业开发区、安康瀛湖生态旅游区及恒口示范区。安康市总面积 23534.5km²，其中陆地 23130.44km²，占 98.3%；水域 398.6km²，占 1.7%。人口密度为 115 人/km²。安康市 2010 年 GDP 为 327.06 亿元，人均 GDP 为 1.24 万元。

安康市以汉江为界，分为两大地域，北为秦岭地区，南为大巴山地区，以汉水—池河—月河—汉水为秦岭和大巴山的分界，其地貌呈现南北高山夹峙，河谷盆地居中的特点。全市可分为亚高山、中山、低山、宽谷盆地、岩溶地貌和山地古冰川地貌 6 种类型。大巴山约占 60%，秦岭约占 40%；山地约占 92.5%，丘陵约占 5.7%，川道平坝约占 1.8%。安康市属亚热带大陆性季风气候，气候湿润温和，四季分明，雨量充沛，无霜期长。其特点是冬季寒冷少雨，夏季多雨多有伏旱，春暖干燥，秋凉湿润并多连阴雨。多年平均气温 15～17℃。垂直地域性气候明显，气温的地理分布差异大。川道丘陵区一般为 15～16℃，秦巴中高山区为 12～13℃。生长期年平均 290 天，无霜期年平均 253 天，最长达 280 天，最短为 210 天。年平均日照时数为 1610h，年总辐射为 106kcal/cm²[20]。0℃以上持续期为 320 天（一般为 2 月 10 日～次年 12 月 20 日）。年平均降水量 1050mm，降雨集中在每年 6 月至 9 月，7 月最多。水资源极为丰富，共有大小河流 1037 条。作为南水北调中线工程重要水源涵养区，安康市的生态建设与保护具有尤其重要的地位（图 2-4）。

汉江流经安康境内长度为 340km，全市秦岭和大巴山集雨面积 5～100km²

---

① 1kcal≈4186J≈4.186kJ。

的河流 951 条，100~1000km^2 的河流 76 条，大于 1000km^2 以上的河流 10 条。全市年产径流 107 亿 m^3，过境客水 144.79 亿 m^3，另有地下水 17.51 亿 m^3，大小库塘蓄水 1.3 亿 m^3，干支流电站蓄水 35 亿 m^3。南水北调计划年调汉江水 141.4 亿 m^3，枯水年调 110 亿 m^3。2010 年安康市人口为 263.08 万人，较 2000 年减少了 3.49 万人。

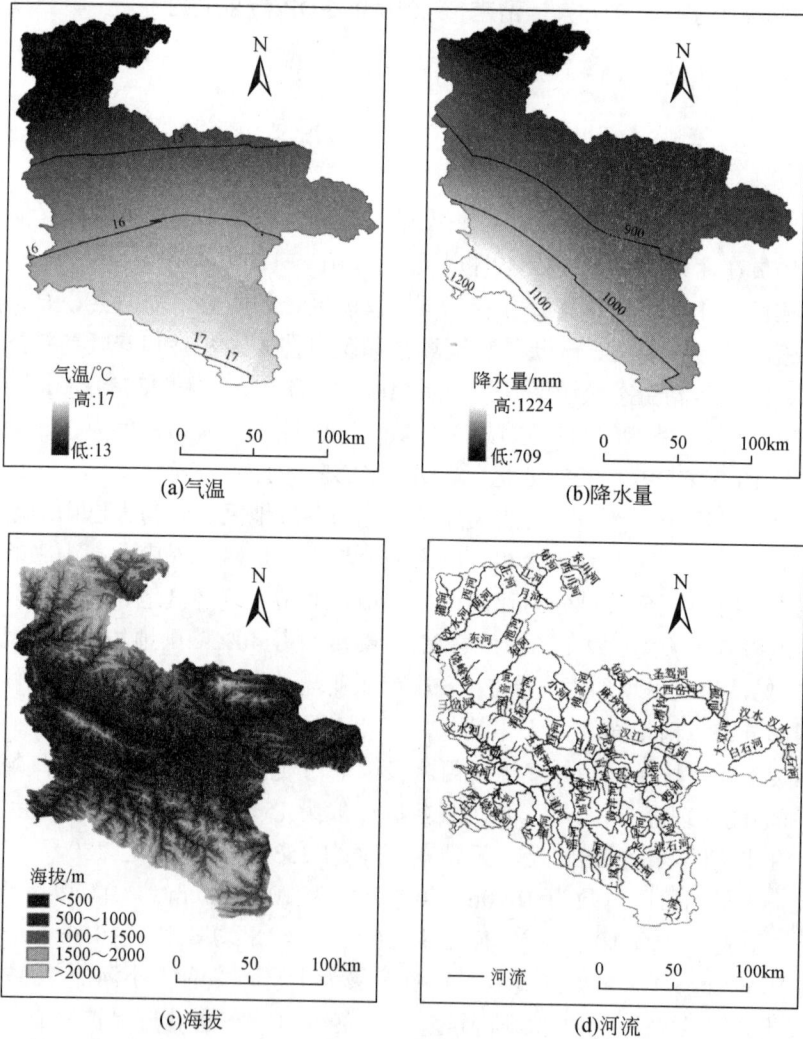

(a)气温　　　(b)降水量

(c)海拔　　　(d)河流

图 2-4　安康市自然要素地图

第3章　土地利用动态变化

土地利用/覆被变化是指由于土地特性自身变化及人类个体或群体作用方式变化引起的土地利用方式、覆被和使用程度的变化，是人类活动与自然生态环境相互作用的集中体现（Turner et al.，1995）。LUCC 是人类活动与自然环境相互作用最直接的表现形式（刘纪远等，2014）。LUCC 研究本质上是"人类—环境"关系研究。由于自然地理环境异质性、社会经济发展程度的差异，以及人类对土地利用的程度和需求的不同，土地利用变化存在明显的区域差异。探讨土地利用与土地覆被的时空变化特征是进行土地利用变化与生态系统服务关系研究的基础（张新荣等，2014）。本书选取土地利用数量净值、土地利用分类指数、土地利用动态度和土地利用转移流等指标，对 2000 年以来陕西省榆林市、渭南市和安康市三市的土地利用动态进行比较，以期为区域土地利用结构调整提供决策参考。

3.1　数据来源与处理

3.1.1　数据来源

遥感数据主要包括 Landsat TM、ETM 与 ETM+，空间分辨率为 30m，来自地理空间云数据（http://www.gscloud.cn/）。同时选用美国国家航空航天局（National Aeronautics and Space Administration，NASA）镜像网站提供的 2000～2013 年 MCD12 系列，即空间分辨率 500m 的归一化植被指数（normalized differential vegetation index，NDVI）反演得到土地利用类型年数据。行政区矢量要素取自国家 1∶400 万基础数据库。所有图层统一转换为自定义的 Albers 投影，中央经线为 109°E，双标准纬线为 37°N 与 38°N。

除遥感影像外，还需研究区各类型土地利用数据及相关图件、各行政区域的自然和社会经济统计数据、各类型文档说明资料及图件。其中，图件资料主要包括研究区地形图、土地利用现状图、植被类型图、市级和乡镇级行政区划图及水资源图等。统计资料主要包括不同年份统计年鉴等。文档及相关文件主要有国土资源局土地利用调查现状数据和相关报送文件资料。除此之外，还包括野外考察和验证数据信息。

3.1.2　数据处理

　　研究计算过程中基本尺度的确定直接关系到最终评价结果的精度和可应用性。县域及以上尺度的统计方法较为常见，但其侧重于反映社会经济情况，对生态安全程度的空间分异性体现不足，一个格网单元表示相对于遥感图像基本像元的尺度，而像元、格网单元和研究区域三者之间的关系十分复杂。各类型遥感图像分辨率存在不一致，因而直接叠加往往有大量的错位现象，通过矢量格网统计栅格数据，利于保证各层栅格数据之间不存在干扰，提高了统计的完整性。在统计过程中，为反映像元的真实属性，行政区外边缘裁切后不足 $25km^2$ 的格网均以能同时统计 2 个及以上的像元数为有效值，其余部分因面积太小没有统计意义予以删除。在技术处理上，格网的生成主要依靠 ArcGIS 9.3 平台下的 "Create Fishnet" 模块实现。

　　对获得的三期遥感影像采用 IDRISI 软件中的监督分类法中的 Kohonen 自组织映射（self-organization mapping，SOM）神经网络对其进行软分类（王培忠等，2010；杜新远等，2006）。进而结合野外考察情况，对分类结果进行验证和纠错处理，使遥感影像的解译最终满足研究需要。

1.遥感预处理

　　利用 ERDAS 软件，以地形图和实测 GPS 点作为参考图像和控制点，采用多项式几何校正计算模型对遥感影像进行几何校正，使误差控制在 0.5 个像元内。在 ERDAS［Mosaic Images］模块下进行影像直方图匹配、拼接和裁剪等影像处理，获得研究区不同时期遥感影像。

2.遥感影像解译

　　研究区土地利用类型主要分为耕地、林地、草地、水域、建设用地和未利用地。在对研究区进行详细的野外调研的基础上，采用 IDRISI 软件中的监督分类法中的 Kohonen SOM 神经网络对三期遥感影像进行软分类。对遥感影像进行详细解译，并参照中科院 1：10 万土地利用数据，确定不同土地利用类型解译标准，进而定义分类模板。分类模板尽量包含各土地利用类型所有光谱特征，在影像中均匀分布，然后对分类模板进行精度评价，只有分类模板的精度达到分类要求，才能用这个模板对遥感影像进行分类。研究区地处山区，因此在解译不同时期遥感影像时，借助了高程因子，同时参考了中科院地理所相关解译结果。

3.2　土地利用数量结构

各土地利用类型的净变化量是土地利用类型数量的绝对变化量,是土地利用变化分析中最常用的信息(刘瑞等,2010)。本书通过对榆林市、渭南市和安康市土地利用的六大类型净变化量分析,以探究其土地利用结构的变化。

3.2.1　榆林市土地利用数量结构

由于黄土的疏松母质特征和干旱半干旱气候条件下自然植被的特征和农牧过渡带的耕作特征,榆林市的土地利用结构中耕地和草地占绝大比例。2000 年,榆林市耕地面积 167.25 万 hm^2,占榆林市面积的 38.90%;草地面积 188.88 万 hm^2,占 43.93%,二者合计占榆林市面积的 82.83%(图 3-1)。

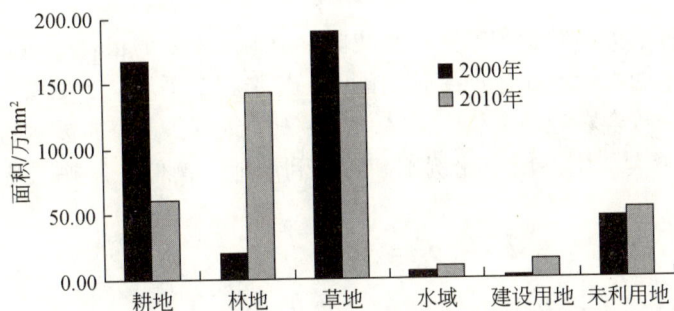

图 3-1　榆林市 2000 年和 2010 年不同土地利用类型面积

榆林市也是黄河中上游水土流失和沙尘暴等自然灾害的重灾区。为了响应国家封山育林和退耕还林还草政策,2000 年以来榆林市进行了大量的退耕还林建设活动。2000~2010 年,榆林市的耕地减少了 106.21 万 hm^2,草地减少了 40.02 万 hm^2,林地增加了 121.85 万 hm^2。反映出 2000~2010 年榆林市土地利用变化为耕地、草地大幅减少和林地、建设用地快速增长(图 3-2)。需要注意的是,榆林市由于长城沿线有大量的风沙区,未利用地的比例较高,且在 2000~2010 年比例有所增加,由 2000 年的 10.83%增加为 2010 年的 12.43%。

土地利用数量变化特征反映出,一方面榆林市通过植树造林大力开展生态建设,另一方面由于自然地理因素,土地荒漠化问题仍然存在。到 2010 年,榆林市草地 148.86 万 hm^2,占总面积的 34.63%;林地达 142.1 万 hm^2,占 33.06%;耕地 61.03 万 hm^2,占 14.20%;未利用地 53.43 万 hm^2,占 12.43%;水域 9.80 万 hm^2,占 2.28%;建设用地 14.63hm^2,占 3.40%。

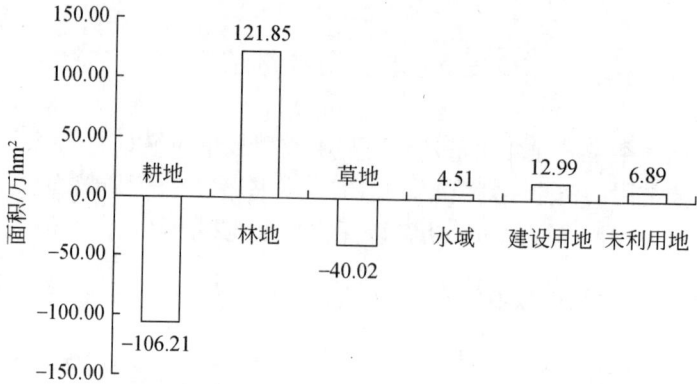

图 3-2 榆林市 2000～2010 年不同土地利用类型面积变化

3.2.2 渭南市土地利用数量结构

渭南市位于关中粮食主产区，是我国中部地区重要的粮食产地，也是国家主体功能区划中的农业产品生产主体功能区。地形相对平坦，土壤肥沃，耕地比例占绝对优势，符合农业产品生产主体功能区对耕地保护的基本要求；林地、草地和水域比例不大，生态用地比例不高，未利用地比例低，反映后备耕地资源紧缺（图 3-3）。

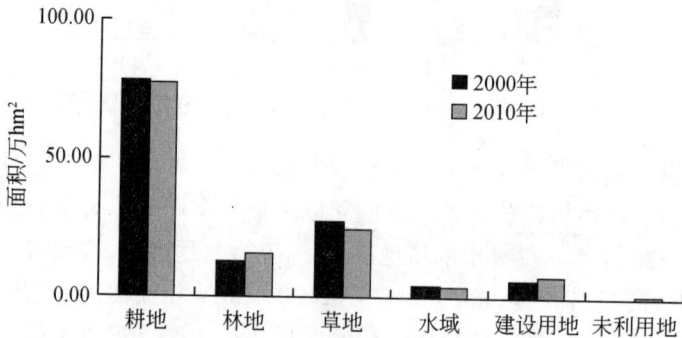

图 3-3 渭南市 2000 年与 2010 年不同土地利用类型面积

2000 年，渭南市耕地面积 78.26 万 hm^2，占渭南市土地总面积的 59.99%，其次是草地，为 27.48 万 hm^2，占 21.06%，合计占渭南市土地总面积的 81.04%。2000～2010 年，耕地减少了 1.34 万 hm^2，草地减少了 2.69 万 hm^2；林地增加了 2.93 万 hm^2，建设用地扩张了 1.21 万 hm^2（图 3-4）。林地比例有所提高，建设用地规模有所扩大，耕地和草地资源有一定程度的流失。

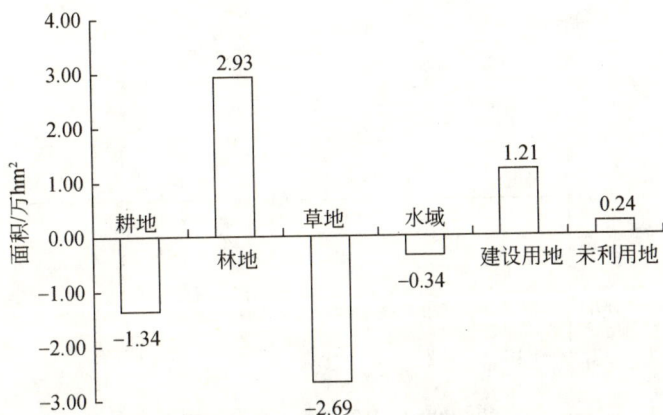

图 3-4 渭南市 2000～2010 年不同土地利用类型面积变化

3.2.3 安康市土地利用数量结构

安康市地处秦巴山区，属于亚热带气候区，降水丰沛，是我国南水北调中线工程重要水源地，也是重要的生物多样性保护和水源涵养生态功能区。加之多山少田的地理特征，林地比例占绝对优势的土地利用特征是必然的。安康市林地比例占绝对优势，耕地比例第二，其他用地类型比例很低（图 3-5）。

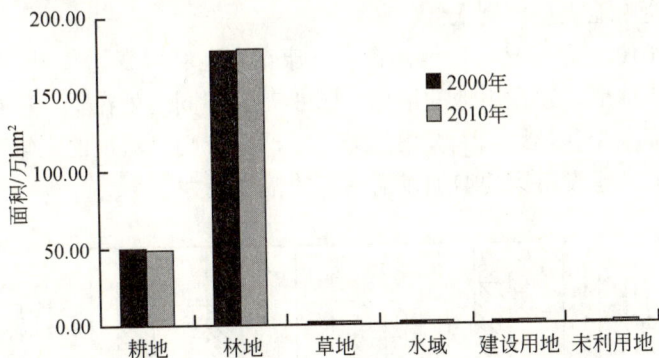

图 3-5 安康市 2000 年与 2010 年不同土地利用类型面积

2000 年，林地面积 178.36 万 hm²，占安康市总面积的 76.46%；耕地面积 50.10 万 hm²，占 21.48%。2000～2010 年，土地利用变化主要表现为耕地的减少和林地的增加，反映安康市实施了强有力的退耕还林措施。2000～2010 年，耕地减少 1.18 万 hm²，林地增加 0.95 万 hm²，水域增加 0.31 万 hm²，建设用地增加 0.10 万 hm²。同时，安康市加大了对滩涂等未利用地的开发利用，2000～2010 年未利用地减少了 0.17 万 hm²（图 3-6）。

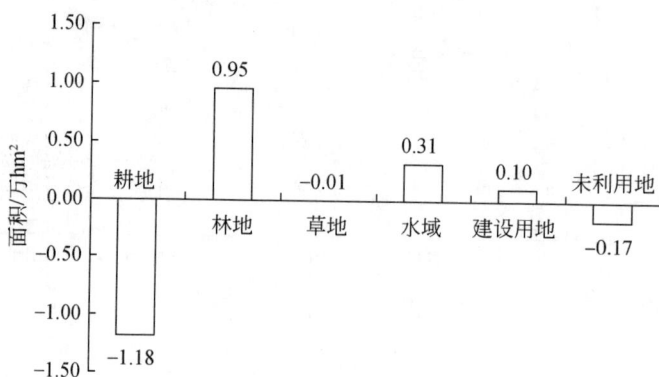

图 3-6　安康市 2000～2010 年不同土地利用类型面积变化

3.2.4　三市对比分析

　　榆林市位于干旱半干旱的农牧交错带上，土地利用以草地和耕地为主要类型。渭南市位于关中盆地，有相当部分区域位于渭河冲积平原，地形平坦，土壤肥沃，适于耕作，是我国重要的粮食主产区之一，土地利用结构中以耕地为主，其次是草地。安康市位于秦巴山地，地形陡峭，气候温暖湿润，降水相对丰沛，土地利用结构中以林地为最主要的利用类型，是我国南水北调的重要水源涵养区，其次是耕地，其他用地类型比例很低。

　　2000～2010 年，榆林市、渭南市和安康市土地利用变化共同的特征是耕地、草地的减少和林地、建设用地的增加（图 3-7）。不同之处在于，榆林市和安康市以耕地的大幅减少和林地的大幅增加为主，渭南市则以草地的大幅减少和林地的大幅增加为主；建设用地的增加以渭南市的幅度最大。

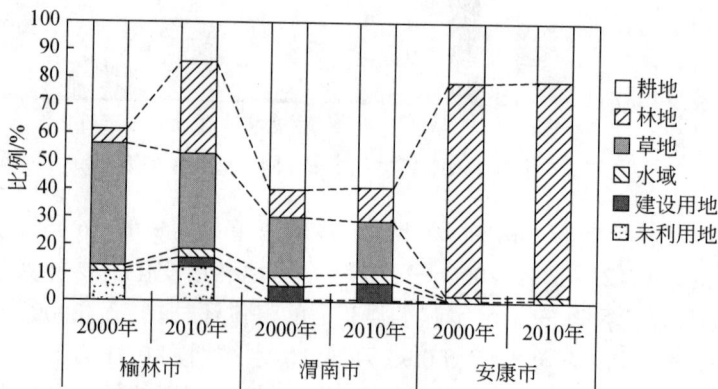

图 3-7　2000～2010 年三市土地利用数量结构变化

3.3　土地分类指数

3.3.1　土地分类指数模型

为了考察土地利用类型的变化，可通过定义不同的土地分类指数来定量表达。常用的土地分类指数有耕地指数、林地指数、草地指数、水域指数和城市扩张指数等，通过不同的指数来反映土地利用程度与变化趋势（王思远等，2002）。其公式为

$$I = \sum_{i=1}^{n}(a_i/A) \times 100 \qquad (\sum_{i=1}^{n} a_i \leqslant A) \qquad (3\text{-}1)$$

式中，I 为分析区域的土地利用分类指数；a_i 为分析区域内 i 类型土地利用所占的土地面积；A 为分析区域土地总面积；n 为土地利用分类的数目。

$$\Delta I_{b-a} = I_b - I_a \qquad (3\text{-}2)$$

$$\mathrm{d}I_{b-a} = \Delta I_{b-a} = \Delta I_{b-a} \times (1/t) \times 100\% \qquad (3\text{-}3)$$

式中，I_a、I_b 分别为 a 时间和 b 时间的一定区域的土地利用分类指数；ΔI_{b-a} 为 t 时段对应的土地分类指数变化量；$\mathrm{d}I_{b-a}$ 为 t 时段对应的土地分类指数变化率；t 为时段 b-a。

3.3.2　榆林市土地分类指数

2000～2010 年，榆林市林地指数、水域指数和建设用地指数增大，其他用地指数有所降低。耕地指数由 2000 年的 38.91%降低到 2010 年的 14.20%，其中 2000～2005 年降低了 16.20%，2005～2010 年降低了 8.51%。林地指数大幅增长，由 2000 年的 4.71%增长为 2010 年的 33.06%，说明林地总量增加较大，这与该时期政府颁布的退耕还林政策以及治沙政策有关。水域指数 2010 年比 2000 年稍大，这与该时期榆林市修建水库有关。建设用地指数由 2000 年的 0.38%增大到 2010 年的 3.40%，说明这一时期榆林市城市化进程加快，城市用地扩张，占地面积比例加大，但其速率并不大。基于变化率视角，2000～2005 年主要表现为林地指数的快速增加和耕地指数的降低，2005～2010 年主要表现为耕地指数的持续降低和其他用地利用指数的小幅变化。2000～2010 年，草地指数尽管有所降低，但仍然居于首位，耕地指数由第二位降为第三位，林地指数由第三位升为第二位（图 3-8）。

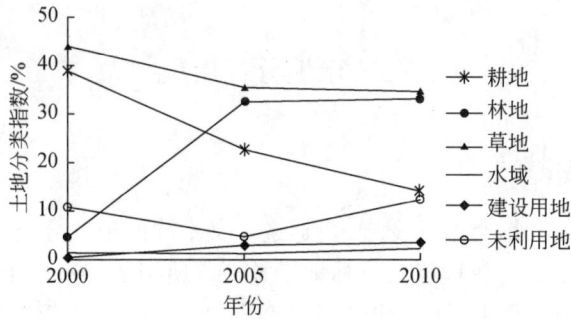

图 3-8　2000～2010 年榆林市土地分类指数变化

3.3.3　渭南市土地分类指数

2000～2010 年，渭南市土地分类指数变化最大的是林地指数，其次是草地指数，说明林地总量增加较大，草地总量减少较大；变化最小的是水域，说明水域基本保持稳定（图 3-9）。

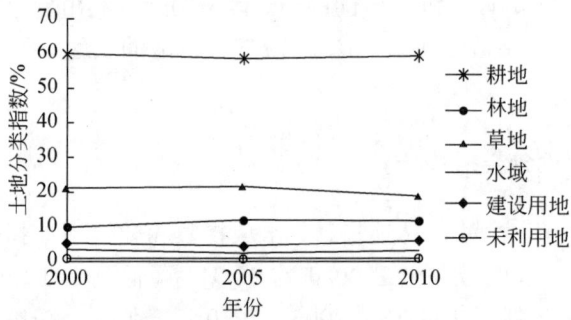

图 3-9　2000～2010 年渭南市土地分类指数变化

渭南市 2000 年的耕地指数为 59.99%，林地指数为 9.93%；2005 年的耕地指数为 58.25%，林地指数为 11.65%，和 2000 年相比，耕地指数有所降低，林地指数有所增加；2010 年的耕地指数为 58.96%，林地指数为 12.18%，和 2005 年相比，均有所增加，但是耕地指数增加稍快于林地。水域指数和建设用地指数 2005 年比 2000 年均有所减少，减少速率较快的是水域指数。2010 年相比 2005 年，增加速率较快的是城市用地。由此可见，渭南市各土地利用类型中除林地外，其他用地指数均处于波动变化中，但变化速率都不大。

3.3.4　安康市土地分类指数

安康市土地分类指数最大的是林地指数，最小的是建设用地指数，这主要是因为安康市位于陕南秦巴山区，地形起伏不平，适合城市建设的用地有限，而山地更适合于林业的发展。2000~2010 年各土地分类指数变化率都不大，说明各类土地总量基本保持稳定（图 3-10）。

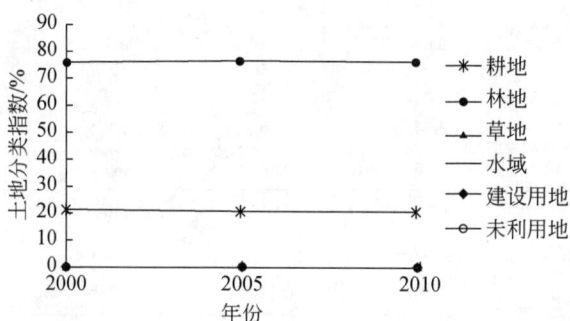

图 3-10　2000~2010 年安康市土地分类指数变化

从时间序列来看，耕地指数不断减小，2000 年为 21.48%，2005 年减小至 20.99%，2010 年减小至 20.97%；建设用地指数呈不断增长的趋势，由 2000 年的 0.25%增加到 2005 年的 0.28%，再增加到 2010 年的 0.29%。说明 2000~2010 年安康市城市建设不断发展，人口数量不断增大，对住房、商服的需求也不断增大，城市不断向外扩张，占用了大量的耕地，从而使耕地面积逐渐减少。林地指数和草地指数 2000 年分别为 76.46%和 0.65%，2005 年分别为 76.87%和 0.64%，2000~2005 年林地指数增加了 0.08%，草地指数减少了 0.01%，2010 年的林地指数和草地指数与 2005 年相比基本稳定。

3.3.5　三市对比分析

榆林市、渭南市和安康市由于自然地理条件和区位的差异，土地利用结构差异较大（表 3-1）。

表 3-1　三市土地利用分类指数　　　　　　　（单位：%）

指数	区域	2000 年	2005 年	2010 年	2000~2010 年
耕地指数	榆林市	38.91	22.71	14.20	-24.71
	渭南市	59.99	58.25	58.96	-1.03
	安康市	21.48	20.99	20.97	-0.51

续表

指数	区域	2000 年	2005 年	2010 年	2000～2010 年
林地指数	榆林市	4.71	32.75	33.06	28.35
	渭南市	9.93	11.65	12.18	2.25
	安康市	76.46	76.87	76.87	0.41
草地指数	榆林市	43.94	35.60	34.63	−9.31
	渭南市	21.06	21.66	19.00	−2.06
	安康市	0.65	0.64	0.64	0.01
水域指数	榆林市	1.23	1.21	2.28	1.05
	渭南市	3.35	2.76	3.09	−0.26
	安康市	0.76	0.88	0.89	0.13
建设指数	榆林市	0.38	2.91	3.40	3.02
	渭南市	4.97	4.87	5.90	0.93
	安康市	0.25	0.28	0.29	0.04
未利用指数	榆林市	10.83	4.82	12.43	1.60
	渭南市	0.70	0.81	0.87	0.17
	安康市	0.40	0.34	0.34	−0.06

从表 3-1 可以看出，2000 年榆林市草地指数最高（43.94%），渭南市耕地指数最高（59.99%），安康市林地指数最高（76.46%）。2000～2010 年，榆林市草地指数持续下降，到 2010 年降为 34.63%；渭南市的耕地指数略有降低，变为 58.96%；安康市林地指数略有上升，达到 76.87%。因此，2010 年榆林市的草地优势度有所降低，由 2000 年以草地为优势的土地利用类型转变为以草地、林地两大类为主的土地利用类型；渭南的耕地优势度也有降低，但仍然位居第一；安康市的林地优势度进一步提升。

综合而言，榆林市的耕地、草地比例略有下降，但林地比例上升，建设用地扩张明显；渭南市耕地比例较为稳定，建设用地扩张较为明显；安康市林地比例最大且有所提高，耕地比例下降，建设用地小幅扩张。渭南市的耕地指数和城市扩张指数最大，安康市的林地指数最大，榆林市的草地指数最大，形成这一格局最主要的影响因素是它们所处的地貌类型与气候条件。榆林市干旱少雨，加上广大黄土高原梁峁和沟壑万千的地形，形成了以草地为主要类型的地表植被覆被类型。渭南市地处渭河谷地和渭北台塬区，土壤相对肥沃，地形起伏相对较小，耕地成为主要的土地利用类型；加上临近大都市西安市，人口密度相对较高，城市化速度也较快，因此在三市中建设用地指数最大。安康市地处秦巴山地腹地，亚热带气候条件下相对较多的降水和崎岖的地形条件，使得人口密度相对较低，人类对自然生态环境的扰动相对较小，林地覆盖率很高，适宜于耕作的土地比例很低，城市扩张也受到地形条件的限制。

3.4　土地利用程度指数

3.4.1　修正的土地利用程度综合指数模型

土地利用程度主要反映土地利用的广度和深度，它不仅反映土地利用中土地本身的自然属性，同时也反映人类因素与自然环境因素的综合效应。土地利用程度综合指数与单位面积生态系统服务价值之间存在较强的负相关性（周涛等，2014）。

根据刘纪远等（2000）提出的土地利用综合分析方法，本书将土地利用程度按照土地自然综合体在社会因素影响下的自然平衡状态分为若干级，并赋予分级指数（表 3-2）。

表 3-2　土地利用类型及分级指数

土地利用类型	未利用地	林地、草地、水域	耕地	城镇、居民点、工矿
分级指数	1	2	3	4

土地利用程度综合指数为

$$I = 100 \times \sum_{i=1}^{n}(G_i \times C_i) \tag{3-4}$$

土地利用程度综合指数变化为

$$\Delta I_{b-a} = I_b - I_a \tag{3-5}$$

式中，I 为土地利用程度综合指数；G_i 为第 i 级土地利用程度分级指数；C_i 为第 i 级土地利用程度分级面积比例；n 为分级的数目；ΔI_{b-a} 为土地利用程度综合指数变化；I_a 和 I_b 为 b 时间和 a 时间区域土地利用程度综合指数。若 ΔI_{b-a} 为正值，表明该区域土地利用处于发展时期；若 ΔI_{b-a} 为负值，表明其处于衰退期。

对上述指数分级进行修正，修正后的指数如表 3-3 所示。

表 3-3　土地利用类型及修正后的分级指数

土地利用类型	未利用地	林地	草地	水域	耕地	建设用地
分级指数	0	1	2	3	4	5

在修正土地利用程度指数中，若指数越大，表明开发程度越深。若 ΔI_{b-a} 为正

值，表示区域土地利用处于城市扩张期，反之，ΔI_{b-a} 为负值表明处于生态建设期。本书采用修正后的土地利用程度指数进行测度分析。

3.4.2 榆林市土地利用程度指数

2000 年榆林市土地利用综合程度指数为 253.82，2010 年为 182.96，10 年间土地利用综合程度指数不断减小，降低了 70.86，说明在这段时期内，土地利用整体结构向着有利于生态建设的方向发展。仔细考虑土地利用程度指数贡献因子，可以看出主要是耕地和草地的减少所致（表 3-4）。

表 3-4　榆林市土地利用程度综合指数及其变化指数

土地利用类型	分级指数	分级面积比例/%		土地利用程度综合指数		
		2000 年	2010 年	2000 年	2010 年	变化值
耕地	4	38.91	14.20			
林地	1	4.71	33.06			
草地	2	43.94	34.63	253.82	182.96	−70.86
水域	3	1.23	2.28			
建设用地	5	0.38	3.40			
未利用地	0	10.83	12.43			

3.4.3 渭南市土地利用程度指数

渭南市 2000 年和 2010 年的土地利用程度综合指数分别为 326.91 和 324.79，研究时段内略有减小，减小额度为 2.12。考量各类土地利用类型的变化，其值均很小，都在绝对值 5.0 以下轻微波动。这也反映出渭南市土地利用结构比较稳定（表 3-5）。

表 3-5　渭南市土地利用程度综合指数及其变化指数

土地利用类型	分级指数	分级面积比例/%		土地利用程度综合指数		
		2000 年	2010 年	2000 年	2010 年	变化值
耕地	4	59.99	58.96			
林地	1	9.93	12.18			
草地	2	21.06	19.00	326.91	324.79	−2.12
水域	3	3.35	3.09			
建设用地	5	4.97	5.90			
未利用地	0	0.70	0.88			

3.4.4 安康市土地利用程度指数

安康市 2000 年和 2010 年土地利用综合指数分别为 167.21 和 166.15，减小额度为 1.06。各单一土地利用类型的指数值变化幅度很小，即使变化幅度最大的耕地，也仅为 2.04，反映出安康市的土地利用结构很稳定（表 3-6）。

表 3-6　安康市土地利用程度综合指数及其变化指数

土地利用类型	分级指数	分级面积比例/%		土地利用程度综合指数		
		2000 年	2010 年	2000 年	2010 年	变化值
耕地	4	21.48	20.97			
林地	1	76.46	76.87			
草地	2	0.65	0.64	167.21	166.15	-1.06
水域	3	0.76	0.89			
建设用地	5	0.25	0.29			
未利用地	0	0.40	0.33			

3.4.5 三市对比分析

土地利用程度综合指数越大，表明开发程度越深。比较而言，2000 年和 2010 年的土地利用综合程度指数均为渭南市＞榆林市＞安康市（表 3-7），表明渭南市的土地利用开发程度是三市中最高的，其建设用地比例高，而林地、草地和水域等生态性用地比例偏低。

表 3-7　三市土地利用程度综合指数及其变化指数比较

指标	年份	榆林市	渭南市	安康市
I	2000	253.82	326.91	167.21
	2010	182.96	324.79	166.15
ΔI	2000～2010	-70.86	-2.12	-1.06

2000～2010 年，榆林市的变化指数最大，渭南市次之，安康市最小。到 2010 年，榆林市和安康市的土地利用综合程度指数已经很接近了，表明榆林市近年来在生态建设方面下了大力气。这一差异主要是由这三个地区的自然、人为因素决定的，榆林市位于陕北黄土高原区，水土流失严重，2000 年开始大量实施退耕还林政策，致使榆林市的土地利用程度变化较大。安康市的土地利用程度最低，且土地利用程度变化不大，主要是因为安康市位于陕西东南部的秦巴山区，山地约

占 92.5%，地形复杂多样，对土地的利用程度有限。

3.5　土地利用动态度

3.5.1　土地利用动态度

土地利用变化的量化表达方面，动态度指数有其不可替代的重要性。土地利用动态度包括单一土地利用动态度和综合土地利用动态度（刘纪远，2000）。计算公式如下。

单一土地利用动态度为

$$K = \frac{W_b - W_a}{W_a} \times 100\% \qquad (3\text{-}6)$$

综合土地利用动态度为

$$LC = \left[\frac{\sum\limits_{i=1}^{n} \Delta LW_{i-j}}{2\sum\limits_{i=1}^{n} LW_{i_a}} \right] \times \frac{1}{T} \times 100\% \qquad (3\text{-}7)$$

式中，K 表示单一土地利用动态度；W_a、W_b 分别表示研究区域初期和末期土地利用类型的面积，如果时段按年计算就是年变化率；LC 表示综合土地利用动态度；LW_i 表示研究时间段初期第 i 类土地利用类型面积；ΔLW_{i-j} 表示研究时间段内第 i 类土地利用类型面积转换为其他非 i 类土地利用类型面积的绝对值；T 表示研究时段。

3.5.2　榆林市土地利用动态度

根据单一土地利用动态度公式计算出榆林市 2000～2010 年 6 类土地的利用年均变化率（表 3-8）。

表 3-8　榆林市土地利用年均变化率

土地利用类型	2000 年面积/hm²	2005 年面积/hm²	2010 年面积/hm²	年均变化率/%		
				2000～2005 年	2005～2010 年	2000～2010 年
耕地	1672541.0	976103.8	610393.0	−10.21	−8.96	−9.59
林地	202563.0	1407768.7	1421073.0	47.36	0.19	21.51
草地	1888810.0	1530369.7	1488567.8	−4.12	−0.55	−2.35

续表

| 土地利用 | 2000 年 | 2005 年 | 2010 年 | 年均变化率/% | | |
类型	面积/hm²	面积/hm²	面积/hm²	2000~2005 年	2005~2010 年	2000~2010 年
水域	52904.9	51928.0	97985.6	-0.37	13.54	6.36
建设用地	16370.0	124894.9	146265.7	50.14	3.21	24.48
未利用地	465412.8	207536.8	534316.8	-14.92	20.82	1.39

榆林市 2000~2010 年增幅较大的是建设用地、林地及水域,减幅较大的是耕地和草地,详细变化情况如下。

耕地在 2000~2010 年呈递减趋势,共减少 1062148.0hm²,年均变化率为-9.59%。其中,2000~2005 年减少 696437.4hm²,年均变化率为-10.21%,2005~2010 年递减速度有所减缓,共减少 365710.8hm²,年均变化率为-8.96%。原因是退耕还林还草政策的实行,榆林大量耕地主要转化为林地和草地。

林地总体为增长趋势,10 年增加了 1218510.0hm²,年递增率为 21.51%。2000~2005 年,增幅较大,增长 1205205.7hm²,年增率高达 47.36%;2005~2010 年增速骤然降低,年增率仅为 0.19%。

草地呈缓慢递减趋势,2000~2010 年的年均变化率为-2.35%。2000~2005 年减少了 358440.3hm²,年均变化率为-4.12%;2005~2010 年减少 41801.9 hm²,年均变化率为-0.55%。

水域在 2000~2010 年的变化整体较大,有增有减,整体呈递增趋势,共增加 45080.7hm²,年均增长率为 6.36%。其中,2000~2005 年减少 976.9hm²,年均变化为-0.37%;2005~2010 年迅速增长,增长 46057.6hm²,年递增率为 13.54%。

建设用地呈持续增加趋势,2000~2010 年增加 129895.7hm²,年均增长率高达 24.48%,为变化最大的地类。其中,2000~2005 年增长面积高达 108524.9hm²,年均增长率为 50.14%;2005~2010 年,增长 21370.8hm²,年递增率为 3.21%。

未利用地 2000~2010 年整体呈现先降后升趋势,共增加 68904.0hm²,年均变化率为 1.39%。其中,2000~2005 年减少 257876.0hm²,年均变化率为 14.92%;2005~2010 年增加 326780.0hm²,年递增率 20.82%。

3.5.3 渭南市土地利用动态度

根据单一土地利用动态度公式,从而得出渭南市 2000~2010 年 6 类土地的利用年均变化率（表3-9）。

表3-9 渭南市土地利用年均变化率

土地利用类型	2000年面积/hm²	2005年面积/hm²	2010年面积/hm²	年均变化率/%		
				2000～2005年	2005～2010年	2000～2010年
耕地	782579.0	759981.9	769140.6	-0.58	0.24	-0.17
林地	129582.9	152041.1	158842.0	3.47	0.88	2.06
草地	274751.6	282627.3	247828.2	0.57	-2.59	-1.03
水域	43671.9	35962.7	40256.9	-3.25	2.28	-0.78
建设用地	64889.4	63561.8	77018.3	-0.41	3.92	1.74
未利用地	9139.0	10438.9	11527.7	2.69	2.00	2.35

2000～2010年，渭南市土地利用六大类中未利用地、林地和建设用地变化较大，分别为2.35%、2.06%和1.74%。2000～2005年，渭南市林地、未利用地和草地面积增加，年递增率分别为3.47%、2.69%和0.57%；水域、耕地和建设用地的面积减少，年递减率分别为3.25%、0.58%和0.41%。2005～2010年，渭南市建设用地、水域、未利用地、林地和耕地呈增长趋势，各自递增率为3.92%、2.28%、2.00%、0.88%和0.24%；仅草地面积呈减少趋势，递减率为2.46%。

2000～2010年，渭南市的耕地呈现先减后增，但总体表现为减少的趋势，共减少了13438.4hm²，平均每年减少0.17%。出现这一现象的主要原因是退耕还林的生态建设政策以及建设用地对耕地的占用。

林地呈持续增加的趋势，10年共增加了29259.1hm²，平均年增长率2.06%。其中，2000～2005年增加224458.2hm²，增势迅速，年均增长率高达3.47%；2005～2010年增加态势有所减缓，共增加了6800.9hm²，年递增率为0.88%。

草地呈现先增后减的态势，由2000年的274751.6hm²降低到2010年的247828.2hm²，年递减率为1.03%。其中，2000～2005年增加了7875.7hm²，年增加率为0.57%；2005～2010年减少了34799.1hm²，年均减少率为2.59%，降幅较大。

水域面积由43671.9hm²减至40256.9hm²，年递减率为0.78%。2000～2010年的整体趋势是先减后增，2000～2005年减少了7709.2hm²，年递减率为3.25%；2005～2010年，增加了4294.2hm²，年递增率为2.28%。

建设用地由2000年的64889.4hm²增加到2010年的77018.3hm²，共增加了

12128.9hm^2，年递增率为 1.74%。其中，2000~2005 年呈现递减趋势，减少了 1327.5hm^2，年递减率为 0.41%，变幅不大；但在 2005~2010 年扩展迅速，共扩张了 1356.5hm^2，年增幅达 3.92%。

未利用地呈持续上升趋势，共增长了 2388.7hm^2，年递增率为 2.35%。2000~ 2005 年，未利用地递增率为 2.69%，快于 2005~2010 年的 2.00%。

3.5.4   安康市土地利用动态度

2000~2010 年，安康市未利用地、建设用地以及水域面积变化较大，年均变化率分别为-1.84%、1.76%和 1.73%（表 3-10）。

表 3-10   安康市土地利用年均变化率

土地利用类型	2000 年面积/hm^2	2005 年面积/hm^2	2010 年面积/hm^2	年均变化率/%		
				2000~2005 年	2005~2010 年	2000~2010 年
耕地	501001.6	489733.7	489232.5	-0.45	-0.02	-0.23
林地	1783635.4	1793093.6	1793108.3	0.11	0.00	0.05
草地	15080.3	15022.6	15024.0	-0.08	0.00	-0.04
水域	17753.9	20612.1	20818.6	3.22	0.20	1.73
建设用地	5775.2	6420.5	6790.5	2.23	1.15	1.76
未利用地	9375.2	7739.2	7647.8	-3.49	-0.24	-1.84

安康市耕地呈现持续递减趋势，在 6 类土地中其变化面积最大。其中，2000~ 2005 年减少 11267.9hm^2，年均递减率为 0.45%；2005~2010 年减少 501.3hm^2，年递减率仅为 0.02%。这主要是安康市退耕还林、转园的政策，致使大量耕地转化为林地。

林地基数大，2000~2010 年增加 9472.9hm^2，年递增率仅 0.05%。其中，2000~ 2005 年增加了 9458.2hm^2，年增加率为 0.11%；2005~2010 年仅增加 14.7hm^2。

草地年递减率 0.04%，为 6 类土地中最低。

水域呈持续扩张趋势，共扩张了 3064.7hm^2，年递增率达 1.73%，其中，2000~ 2005 年扩张较快，共增加 2858.2hm^2，年均增长 3.22%；2005~2010 年增幅明显减缓，增长了 206.5hm^2，年递增率为 0.20%。

建设用地呈现持续高速的递增趋势，共扩张了 1015.3hm^2，年均扩张 1.76%，其中，2000~2005 年增加了 645.2hm^2，年增长率高达 2.23%；2005~2010 年增速有所放缓，年均增长 1.15%。由于经济发展和人口的扩张，建设用地不断扩张，同时受到工业园的建设，集约利用土地的政策影响，后期增速放缓。

未利用地呈持续递减趋势，年递减率高达 1.84%。其中，2000～2005 年减少 1636.0hm^2，年递减率高达 3.49%；2005～2010 年减少 91.4hm^2，年递减率为 0.24%，变化变缓。

3.5.5　三市对比分析

2000～2005 年，耕地、林地、草地及建设用地动态度最大的均是榆林市，且远远高于渭南市和安康市，水域的动态度则表现为榆林市最小；2005～2010 年，耕地、水域动态度仍然以榆林市最大，但草地动态度以渭南市最大。榆林市在两期的土地利用变化中，2000～2005 年的耕地动态度稍微大于 2005～2010 年的动态度，但林地动态度以 2000～2005 年最大，2005～2010 年很小，反映出三市的林地增加主要发生在 2000～2005 年。草地动态度表现为榆林市草地的减少主要发生在 2000～2005 年，而渭南市草地的减少主要发生在 2005～2010 年。水域动态度方面，榆林市 2005～2010 年水域动态度远远高于 2000～2005 年，说明水域增加主要发生在该时段。建设用地动态表现为建设用地扩张主要发生在 2000～2005 年，2005～2010 年扩张速度显著降低。

榆林市、渭南市和安康市的综合土地利用动态度存在显著差异（图 3-11）。

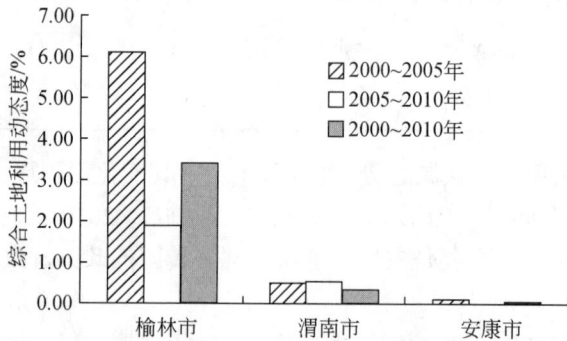

图 3-11　三市土地利用综合动态度比较

榆林市、渭南市和安康市的综合土地利用动态度变化差异较大，2000～2010 年表现为榆林市>渭南市>安康市，说明榆林市的土地利用变化速度最快，也最活跃，而渭南市和安康市的土地变化则比较稳定。其中，2000～2005 年三市分别为 6.11%、0.48%和 0.11%，2005～2010 年分别为 1.90%、0.53%和 0.01%，表明 2000～2010 年三市的土地利用活跃度前五年快于后五年。

3.6　土地利用转移速率

3.6.1　榆林市土地利用转移速率

榆林市在 2000~2010 年的土地利用转移速率如表 3-11 所示。

表 3-11　榆林市土地利用转移速率　　　　　　　　（单位：%）

土地利用类型	2000~2005 年	2005~2010 年	2000~2010 年
耕地	4.31	5.25	1.10
林地	4.36	7.21	0.98
草地	3.81	4.09	0.50
水域	6.30	10.59	4.41
建设用地	6.43	13.99	6.43
未利用地	2.29	4.39	1.43

2000~2010 年，变化较活跃的土地利用类型是建设用地（6.43%）和水域（4.41%），较稳定的为草地（0.50%）和林地（0.98%）。其中，2000~2005 年各地类整体变化均较多较活跃，转移速率平均值高于 4.5%，建设用地（6.43%）和水域（6.30%）的转移速率较高；2005~2010 年较 2000~2005 年更为活跃，平均转移速率达 7.59%，转移速率差异性也进一步拉大，最大的仍为建设用地（13.99%）和水域（10.59%）。

3.6.2　渭南市土地利用转移速率

2000~2010 年，渭南市土地利用转移速率差异很大。其中，水域的转移速率最大，为 2.41%，转移速率最小的是耕地，仅为 0.96%，其他地类的转移速率依次是未利用地（2.26%）、建设用地（2.14%）、草地（1.87%）和林地（1.58%）（表 3-12）。其中，2000~2005 年转移速率为草地（2.74%）、水域（6.23%）、建设用地（4.95%）和耕地（2.01%），水域最大，林地最小；2005~2010 年未利用地转移速率最大，平均每年为 6.05%，其次为草地（3.47%）和水域（2.97%）。而建设用地则转移速率最小，几乎为 0，主要原因是建设用地几乎没有转化为其他用地，但是存在大量非建设用地转化为建设用地（表 3-12）。

	表 3-12　渭南市土地利用转移速率		（单位：%）
土地利用类型	2000～2005 年	2005～2010 年	2000～2010 年
耕地	2.01	0.85	0.96
林地	1.30	2.76	1.58
草地	2.74	3.47	1.87
水域	6.23	2.97	2.41
建设用地	4.95	0.02	2.14
未利用地	2.18	6.05	2.26

3.6.3　安康市土地利用转移速率

2000～2010 年，安康市除未利用地转移速率高达 2.09%，其他类型土地变化均较小，尤其是林地、建设用地、草地和水域，分别为 0、0.03%、0.05% 和 0.05%。其中，2000～2005 年转移速率最大的仍然为未利用地（5.06%），为所有用地中变化最大最活跃的地类，其次是耕地（1.25%）、水域（1.22%）、建设用地（0.93%）和草地（0.90%），林地的转移速率最小，仅为 0.22%；2005～2010 年土地转移速度相对缓慢，最大的仍然是未利用地，为 1.76%，其次为水域（1.17%）、建设用地（0.86%）、耕地（0.86%）和草地（0.82%），林地最低（0.23%）（表 3-13）。

	表 3-13　安康市土地利用转移速率		（单位：%）
土地利用类型	2000～2005 年	2005～2010 年	2000～2010 年
耕地	1.25	0.86	0.24
林地	0.22	0.23	0.00
草地	0.90	0.82	0.05
水域	1.22	1.17	0.05
建设用地	0.93	0.86	0.03
未利用地	5.06	1.76	2.09

3.6.4　三市对比分析

2000～2010 年，六大土地利用类型的土地利用转移速率总体上呈现榆林＞渭南＞安康的趋势，榆林市的活跃度最大，安康市的稳定性最强，彼此之间的差异明显（图 3-12）。

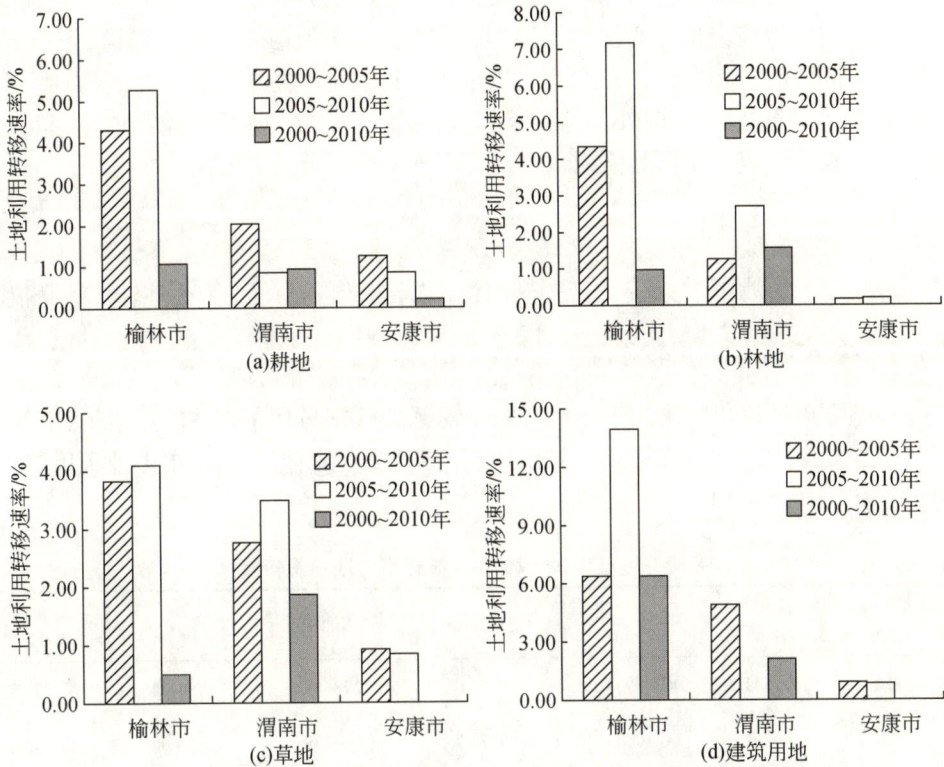

图 3-12　榆林市、渭南市和安康市主要土地利用转移率比较

　　土地利用转移速率的差异与不同地域的自然条件和政策差异有关。例如，榆林市地处黄土高原，干旱少雨，植被覆盖条件较差，加上黄土的自然特性，多年来水土流失严重。20 世纪 90 年代末期以来，当地政府积极响应国家生态环境建设的号召，大力开展退耕还林还草等生态建设活动，土地利用和覆被变化速度自然比较快。安康市位于陕南，为生态良好区域，尤其是自然因素较稳定，因此土地利用转移速率很慢。渭南市地处关中平原，主要表现为城市扩张速度相对较快。

3.7　土地利用转移流

3.7.1　土地利用转移流

　　引入动态物质变化中"流"的概念，把土地利用变化中由一种土地利用类型转为另外一种土地利用类型的情况定义为"土地转移流"，用来表达土地利用变化的过程、方向性及其转移量的大小（马彩虹等，2014，2013）。

对任何土地利用类型而言，由该地类转为其他地类的变化量称为"转出流"，由其他类型转为该类型的变化量称为"转入流"。转出流与转入流之和就是该地类在特定时间段的"土地利用转移流"，表征该土地利用类型中所有参与土地利用变化的总量（马彩虹等，2017b）。转入流与转出流之差为土地转移流净值。当其值为正时，表示净流入；当其值为负时，表示净流出。公式如下：

$$L_{f} = L_{out} + L_{in} \tag{3-8}$$

$$L_{nf} = L_{in} - L_{out} \tag{3-9}$$

式中，L_f 为土地利用转移流；L_{out} 为转出流；L_{in} 为转入流；L_{nf} 为土地转移流净值。

3.7.2 榆林市土地利用转移流

土地利用转移矩阵来源于系统分析中对系统状态与状态转移的定量描述（刘瑞等，2010）。依据 2000～2010 年土地利用转移矩阵，得到榆林市土地利用转移情况统计表（表 3-14）。

表 3-14　2000～2010 年榆林市土地利用转移率

土地利用类型	2000 年面积/hm²	2010 年面积/hm²	稳定面积/hm²	转移面积/hm²	类型转移率/%	区域转移率/%
耕地	1672541.2	610393.0	373957.0	1298584.2	77.64	45.77
林地	202563.0	1421073.0	85073.7	117489.3	58.00	4.14
草地	1888810.0	1488568.0	728721.1	1160088.9	61.42	40.89
水域	52904.9	97985.6	16909.5	35995.4	68.04	1.27
建设用地	16370.0	146265.7	4713.0	11657.0	71.21	0.41
未利用地	465412.9	534316.8	251806.4	213606.5	45.90	7.53
合计	4298602.0	4298602.1	1461180.7	2837421.3	66.01*	100.00

* 表示整体类型转移率，后同。

2000～2010 年，榆林市土地利用转移流很大，参与转移的面积为 2837421.3 hm²，占榆林市总面积的 66.01%。其中，耕地的转移百分比最高，占耕地总面积的 77.64%，未利用地的转移百分比最低，也达 45.90%。从对区域贡献的角度分析，耕地和草地的转移贡献最大，分别占 45.77% 和 40.89%，建设用地、水域和林地的贡献率很低，合计仅 6% 左右。

2000～2010 年，榆林市土地利用转移流以耕地转林地流、草地转林地流和耕地转草地流为最典型的三类转移流，分别为 657573.0hm^2、641359.0hm^2 和 517432.0hm^2，占研究期榆林市土地利用转移流的比例依次为 23.18%、22.60%和 18.24%，合计比例达到 64.02%。30 种土地利用转移流中，以代码计，12、32、13、36、31、63、23、35、16、34、15 和 14 共计 12 种土地利用转移流合计占到榆林市土地利用转移流总量的 94.80%（表 3-15、图 3-13）。

表 3-15　2000～2010 年榆林市土地转移流汇总表

转移流代码	转移流/hm^2	百分比/%	累计百分比/%	转移流代码	转移流/hm^2	百分比/%	累计百分比/%
12	657573.0	23.18	23.18	65	14325.50	0.50	97.49
32	641359.0	22.60	45.78	26	11346.40	0.40	97.89
13	517432.0	18.24	64.02	42	9432.50	0.33	98.22
36	211150.2	7.44	71.46	43	8508.00	0.30	98.52
31	186539.7	6.57	78.03	41	7961.40	0.28	98.80
63	155093.4	5.47	83.50	45	7862.20	0.28	99.08
23	76039.3	2.68	86.18	64	5879.20	0.21	99.29
35	73263.2	2.58	88.76	25	4470.80	0.16	99.45
16	57219.2	2.02	90.78	52	3744.80	0.13	99.58
34	47776.8	1.68	92.46	51	3716.60	0.13	99.71
15	41631.1	1.47	93.93	53	2774.60	0.10	99.81
14	24728.5	0.87	94.80	46	2231.30	0.08	99.89
62	23889.0	0.84	95.64	24	1834.10	0.06	99.95
21	23798.7	0.84	96.48	54	857.60	0.03	99.98
61	14419.4	0.51	96.99	56	563.40	0.02	100.00

注：1-耕地，2-林地，3-草地，4-水域，5-建设用地，6-未利用地，12-耕地转林地流，13-耕地转草地流，依次类推；后同。

采用 Ucinet 6.0 网络分析软件，对上述 12 种转移流制作网络关系（图 3-14）。

可以看出，耕地、林地和草地是榆林市土地利用转移网络的关键节点，三大节点之间的转移流占到转移流总量的 74.11%，其间的土地利用相互转移量明显高于与其他土地利用类型之间的转换，构成了一个明显的铁三角关系，林地仍然是主要的汇，大量耕地和草地转为林地，反映出榆林市自 2000 年以来响应国家退耕还林还草政策中，主要表现为植树造林。未利用地是榆林是土地利用转移的次级节点类型，与之相关的转移流比例占同期榆林市转移流总量的 14.93%。2000～2010 年既有部分未利用地开发利用，同期也有大量土地退化为未利用地。

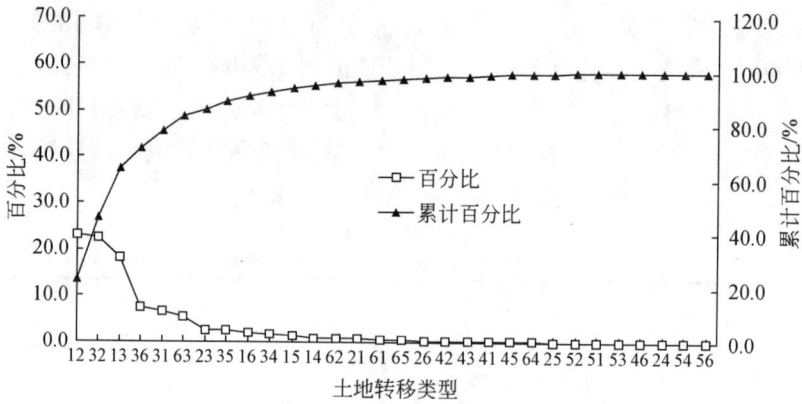

图 3-13　2000～2010 年榆林市土地转移流比例

将每一种土地利用类型作为子系统,统计 2000～2010 年榆林市关键土地利用节点的转移流（图 3-14）。

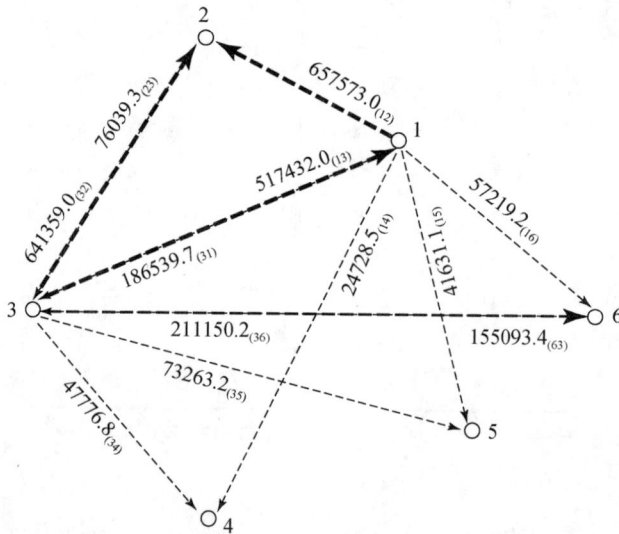

图 3-14　2000～2010 年榆林市主要土地转移流网络关系图

耕地转移流净流出 1062148.0hm²。转为林地和草地是主要的耕地转出流,分别占耕地转出流总量的 50.64%和 39.85%;主要转入源为草地,占耕地转入流的78.90%。

2000～2010 年林地净流入 1218509.0hm²,主要源于耕地和草地,分别占林地转入流的 49.22%和 48.01%;草地净流出 391840.1hm²,主要转出方向为林地,占草地转出流的 55.29%,其次是未利用地和耕地,分别占转出流的 18.20%和

16.08%；草地的主要转入源为耕地，占草地转入流的 67.35%，其次是林地，占草地转入流的 9.90%（图 3-15）。

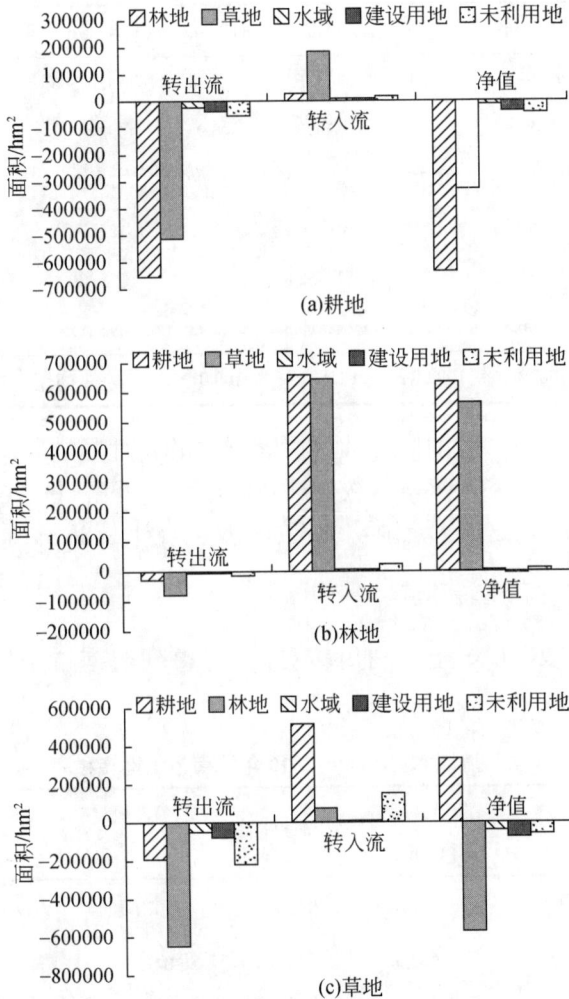

图 3-15　2000～2010 年榆林市主要土地转移流柱状图

2000～2010 年，榆林市土地利用转出流中，主要的源是耕地和草地，产生在这两种土地利用类型中的转出流占绝对优势，分别达到 1298583.8hm^2 和 1160088.9hm^2，分别占榆林市土地利用转出流的 45.63%和 40.76%；土地利用转入流中，主要的汇是林地和草地，产生在这两种土地利用类型中的转入流分别为 1335998.3hm^2 和 768248.8hm^2，分别占榆林市土地利用转入流的 46.95%和 27%。土地利用的转入和转出，最终导致耕地和草地为净流失，分别流失 1062148.0hm^2

和 391840.1hm^2，林地、水域、建设用地以及未利用地面积增大（表 3-16）。

表 3-16　2000～2010 年榆林市土地转出流、转入流及净值

土地利用类型	转出流/hm^2	比例/%	转入流/hm^2	比例/%	转移流/hm^2	比例/%	净值/hm^2
耕地	-1298583.8	45.63	236435.8	8.31	1535019.6	26.97	-1062148.0
林地	-117489.3	4.13	1335998.3	46.95	1453487.6	25.54	1218509.0
草地	-1160088.9	40.76	768248.8	27.00	1928337.7	33.88	-391840.1
水域	-44396.9	1.56	81076.2	2.85	125473.1	2.20	36679.3
建设用地	-11657.0	0.41	141552.8	4.97	153209.8	2.69	129895.8
未利用地	-213606.5	7.51	282510.5	9.93	496117.0	8.72	68904.0
合计	-2845822.4	100.00	2845822.4	100.01	5691644.8	100.00	0.0

从区域视角分析，对榆林市土地利用系统的稳定性影响最大的时候发生在草地系统的转移流，占 33.88%，其次是耕地系统的转移流，占 26.97%，林地系统的转移流占 25.54%，这三大土地子系统的转移流合计占 86.39%。

3.7.3　渭南市土地利用转移流

依据 2000～2010 年土地利用转移矩阵，得到渭南市土地利用转移情况统计表（表 3-17）。

表 3-17　2000～2010 年渭南市土地转移率

土地利用类型	2000 年面积/hm^2	2010 年面积/hm^2	稳定面积/hm^2	转移面积/hm^2	类型转移率/%	区域转移率/%
耕地	782579.0	769140.6	707504.1	75074.9	9.59	43.32
林地	129582.9	158842.0	109150.0	20432.9	15.77	11.79
草地	274751.6	247828.0	223432.0	51319.6	18.68	29.61
水域	43671.9	40256.9	33167.1	10504.8	24.05	6.06
建设用地	64889.4	77018.3	50988.2	13901.2	21.42	8.02
未利用地	9139.0	11527.7	7070.8	2068.2	22.63	1.19
合计	1304613.8	1304613.5	1131312.2	173301.6	13.28	99.99

2000～2010 年渭南市土地利用转移率较低，转移面积 173301.6hm²，占总面积的 13.28%。从土地利用类型的角度分析，转移率最高的水域也只有 24.05%；未利用地和建设用地次之，分别为 22.63%和 21.42%；林地和草地分别为 15.77%和 18.68%；耕地的转移率最低，仅为 9.59%。从对区域土地利用转移的贡献视角分析，由于渭南市耕地的面积最广泛，耕地转移占该区域土地利用转移率的首位，高达 43.32%，其次是草地（29.61%），林地居于第三位（11.79%）。这三大类型土地利用转移占渭南市土地利用转移的 84.72%（表 3-18）。

表 3-18 2000～2010 年渭南市土地转移流汇总

转移流代码	转移流/hm²	百分比/%	累计百分比/%	转移流代码	转移流/hm²	百分比/%	累计百分比/%
12	33260.1	19.19	19.19	34	1117.7	0.64	98.59
31	31998.5	18.46	37.65	54	554.2	0.32	98.91
15	22842.4	13.18	50.83	63	366.5	0.21	99.12
32	16079.2	9.28	60.11	61	293.9	0.17	99.29
13	14983.7	8.65	68.76	36	259.2	0.15	99.44
51	13034.6	7.52	76.28	53	224.1	0.13	99.57
21	10053.5	5.80	82.08	24	211.7	0.12	99.69
41	6256.2	3.61	85.69	42	147.3	0.08	99.78
23	4826.2	2.78	88.48	62	129.7	0.07	99.85
26	4091.5	2.36	90.84	52	75.8	0.04	99.90
43	3996.2	2.31	93.14	45	64.8	0.04	99.93
14	3935.4	2.27	95.41	16	53.3	0.03	99.97
35	1865.5	1.08	96.49	46	40.3	0.02	99.99
64	1270.8	0.73	97.22	56	12.6	0.01	99.99
25	1250.1	0.72	97.94	65	7.3	0.00	100.00

2000～2010 年，渭南市土地利用转移流以耕地转林地流、草地转耕地流和耕地转建设用地流为最典型的三类转移流，分别为 33260.1hm²、31998.5hm² 和 22842.4hm²，占渭南市土地利用转移流的比例依次为 19.19%、18.46%和 13.18%，

小计比例达到 50.83%。30 种土地利用转移流中，以代码计，12、31、15、32、13、51、21、41、23、26、43 和 14 共计 12 种土地利用转移流合计占榆林市土地利用转移流总量的 95.41%（图 3-16）。

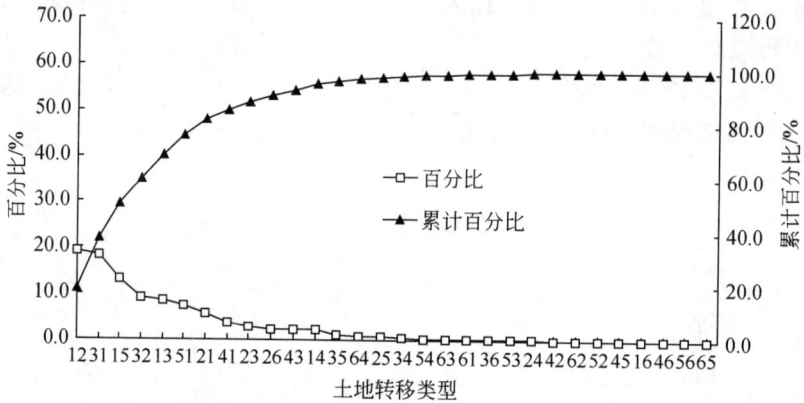

图 3-16　2000～2010 年渭南市土地转移流比例

采用 Ucinet 6.0 网络分析软件制作渭南市 12 种转移流网络关系图（图 3-17）。发现渭南市土地利用转移网络的显著特征是以耕地为核心节点，形成了耕地与林地、草地和建设用地的转移。其中，耕地转向林地和草地应该是响应国家退耕还林还草政策的结果，耕地转向建设用地的量也比较突出，反映出 2000～2010 年渭南市土地城市化显著。但是同时又有较大量草地转为耕地，这与渭南市隶属于关中平原国家重要商品粮基地，负担着国家粮食安全的重要责任有关。因此，在城市化和国家生态安全建设的进程中，渭南市在尽力确保耕地的占补平衡。

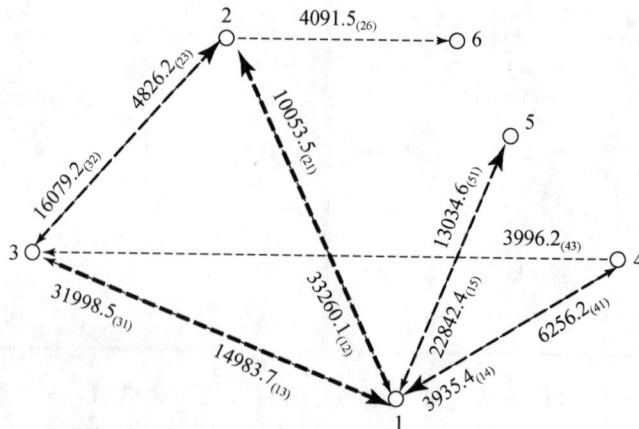

图 3-17　2000～2010 年渭南市主要土地转移流网络关系图

统计 2000~2010 年渭南市关键土地利用节点的转移流,发现耕地和草地表现为净转出,分别转出 13438.2hm² 和 26923.4hm²;林地和建设用地为净转入,分别转入 29259.1hm² 和 12128.8hm²。考量每一种土地利用类型的流向,发现耕地转出流主要流向林地和建设用地,二者合计占耕地转出流的 64.26%;耕地转入流主要依靠草地,其次依靠建设用地复垦。林地作为主要的汇,主要依靠耕地的转入,其次是草地的转入。与之相应,草地的主要流失方向是耕地,其次是林地,主要的补给来源依靠水域中滩涂的草地化和退耕。建设用地的转出主要原因是复垦,建设用地的转入依靠占用耕地实现(图 3-18)。

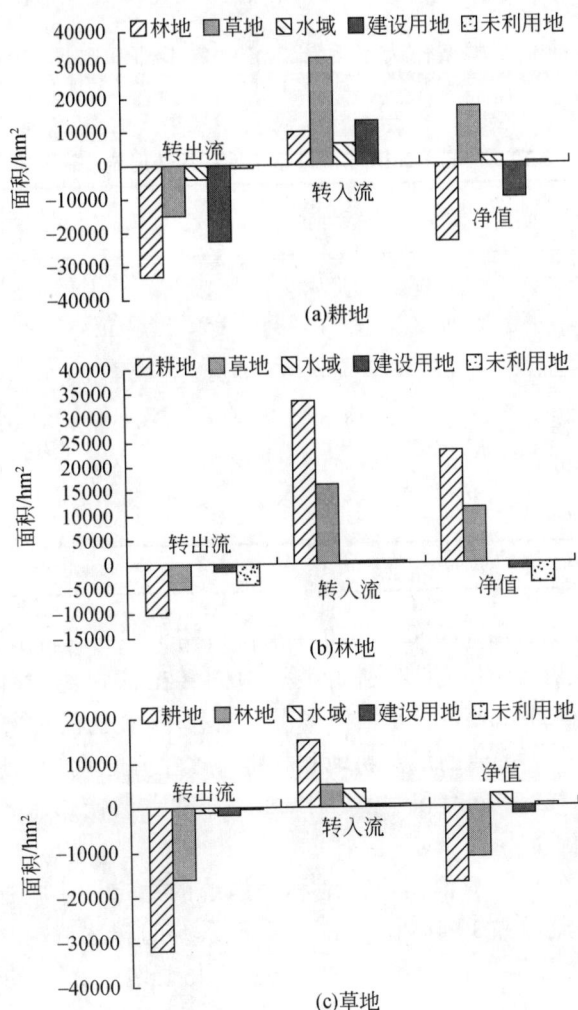

(a)耕地

(b)林地

(c)草地

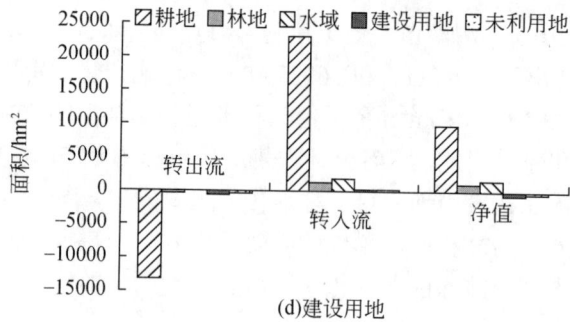

图 3-18　2000～2010 年渭南市主要土地转移流柱状图

　　将每一种土地利用类型作为子系统,汇总各土地利用类型中的土地利用转移流,得出表 3-19。

表 3-19　2000～2010 年渭南市土地利用转出流、转入流及净值

土地利用类型	转出流/hm²	比例/%	转入流/hm²	比例/%	转移流/hm²	比例/%	净值/hm²
耕地	−75074.9	43.32	61636.7	35.57	136711.6	39.44	−13438.2
林地	−20433.0	11.79	49692.1	28.67	70125.1	20.23	29259.1
草地	−51320.1	29.61	24396.7	14.08	75716.8	21.85	−26923.4
水域	−10504.8	6.06	7089.8	4.09	17594.6	5.08	−3415.0
建设用地	−13901.3	8.02	26030.1	15.02	39931.4	11.52	12128.8
未利用地	−2068.2	1.19	4456.9	2.57	6525.1	1.88	2388.7
合计	−173302.0	99.99	173302.3	100.00	346604.6	100.00	0.0

　　从表 3-19 可以看出,2000～2010 年渭南市的土地利用转出流主要的源是耕地和草地,产生在这两种土地利用类型中的转出流占绝对优势,分别达到75074.9hm² 和 51320.1hm²,分别占渭南市土地利用转出流的 43.32%和 29.61%。土地利用转入流中,主要的汇是耕地和林地,产生在这两种土地利用类型中的转入流分别为 61636.7hm² 和 49692.1hm²,分别占渭南市土地利用转入流的35.57%和28.67%。

　　从区域视角分析,对渭南市土地利用系统的稳定性影响最大的是发生在耕地系统的转移流,占39.44%,其次是草地系统的转移流,占21.85%,林地系统的转移流位居第三,为 20.23%,这三大土地子系统的转移流合计占81.52%。

3.7.4　安康市土地利用转移流

依据 2000～2010 年土地利用转移矩阵,得到安康市土地利用转移情况统计表（表3-20）。

表 3-20　2000～2010 年安康市土地利用转移率统计表

土地利用类型	2000 年面积/hm²	2010 年面积/hm²	稳定面积/hm²	转移面积/hm²	类型转移率/%	区域转移率/%
耕地	501001.6	489233.0	488860.0	12141.6	2.42	81.83
林地	1783635.4	1793108.3	1783075.7	559.7	0.03	3.77
草地	15080.3	15024.0	15010.0	70.3	0.47	0.47
水域	17753.9	20818.6	17663.2	90.7	0.51	0.61
建设用地	5775.2	6790.5	5756.2	19.0	0.33	0.13
未利用地	9375.3	7647.8	7418.9	1956.4	20.87	13.19
合计	2332621.7	2332622.2	2317784.0	14837.7	0.64	100.00

2000～2010 年安康市土地利用转移流量很低,参与转移的面积 14837.7hm²,占安康市总面积的 0.64%。从土地利用类型的角度分析,未利用地的转移率相对较高,占未利用地总面积的 20.87%;耕地的转移率为 2.42%;林地的转移率最低,仅为 0.03%,其他类型的转移率在 0.03%～0.51%。从对区域土地利用转移的贡献视角分析,耕地转移占该区域土地利用转移率的首位,高达 81.83%,其次是未利用地（13.19%）,林地居于第三位（3.77%）。

2000～2010 年,安康市土地利用转移流以耕地转林地流占绝对优势,达到 9962.3hm²,占安康市土地利用转移流的 67.14%;其次是未利用地转水域流、耕地转水域流和耕地转建设用地流,分别为 1803.4hm²、1013.9hm² 和 973.4hm²,占安康市土地利用转移流的比例依次为 12.15%、6.83%和 6.56%,小计比例达到 25.54%。30 种土地利用转移流中,以代码计,12、64、14、15、24、21、16、61、34、41、26 和 62 共计 12 种土地利用转移流合计占到安康市土地利用转移流总量的 98.99%（表3-21、图3-19）。

表 3-21　2000～2010 年安康市土地利用转移流汇总

转移流代码	转移流/hm²	百分比/%	累计百分比/%	转移流代码	转移流/hm²	百分比/%	累计百分比/%
12	9962.3	67.14	67.14	14	1013.9	6.83	86.13
64	1803.4	12.15	79.30	15	973.4	6.56	92.69

续表

转移流代码	转移流/hm²	百分比/%	累计百分比/%	转移流代码	转移流/hm²	百分比/%	累计百分比/%
24	279.6	1.88	94.57	13	11.9	0.08	99.74
21	214.6	1.45	96.02	46	11.3	0.08	99.81
16	180	1.21	97.23	32	9.5	0.06	99.88
61	92	0.62	97.85	45	5.7	0.04	99.92
34	55.5	0.37	98.23	31	5.2	0.04	99.95
41	46.1	0.31	98.54	54	3.2	0.02	99.97
26	37.5	0.25	98.79	23	1.7	0.01	99.99
62	32.1	0.22	99.01	52	1.4	0.01	99.99
65	28.8	0.19	99.20	43	0.4	0.00	100.00
42	27.2	0.18	99.38	35	0.2	0.00	100.00
25	26.2	0.18	99.56	56	0.1	0.00	100.00
51	14.4	0.10	99.66	63	0.1	0.00	100.00

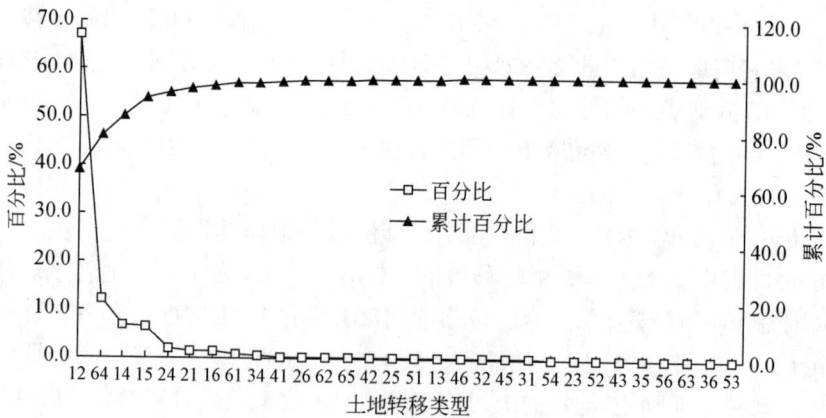

图 3-19　2000～2010 年三市土地转移流比例

采用 Ucinet 6.0 网络分析软件,对上述 12 种转移流制作网络关系图(图 3-20)。发现耕地和林地两大土地利用类型形成了安康市土地利用转移网络的关键节点,以耕地向林地的单向流为主要特征;未利用地和水域是安康市土地利用转移的次级节点类型。安康市地处亚热带林区,林地比例大且覆盖稳定。

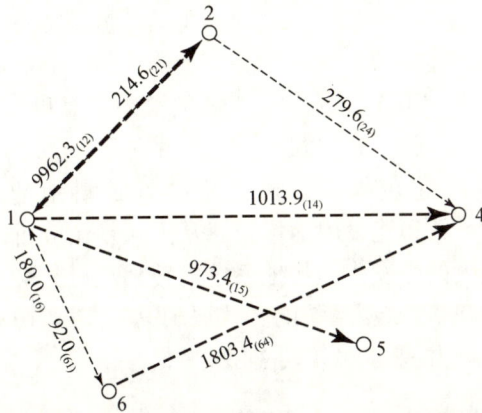

图 3-20　2000~2010 年安康市主要土地转移流网络关系图

　　由于"多山少田"的土地利用基本格局，陡坡种植现象仍然较为普遍，在国家退耕还林政策下，耕地转为林地流成土地利用转移流的主要特征；其次，该区域隶属于国家汉江水源地，最大限度地提高水源涵养能力和扩大水域面积具有重要意义，因此未利用地转为水域流也就成为比较显著的一个特征。统计 2000~2010 年安康市关键土地利用节点的转移流，将各土地利用类型作为子系统仔细考量其土地利用转移流情况，发现转为林地是主要的耕地转出流；林地主要转出方向为耕地和水域，主要转入源为耕地和水域，转移情况比较简单（图 3-21）。

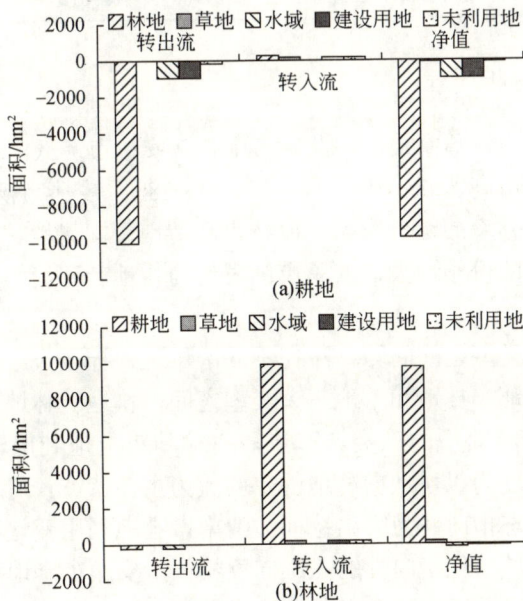

图 3-21　2000~2010 年安康市主要土地转移流柱状图

　　汇总发生在各土地利用类型中的土地利用转移流，2000～2010 年安康市土地利用转出流中，耕地的转出流占绝对优势，达到 12141.5hm²，占安康市土地利用转出流的 81.83%；土地利用转入流中，主要的汇是林地和水域，其中林地转入流为 10032.5hm²，水域转入流为 3155.6hm²，分别占安康市土地利用转入流的 67.61% 和 21.27%。土地利用的转入和转出，主要导致耕地的净流失，流失量达11769.2hm²，林地、水域和建设用地增大。从区域视角分析，对安康市土地利用系统的稳定性影响最大的是发生在耕地系统的转移流，占 42.17%，其次是林地系统的转移流，占 35.69%，水域系统的转移居于第三，占 10.94%，这三大土地利用子系统的转移流合计占 88.80%（表 3-22）。

表 3-22　　2000～2010 年安康市土地利用转出流、转入流及净值

地利用 类型	转出流/hm²	比例/%	转入流/hm²	比例/%	转移流/hm²	比例/%	净值/hm²
耕地	-12141.5	81.83	372.3	2.51	12513.8	42.17	-11769.2
林地	-559.6	3.77	10032.5	67.61	10592.1	35.69	9472.9
草地	-70.4	0.47	14.1	0.10	84.5	0.28	-56.3
水域	-90.7	0.61	3155.6	21.27	3246.3	10.94	3064.9
建设用地	-19.1	0.13	1034.3	6.97	1053.4	3.55	1015.2
未利用地	-1956.4	13.19	228.9	1.54	2185.3	7.36	-1727.5
合计	-14837.7	100.00	14837.7	100.00	29675.4	99.99	0.0

3.7.5　三市对比分析

　　榆林市土地利用转移率最高，渭南市中等，安康市最低，2000～2010 年，土地利用转移率榆林市高达 66.01%，渭南市为 13.28%，安康市仅为 0.64%。受土地利用结构和类型转移率的综合影响，榆林市和渭南市中耕地转移流和草地转移流占区域土地转移流的份额最大，安康市则表现为耕地转移流对区域转移流的影响最大（图 3-22）。

　　不同土地利用类型之间的转移流在不同区域上差异较大。榆林市的土地利用转移主要发生在耕地、林地和草地三大类型之间，耕地转林地流、草地转林地流和耕地转草地流为最典型的三类转移流，占榆林市土地利用转移流的比例达到64.01%；安康市表现为以耕地向林地的单向流为主要特征。可见，榆林市的土地利用转移特征以生态指向性为突出特征；渭南市土地利用变化具有生态指向性、粮食安全指向性和城市化指向性的三维向度特征；安康市土地利用变化特征与该区域保障水源地的水源涵养功能指向性目标高度一致。

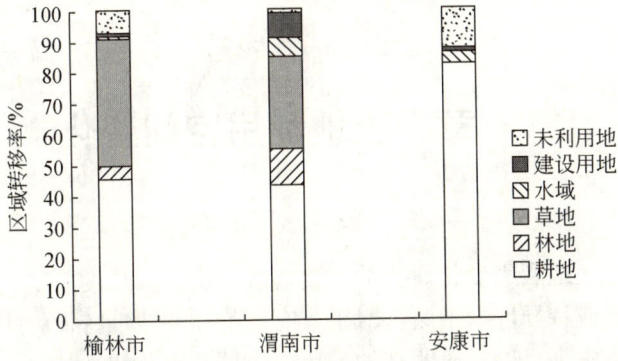

图 3-22　2000～2010 年不同土地转移流占各市总转移流的比率

第4章 土地利用空间变化

空间变化是土地利用变化研究的重要内容。由于大尺度的研究往往容易使某些局部格局特征或特异现象消失，对于具有阈值和非线性特征的生态过程，这个问题尤为突出。中小尺度的研究（如城市、流域、农业或森林生态系统等）更有利于针对具体的问题进行探讨，以便有效预测未来变化的方向，为土地利用决策提供可靠依据（王军等，2015）。

为了全方位地分析榆林市、渭南市和安康市三个市的土地利用空间变化，本章从土地利用分布格局、植被覆盖度、土地利用相对变化率和土地利用转移的空间分布特征等方面进行对比研究。

4.1 土地利用分布格局

4.1.1 榆林市土地利用分布格局

榆林市土地利用分布格局如图 4-1 所示。

榆林市土地利用类型中草地和林地占很大比例。其中，耕地主要分布于黄土丘陵区；草地广泛分布于整个榆林市，但集中连片分区主要分布于西南部海拔较高区域和长城以北，这与近年来的大面积生态建设有关；林地相对集中区域分别在榆林

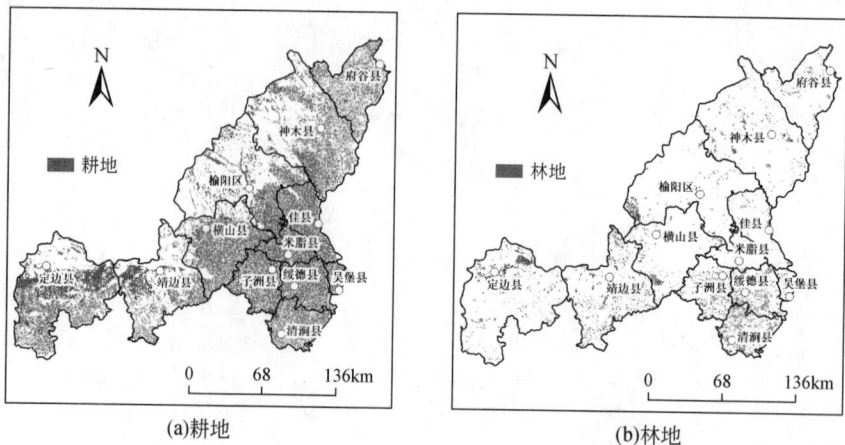

(a)耕地　　　　　　　　　　　　(b)林地

(c)草地

(d)建设用地

(e)未利用地

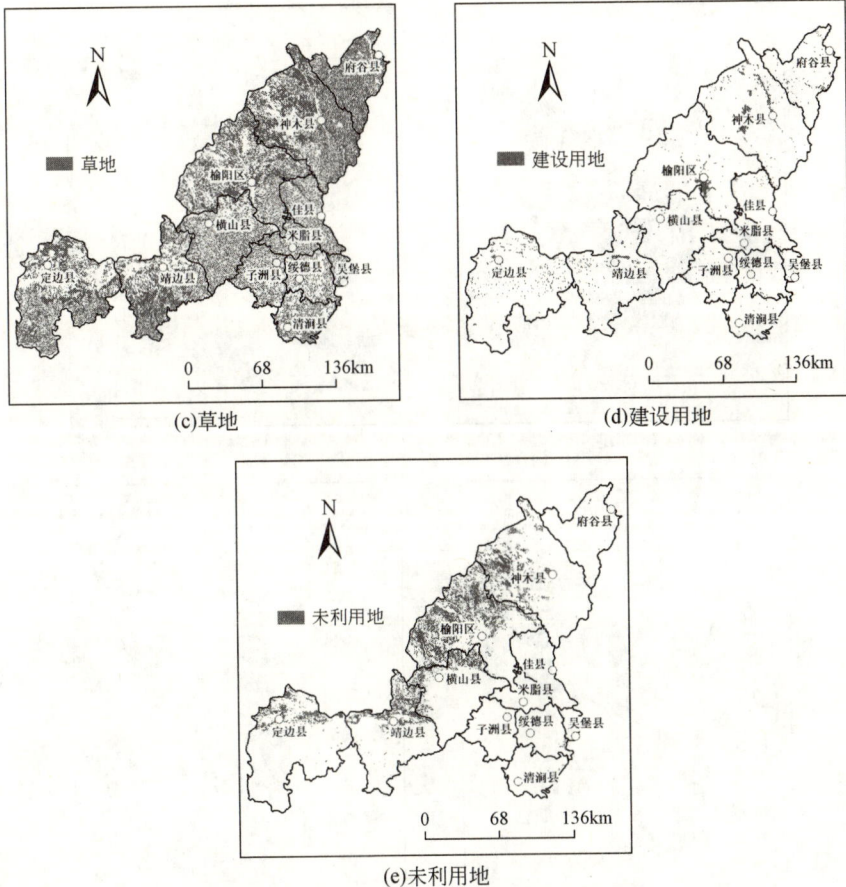

图 4-1 2010 年榆林市土地利用分布

市黄土丘陵区东南部的清涧县、绥德县和子洲县，南部的靖边县以及西南部的定边县北部；建设用地主要集中在榆林市辖区、神木县城区、神木县大型矿区和靖边县城区四大区域；未利用地面积较大，且集中连片分布于长城沿线以北的风沙草滩区。

4.1.2 渭南市土地利用分布格局

渭南市耕地分布广泛，呈连续面状分布于台塬及平川地带；林地主要集中分布于北部和南部的山区，在台塬区零星分布；草地主要分布于河川谷地和南部、北区山地区；水域主要是黄河和部分水系，主要分布在渭南市东缘和南部，北部的河网稀少；建设用地分布呈现出县市区行政中心区域面积较大外，乡镇中心和广大农村居民点面积较小，但数量较多，成密集点状分布格局；未利用地集中分布在大荔县南部地区（图 4-2）。

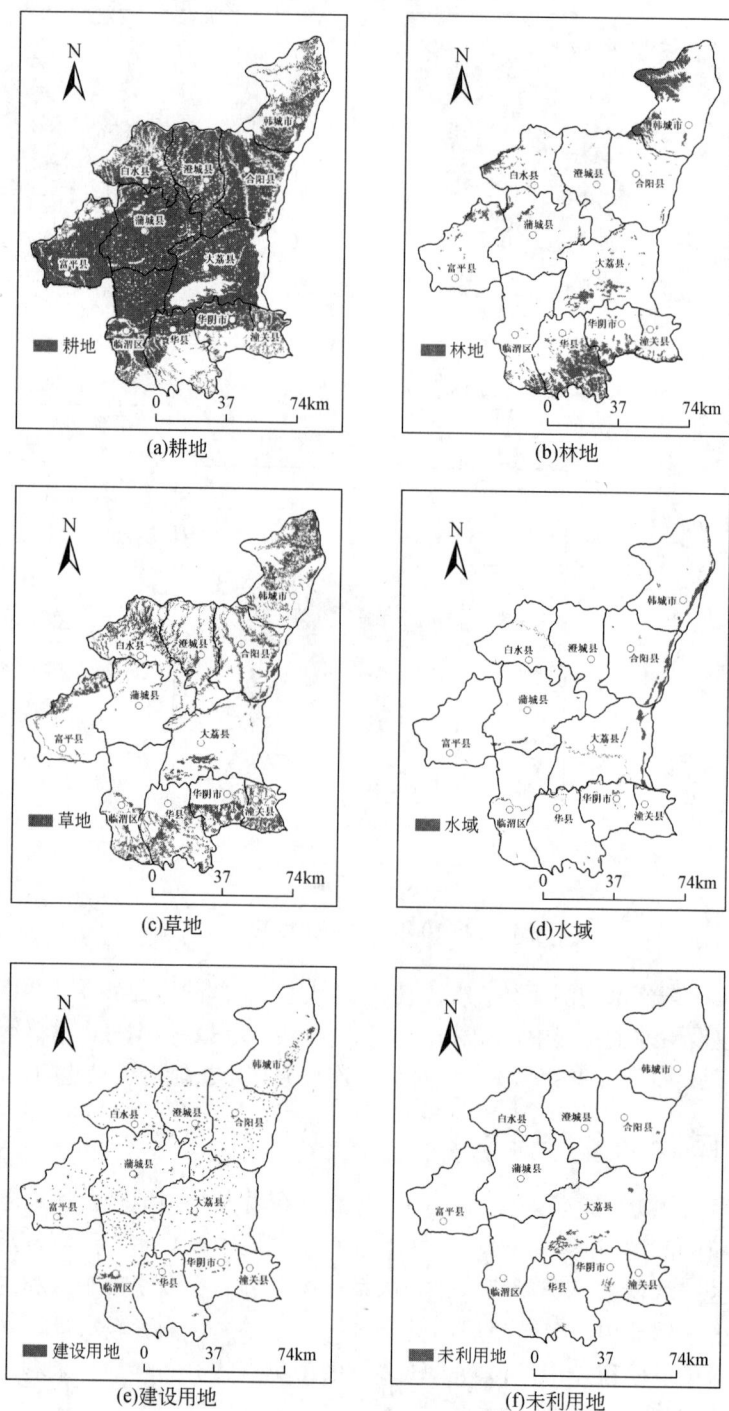

(a)耕地

(b)林地

(c)草地

(d)水域

(e)建设用地

(f)未利用地

图 4-2　2010 年渭南市土地利用分布

4.1.3 安康市土地利用分布格局

安康市地处秦巴腹地，地形崎岖，土地利用格局具有特殊性（图 4-3）。

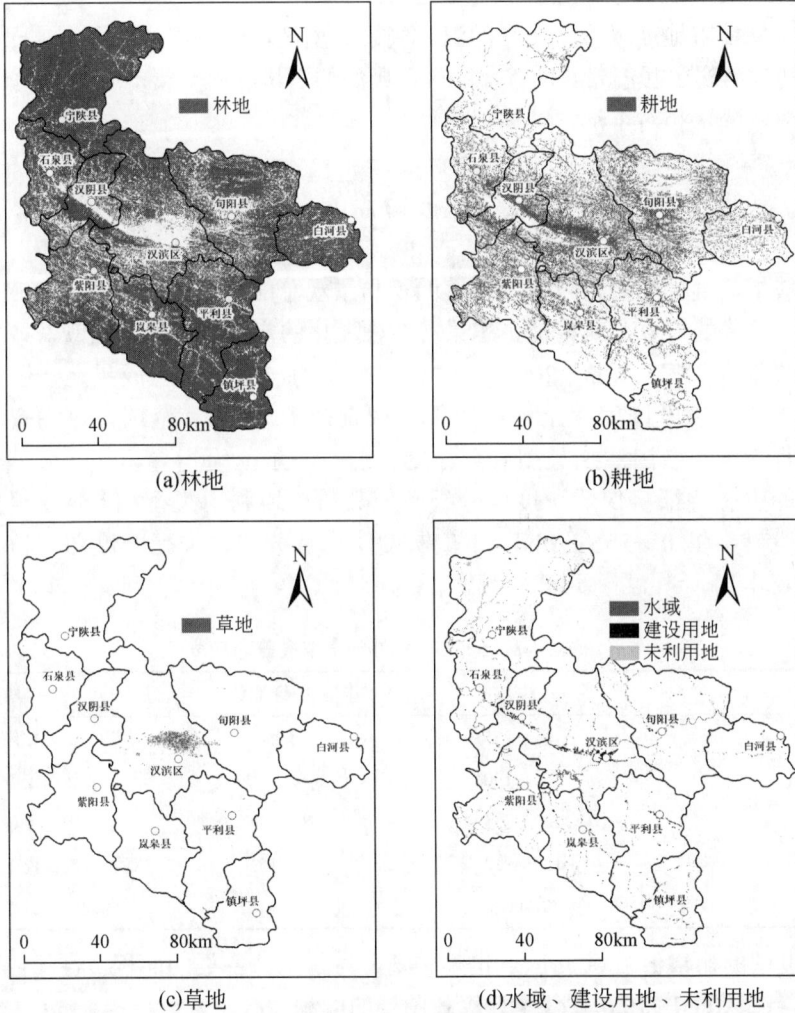

(a)林地

(b)耕地

(c)草地

(d)水域、建设用地、未利用地

图 4-3 2010 年安康市土地利用分布

安康市耕地仅占总面积的 20.97%，主要分布在汉滨区、旬阳县、紫阳县和汉阴县；林地占绝对优势，主要分布在西北部的宁陕县、东部的白河县和旬阳县，以及南部的平利县和镇坪县；草地主要分布在汉滨区；未利用地主要分布在宁陕县、平利县与岚皋县交界以及与镇坪县交界处。

4.1.4　三市对比分析

榆林市面域分布范围广泛的土地利用类型为草地,其次是耕地;渭南市以耕地为主;安康市以林地为主。这种土地利用空间格局特征与气候、地形特征有密切关系。榆林市地处干旱半干旱的温带气候类型区,为风沙过渡区,属于农牧交错带;渭南市属于暖温带,河谷盆地区,典型的农耕区;安康市属于亚热带山区,地形崎岖,降水相对丰沛,林地覆盖良好。

4.2　植被覆盖的变化

植被指数既反应特定景观中群落面积与景观总面积的比例关系,也反映植物群落层片结构的特点,对植被生态景观面积变化的定量评价更为直观。

本书根据国家环保局 2005 年生态遥感监测与评价工程成果之一及图像灰度值直方图,以及国家"土地利用现状调查技术规程"、全国"草场资源调查技术规程"和"全国沙漠类型划分原则"的有关条款为指导,并结合干旱区植被特有的生态特征将像元灰度值分级并使其与土地利用类型相对应。根据像元灰度分段值,将 0～255 的 NDVI 值灰度图进行分级,像元灰度图与植被覆盖对应(表 4-1)。

表 4-1　像元灰度图与植被覆盖对应表

级别	像元灰度图	植被覆盖度	覆盖等级
1	191～255	>60%	优等覆盖
2	156～190	30%～60%	较高覆盖
3	139～155	15%～30%	中等覆盖
4	129～138	5%～15%	较低覆盖
5	128 以下	<5%	劣等覆盖

灰度图的栅格值被赋予1～5 的属性值,为了统计各类的面积,将其转换为矢量图层,在 ArcGIS 10.0 软件中计算各图层的面积。

4.2.1　榆林市植被覆盖空间分布

2000～2010 年榆林市植被覆盖情况发生了较为明显的变化(图 4-4)。

榆林市植被覆盖以劣等植被覆盖为主。2000 年榆林市优等植被占全市植被覆盖总面积的 0.43%,2010 年占全市植被覆盖总面积的 1.85%,年均增长率为 6.17%。2000 年榆林市劣等覆盖覆盖面积占全市总面积的 95.00%,2010 年占全市总面积

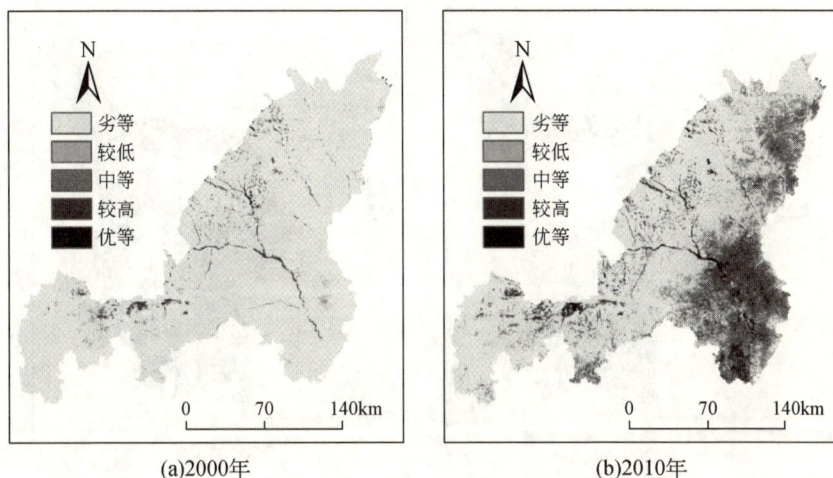

(a)2000年　　　　　　　　　　　　　(b)2010年

图 4-4　榆林市植被覆盖等级图

的 62.23%，十年来减少了 32.77%，表明该时段内榆林市的植被覆盖得到了明显改善。即便如此，2010 年中等植被覆盖以上的面积占全市总植被覆盖面积的比重仍然很小，合计仅占全市植被总覆盖面积的 36.75%。

空间上，2000 年榆林市较好（较高和优等）等级的植被覆盖主要集中分布在河流沿岸，如芦河、无定河和榆西河等河流流域，还有金鸡沙水库、新桥水库的水库区域；2010 年劣等植被覆盖大面积减少，中等植被覆盖、较好植被覆盖在榆林市西北部、东南一带大面积增加，较好植被覆盖面积以神木县北部、米脂县、绥德县和子洲县最为明显，芦河、无定河和榆西河等河流流域及金鸡沙水库、新桥水库的水库区域植被覆盖变好。

不同等级植被覆盖的变化既有正向变化也有负向变化，但计算总体变化数据，负向变化弱于正向变化，该区植被覆盖总体略呈上升趋势，减少幅度最大的是劣等覆盖的植被。

4.2.2　渭南市植被覆盖空间分布

2000～2010 年渭南市植被覆被变化情况如图 4-5 所示。

2000 年渭南市植被覆盖以较高等、优等植被覆盖为主，其他植被覆盖所占比例较少，较好的植被覆盖主要集中在渭南南部、韩城的西北部等区域，中等以下植被覆盖主要集中在渭南中部的蒲城、澄城、白水和大荔等区域；2010 年大部分区域具有较好的植被覆盖，中等以下植被覆盖面积较少，主要集中在白水、澄城一带，较好以上植被覆盖面积由 2000 年的 62.51%上升到 2010 年的 85.19%，年平均

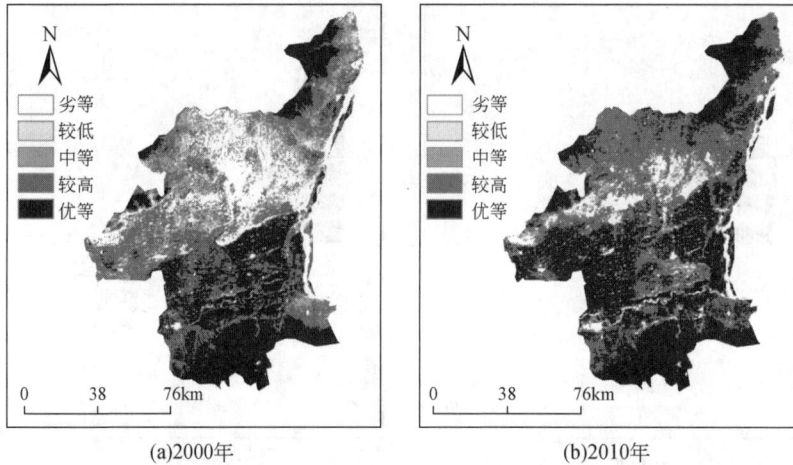

(a)2000年　　　　　　　　(b)2010年

图 4-5　渭南市植被覆盖等级图

速率达到 2.3%，中等以下面积由 2000 年的 18.99%到下降到 2010 年的 8.27%，年平均速率达到-1.72%，据水河、白水、蒲城等区域植被覆盖较差。较低等植被覆盖面积为 106031hm²，仅占全市植被覆盖总面积的 8.05%，到 2010 年，优等植被覆盖面积为 36513hm²，占 2.79%；2000 年渭南市较高等植被覆盖面积占全市总植被覆盖面积最大，占 31.92%，2010 年较高等植被覆盖面积占 39.23%，优等植被覆盖面积占全市总植被覆盖面积的 45.97%，十年来较高等植被覆盖面积增加 8%，优等植被覆盖面积增加 15%，总体植被覆盖是变好的趋势，中等植被覆盖以上的面积占全市总植被覆盖面积的比例较大，表明近几年渭南市植被覆盖等到了加强和保持。

4.2.3　安康市植被覆盖空间分布

2000～2010 年安康市植被空间分布变化情况如图 4-6 所示。

安康市植被覆盖以较高等、优等植被覆盖为主。2000 年，安康市较低等植被覆盖面积为 2443.75hm²，仅占全市植被覆盖总面积的 0.10%，优等植被覆盖面积占全市总植被覆盖面积最大，占 96.31%。空间上，较好的植被覆盖主要集中在安康大部分区域，中等以下植被覆盖主要集中在汉江流域及其支流区域。2010 年，安康市大部分区域具有很好的植被覆盖，中等以下植被覆盖面积较少，主要集中在汉江一带。十年来，较好以上植被覆盖面积由 2000 年的 96.31%上升到 2010 年的 97.11%，同期，中等以下植被覆盖面积 0.32%到下降到 0.16%。

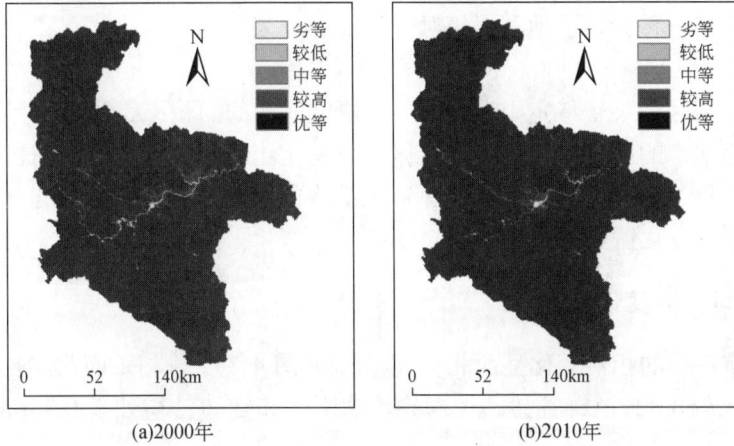

图 4-6　安康市植被覆盖等级图

4.2.4　三市对比分析

三市植被覆盖度差别很大，时间动态上表现为 2010 年优于 2000 年。空间上，安康市植被覆盖情况最好，渭南市次之，榆林市最差。

以 2010 年为例，安康市优等植被占绝对优势，比例高达 97.11%，渭南市优等植被比例较高，为 45.97%，榆林市优等植被比例很低，仅为 1.85%；渭南市较高等植被比例较大，占 39.23%；榆林市中等植被比例较高，为 33.69%；安康市劣等植被仅为 0.06%，渭南市为 2.79%，榆林市高达 62.23%（表 4-2）。

表 4-2　三市 2010 年植被覆盖等级比例比较　　　　　　　（单位：%）

植被等级	榆林市	渭南市	安康市
优等	1.85	45.97	97.11
较高	1.21	39.23	2.65
中等	33.69	8.27	0.16
较低	1.02	3.74	0.02
劣等	62.23	2.79	0.06
合计	100.00	100.00	100.00

4.3　土地利用相对变化率

4.3.1　计量模型

土地利用变化存在显著的地域差异，利用各区域某一土地利用类型相对变化率的差别，可以整体反映此类土地利用类型的区域差异（王秀兰等，1999）。

研究区某一种特定土地利用相对变化率 R 可表示为

$$R = (K_b / K_a) / (C_b / C_a) \qquad (4\text{-}1)$$

式中，K_a 为某区域某一特定土地利用类型研究期初的面积；K_b 为某一特定土地利用类型研究期末的面积；C_a 为全研究区某一特定土地利用类型研究期初的面积；C_b 为全研究区某一特定土地利用类型研究期末的面积。相对变化率是一种很好地反映土地利用变化区域差异的办法。

4.3.2　耕地相对变化率

榆林市耕地的相对变化呈西北-东南分异（图4-7）。榆林市西北部区县，除靖边县偏小（$R=0.82$），府谷县、神木县、榆阳区和定边县均处于 $0.90<R<1.00$ 的

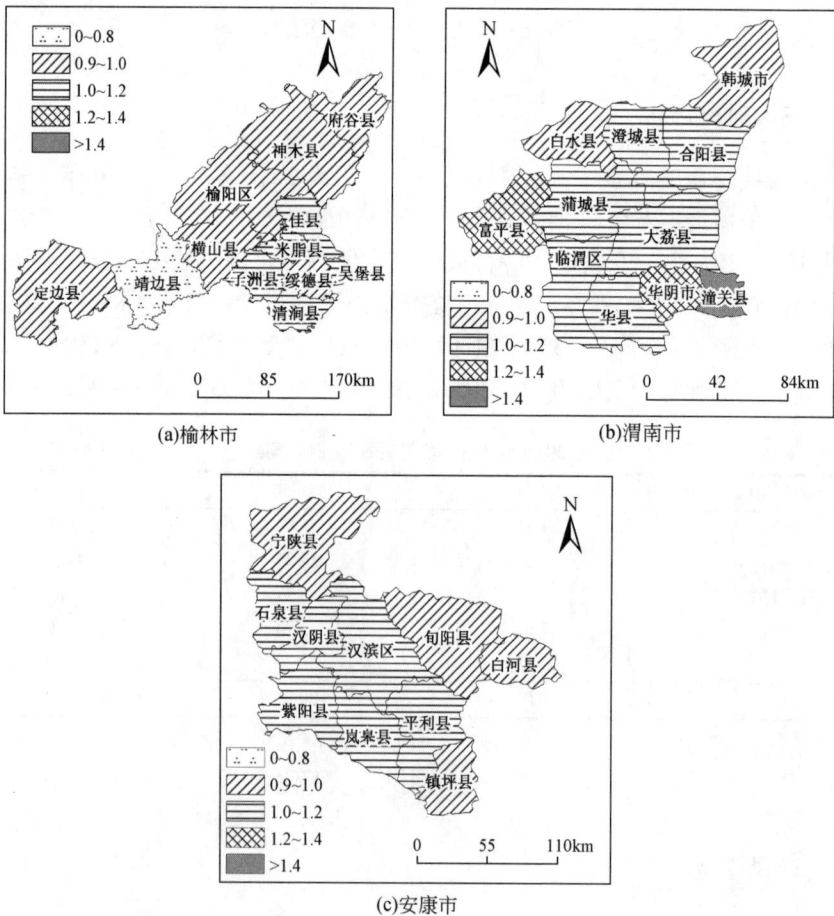

(a)榆林市

(b)渭南市

(c)安康市

图 4-7　耕地相对变化率

水平，略小于三市的整体变化水平，但接近榆林市整体变化水平。东南部区县整体略大于西北部，其中变化率最大的是子洲县，R=1.02。

　　渭南市情况如下：澄城县、合阳县、蒲城县、大荔县、临渭区和华县的耕地相对变化率为 1.00<R<1.10；韩城市和白水县的耕地相对变化率 R<1.00。处于外围的富平县、华阴市和潼关县，其相对变化率 R>1.2，远大于渭南市变化幅度（R=1.09），其中变化最大的为潼关县，其值高达 1.81。

　　安康市耕地相对变化率西高东低。西部的石泉县、汉阴县、汉滨区、紫阳县和岚皋县，其相对变化率 R>1.00；北部的宁陕县、东部的旬阳县、白河县和镇坪县则均小于 1.00，其中白河县的耕地相对变化率最小，仅为 0.92。

4.3.3　林地相对变化率

　　榆林市、渭南市和安康市的林地变化空间分异明显（图4-8）。榆林市林地相对变化率最大，R=1.15；其次为安康市，R=0.99，变化幅度与三市整体变化幅度相似；变化幅度最小的为渭南市，其相对变化率 R=0.93。2000～2010 年陕西省退耕还林还草政策的实施，林地的变化比较明显，尤其榆林市处于农牧过渡区、干湿过渡区，因此其林地相对变化率最大。变化幅度小于三市整体水平的只有神木县（R=0.86）和子洲县（R=0.99），其余的区县相对变化率 R 均大于 1.00。而变化幅度较大的区县分布于西南，分别是靖边县、横山县和定边县，R>1.3，其中变化幅度最大的是定边县（R=1.84）。

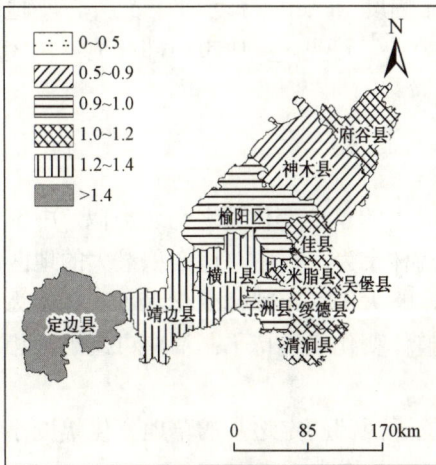

(a)榆林市

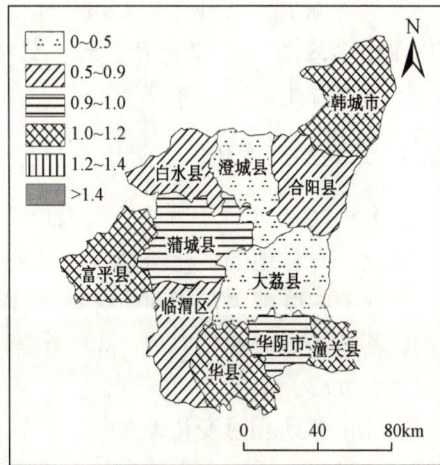

(b)渭南市

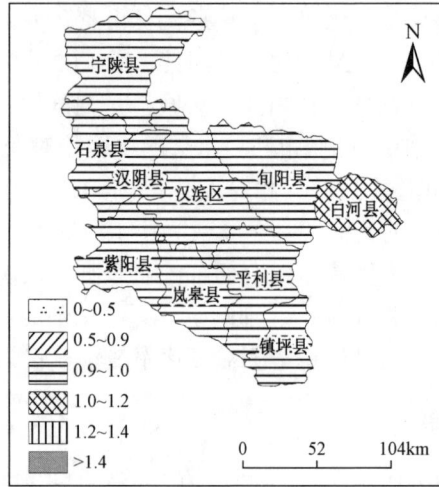

(c)安康市

图 4-8　林地相对变化率

　　渭南市林地主要呈中心向四周递增的趋势分布。位于中部的澄城县和大荔县相对变化率偏小，分别为 0.35 和 0.44，为三市中林地相对变化率最小的两个县；富平县、华县、潼关县和韩城市则相对变化率较大，分别为 1.04、1.02、1.01 和 1.06，与三市整体变化水平接近；其余县市区位于二者之间，相对变化率交错式变化，合阳县、临渭区和白水县的相对变化率 0.60<R<0.90，而蒲城县和华阴市则 0.95<R<1.00。

　　安康市除了白河县（R=1.00）林地变化幅度与三市整体水平一致外，其他区县林地相对变化率为 0.98<R<0.99，差异非常小。可见，安康市内部林地变化较均匀，区域差异小。

4.3.4　草地相对变化率

　　2000～2010 年，榆林市、渭南市和安康市的草地变化呈现南北类似，中部偏小的状况，与林地的变化类似（图 4-9）。榆林市为三市中草地面积最大的地区，故其变化的幅度最大，相对变化率为 1.03，略大于三市整体变化水平；其次为安康市，其草地相对变化率为 1.00，与三市整体变化水平持平；渭南市最小，相对变化率为 0.83。

　　榆林市草地相对变化率整体较高，除位于西部的定边县的草地变化幅度小于1（R=0.98），小于三市整体变化水平，其余区县均为 1.00<R<1.10。

　　渭南市呈北高南低的格局。北部的白水县、合阳县、澄城县和韩城市的草地相对变化率均大于 1，其中白水县的最大，其值为 1.10，是全区变化最大的区县；南部的华县（R=0.86）、临渭区（R=0.73）、大荔县（R=0.67）、潼关县（R=0.64）、

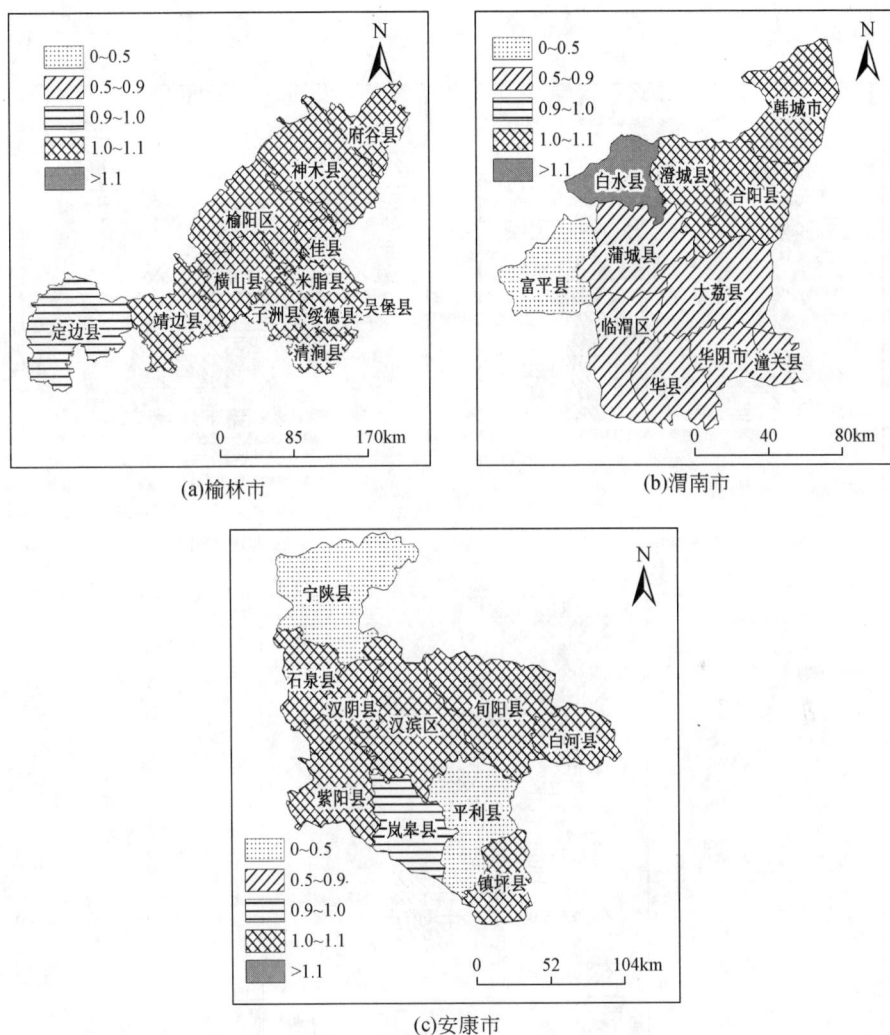

图 4-9 草地相对变化率

华阴市（R=0.63）和蒲城县（R=0.62），小于三市平均水平；位于西部的富平县，草地相对变化率仅为 0.47，为三市变化幅度最小的区县。

安康市呈现南北高、中部低的空间格局。位于南北两端的石泉县、汉阴县、汉滨区、旬阳县、白河县、紫阳县以及镇坪县，相对变化率均接近于 1，与三市整体变化幅度持平；中部的岚皋县和平利县的变化率均小于 1，其中平利县最小，为 0.90。

4.3.5 建设用地相对变化率

2000~2010 年，榆林市、渭南市和安康市的建设用地相对变化率由北向南递减（图 4-10）。

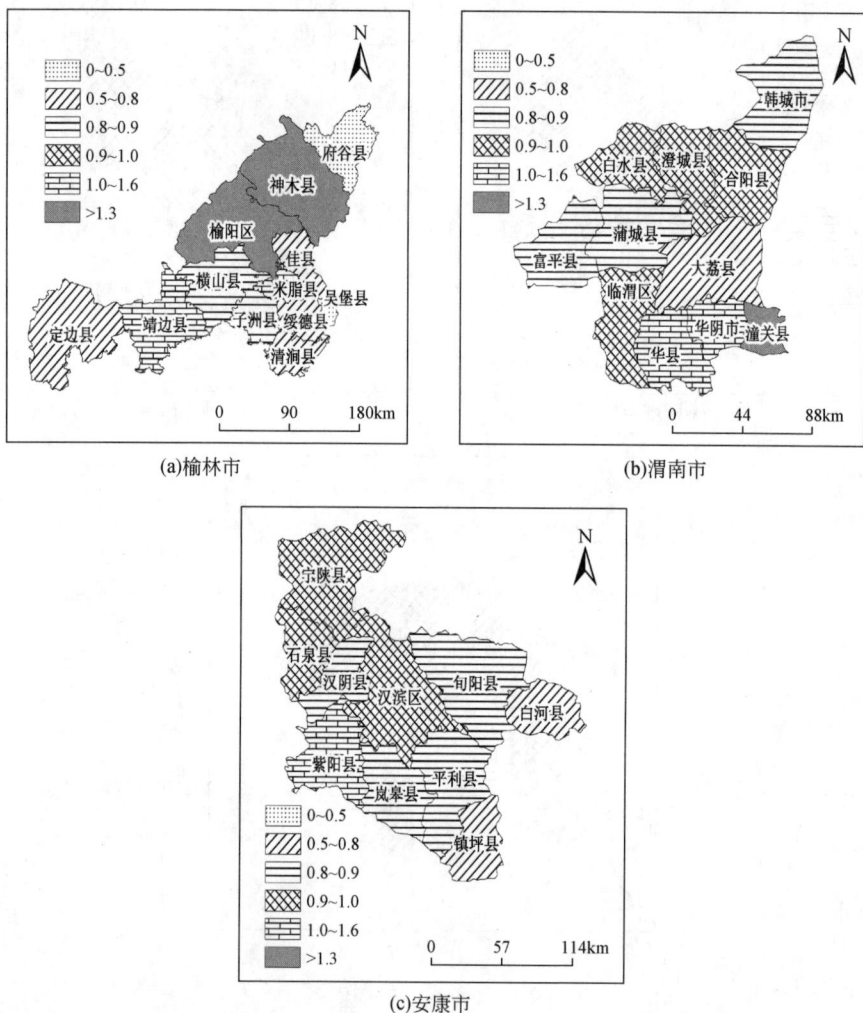

(a)榆林市

(b)渭南市

(c)安康市

图 4-10　建设用地相对变化率

　　榆林市建设用地变化幅度不仅全市大于三市整体变化水平，且内部的空间分异明显。神木县及榆阳区为三市中变化幅度最大的区县，分别高达 2.02 和 2.62，而与神木县相邻的府谷县，其相对变化率降至 0.30。东西两端的佳县、米脂县、吴堡县、绥德县、清涧县和定边县，相对变化率为 0.50<R<0.65，南部的横山县和子洲县，分别为 0.84 和 0.87，米脂县和靖边县则分别为 1.41 和 1.49。

　　渭南市建设用地变化为高低间隔分布的分异格局。北端的韩城市较低，相对变化率为 0.86；白水县、澄城县和合阳县较高，其相对变化率为 0.90<R<1.00；富

平县、蒲城县、大荔县和临渭区较低，为 0.65<R<0.99；最南端又升为较高值，华县、华阴市和潼关县相对变化率均大于 1.4，其中潼关县最大，高达 1.89。

安康市建设用地变化呈现西高东低的格局。西部除汉阴县为较低值外（R=0.82），宁陕县、石泉县和汉滨区建设用地的相对变化率为 0.90<R≤0.95，略低于三市整体水平；紫阳县为 1.02；中部的旬阳县、平利县和岚皋县的相对变化率 0.80<R<0.90；东部的白河县和镇坪县为全市的最低值，均为 0.77。

4.4　土地利用空间转移特征分析

4.4.1　榆林市土地利用空间转移特征

2000～2010 年榆林市土地利用转移在空间上的表现情况如下（图 4-11）。

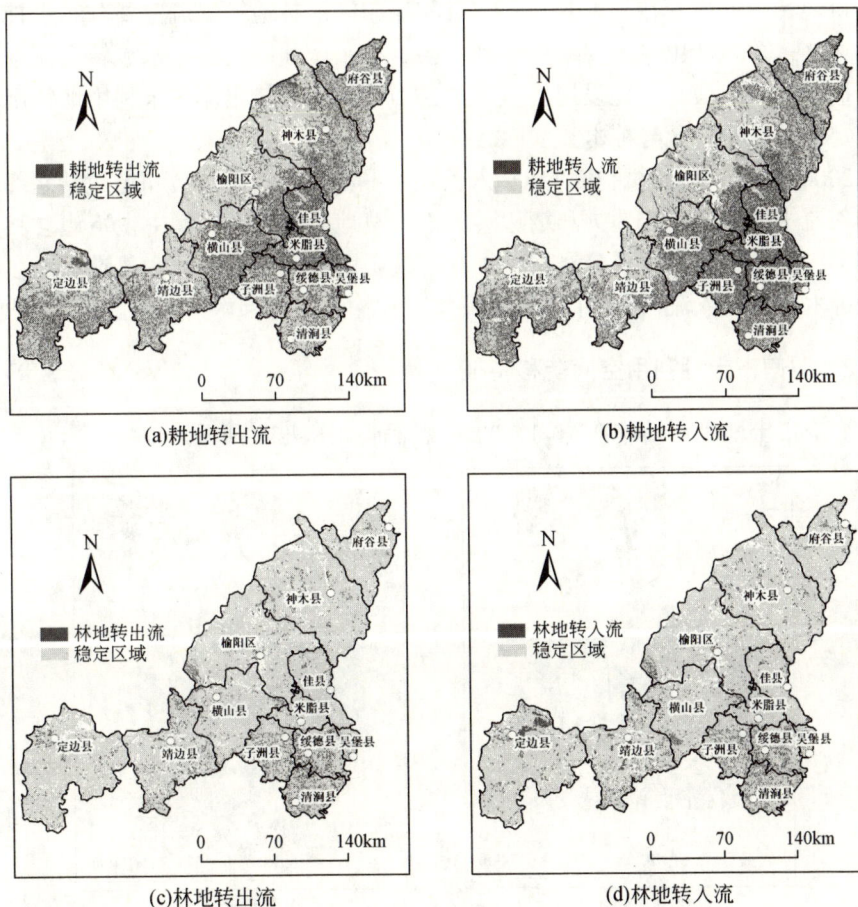

(a)耕地转出流

(b)耕地转入流

(c)林地转出流

(d)林地转入流

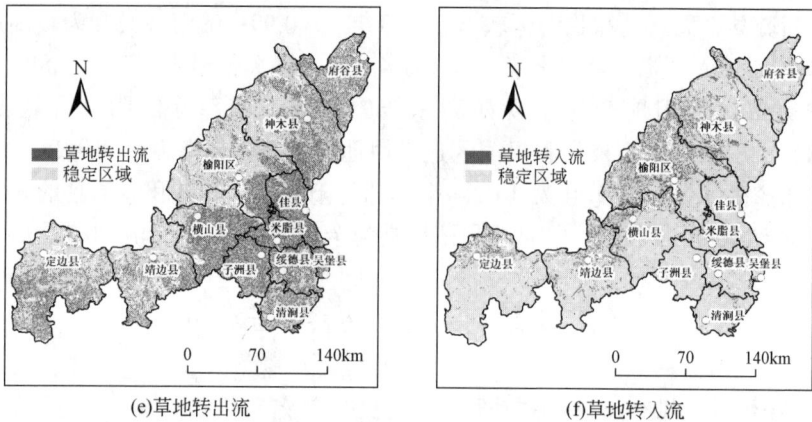

(e)草地转出流　　　　　　　　　　　　　(f)草地转入流

图 4-11　2000~2010 年榆林市主要土地转移流空间分布

　　耕地转出流集中在神木县、定边县和榆阳区;林地转出流主要分布于神木县和定边县;草地转出流主要集中在神木县、榆阳区和靖边县;水域转出流主要分布于榆阳区与定边县;建设用地在定边县与神木县有转出流;未利用地转出流集中在定边县、榆阳区与神木县境内。

　　2000~2010 年,榆林市耕地转入流集中在榆阳区、靖边县和定边县北部;林地转入流主要分布于定边县和靖边县中部;草地转移流主要集中在靖边县和定边县南部;水域转入流主要分布于神木县、榆阳区与府谷县北部;建设用地在榆阳区与神木县有转入流;未利用地转入流集中在榆阳区与神木县境内的风沙草滩区。

4.4.2　渭南市土地利用空间转移特征

　　渭南市土地利用转移在空间上的表现特征如图 4-12 所示。

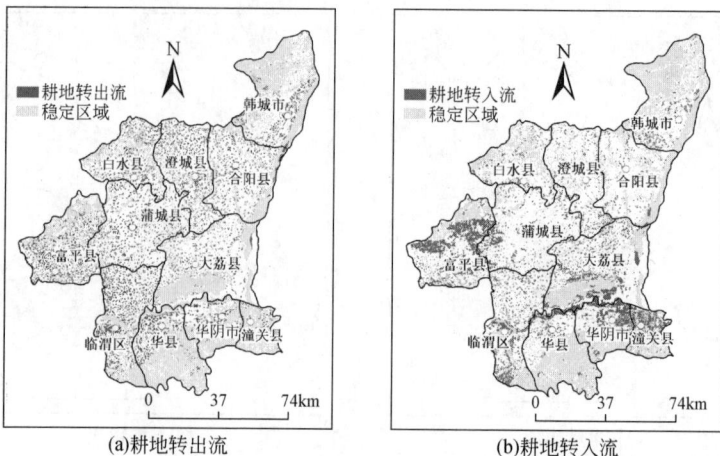

(a)耕地转出流　　　　　　　　　　　　　(b)耕地转入流

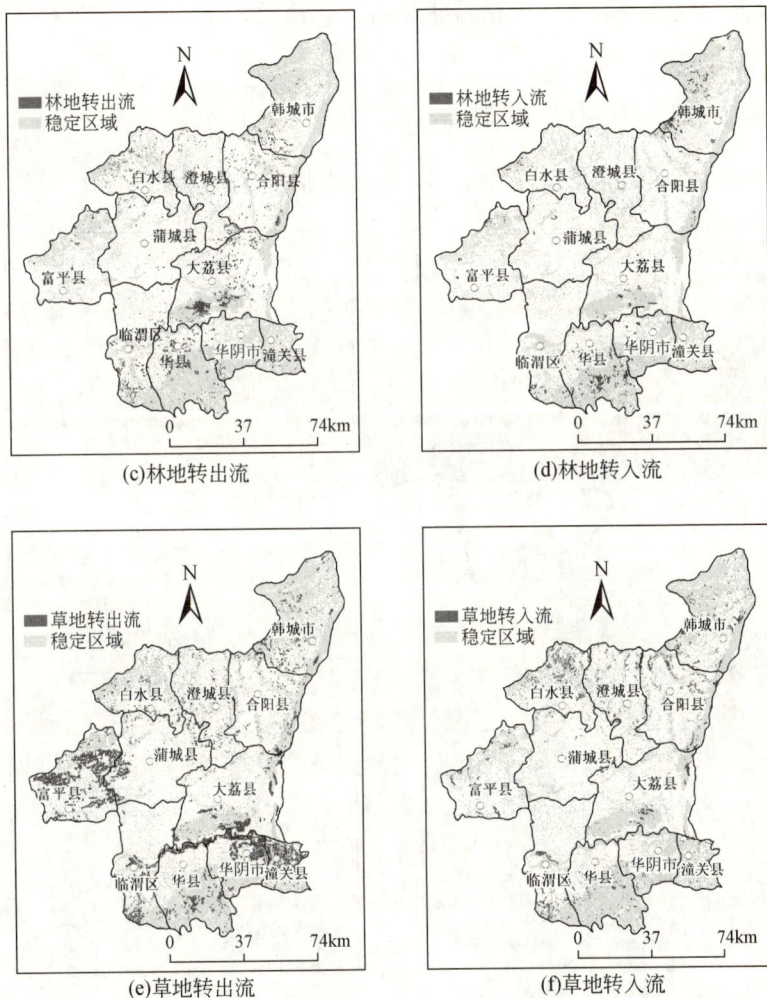

(c)林地转出流　　　　　　　　　　(d)林地转入流

(e)草地转出流　　　　　　　　　　(f)草地转入流

图 4-12　2000～2010 年渭南市土地转移流空间分布

2000～2010 年，渭南市耕地转出流主要集中在韩城市、蒲城县、白水县和临渭区；林地转出流分布于大荔县中部、白水县西部、韩城市北部以及华县和华阴市南部；草地转出流主要分布于富平县、韩城市、华阴市、潼关县和华县；水域转出流集中在渭南东部，呈现自北向南带状分布；建设用地转出主要在临渭区以及县乡镇周边地区。

2000～2010 年，渭南市耕地转入流主要集中在富平县、临渭区、华县、华阴市和潼关县；林地转入流分布于韩城市北部以及华县和华阴市南部；草地转入流主要分布于北水县、澄城县、合阳县和韩城市北部；水域转入流集中在渭南东部黄河沿线滩涂区，呈现自北向南带状分布；建设用地转入流主要分布在临渭区以及县乡镇周边。

4.4.3 安康市土地利用空间转移特征

安康市土地利用转移情况在空间上的表现情况如图 4-13 所示。

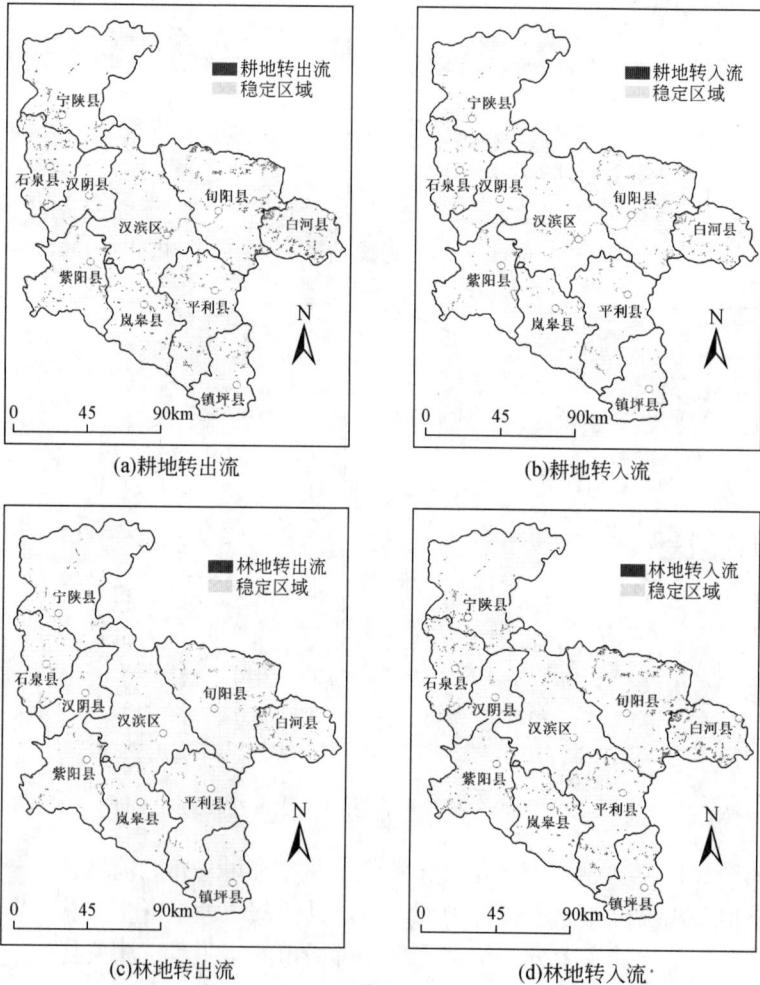

(a)耕地转出流　　　　(b)耕地转入流

(c)林地转出流　　　　(d)林地转入流

图 4-13　2000~2010 年安康市土地转移流空间分布

安康市的土地利用类型以林地占绝对优势，其次在全市范围内分布的有耕地，因此主要对安康市的林地转移流和耕地转移流进行分析。从图 4-13 可以看出，2000~2010 安康市耕地转出流主要发生在旬阳县、紫阳县、岚皋县、石泉县和宁陕县，主要原因是响应国家退耕还林还草政策的实施；宁陕县与汉阴县存在耕地撂荒严重，部分耕地长久未耕种的现象。林地面积减少是开发林地资源，破坏天然林业植被所引起的结果，其中也包括一些自然灾害的作用结果。另外，安康市多以丘陵、狭长河道地形为主，耕地后备资源不足，开垦草地耕种，造成草地面积锐减，但主要以汉滨区居多，本书未做出图示分析。今后发展中，建议加强对长期不用的建设用地恢复耕种，加强土地整理工作。

第5章　土地利用景观格局变化

景观格局及其变化是自然和人为的多种因素相互作用所产生的一定区域生态环境体系的综合反映，景观斑块的类型、形状、大小、数量和空间组合既是各种干扰因素相互作用的结果，又影响着该区域的生态过程和边缘效应（陈克龙，2008）。人类对福祉的追求，带来了持续的转变景观的压力（Montoya-Tangarife et al.，2017）。土地利用活动对景观功能的稳定和景观结构的差异性有着深刻的影响（岳德鹏等，2007）。景观格局变化反过来又影响生态系统服务能力（虎陈霞等，2017；Shoyama et al.，2014；Kroll et al.，2012；Koschke et al.，2012）。

本章采用类型水平和景观水平两种尺度，对榆林市、渭南市和安康市土地利用变化的景观功能的稳定和景观结构的差异进行分析，将景观生态规划设计的改善方案反馈到景观空间单元上，为促进土地资源的合理配置与景观格局的优化提供决策参考。

5.1　景观格局指数

景观格局通常是指景观的空间结构特征，具体是指由自然或人为形成的，一系列大小、形状各异，排列不同的景观镶嵌体在景观空间的排列，它既是景观异质性的具体表现，也是包括干扰在内的各种生态过程在不同尺度上作用的结果。空间斑块性是景观格局最普遍的形式，它表现在不同的尺度上。

景观格局指数是景观格局分析的主要手段（陈利顶等，2008）。本章基于目前广泛使用的 fragstats 4.2 景观格局计算分析软件包进行土地利用变化景观格局变化分析。由于景观格局本身的复杂性以及景观格局指数设计的局限性，景观指数间存在一定的相关关系，导致一定信息和意义重叠。

本章在参考前人研究成果的基础上，在类型水平上选取表征斑块面积、破碎度、形状与聚集分布状态的指数，分别为斑块密度（PD）、分维数（FRAC_MN）和凝聚度（COHESION）；在景观水平上从景观破碎度、形状、聚集状态和多样性四个方面考虑，分别为斑块密度（PD）、分维数（FRAC_MN）、凝聚度（COHESION）和香浓多样性指数（SHDI）。

5.1.1　斑块密度

由于自然或人为干扰所导致的景观由单一、均质和连续的整体趋向于复杂、异质和不连续的斑块镶嵌体的过程，景观破碎化是生物多样性丧失的重要原因之一。斑块密度可以用来比较不同尺度的景观，其意义为单位面积的斑块数，表示景观的破碎化程度，斑块密度越大，景观的破碎化程度越高。

$$PD = \frac{N}{A} \tag{5-1}$$

式中，PD 为斑块密度；N 为斑块数量；A 为景观总面积。

5.1.2　分维数

分维数用来刻画景观中斑块形状的复杂性特征，在一定程度上可以反映景观形状的变化，斑块形状越复杂，分维数越大。一般来说，受人类活动干扰小的自然景观的分数维值高，而受人类活动影响大的人为景观的分数维值低。其值在 1～1.5，平均分维数值越接近 1 时，斑块的形状越接近矩形，形状越简单，同时也说明受人类的干扰程度越大。

$$FRAC\_MN = \frac{\dfrac{2\ln(25 p_{ij})}{\ln a_{ij}}}{n} \tag{5-2}$$

式中，FRAC_MN 为平均斑块分维数（$1 \leqslant$ FRAC_MN $\leqslant 2$）；a_{ij} 为第 i 类斑块第 j 个斑块的面积；p_{ij} 为第 i 类斑块第 j 个斑块周长；n 为第 i 类斑块的数目。

5.1.3　凝聚度

凝聚度描述斑块之间的物理连接性，其值在 0～100，斑块越聚集，凝聚度越大，即斑块的物理连接性越强。

$$COHESION = \frac{1 - \dfrac{\sum\limits_{j=1}^{n} p_{ij}}{\sum\limits_{j=1}^{n} p_{ij}\sqrt{a_{ij}}}}{1 - \dfrac{1}{\sqrt{A}}} \times 100 \tag{5-3}$$

式中，a_{ij} 为第 i 类斑块第 j 个斑块的面积；p_{ij} 为 i 类斑块第 j 个斑块周长；A 为景观总面积；n 为第 i 类斑块的数目。

凝聚度用以描述相关斑块类型的物理连接性，刻画环境的破碎程度，$0 \leqslant$ COHESION$\leqslant 100$；当斑块越聚集，COHESION 越大，即斑块的物理连接性越强。

5.1.4　香农多样性指数

香农多样性指数又叫景观多样性指数，是指景观元素或生态系统在结构、功能以及随时间变化方面的多样性，反映了绿地景观类型的丰富度和复杂度。

$$SHDI = -\sum_{j=1}^{n} p_i \ln p_i \qquad (5\text{-}4)$$

式中，SHDI 为香农多样性指数；p_i 为土地利用景观类型 i 的出现概率；n 为景观类型数。

香农多样性指数表示的是景观类型的复杂程度，大小取决于景观类型的多少及在空间上的分布均匀程度。通常斑块类型越多，破碎化程度越高或者斑块在景观中趋向于均衡化分布，景观多样性指数的值也就越大。

5.2　类型水平上景观格局指数对比

5.2.1　斑块密度的对比分析

按照景观格局指数计算公式，分别计算三市类型水平上 2000 年、2005 年和 2010 年不同景观类型的 PLAND、PD、FRAC_MN 和 COHESION。

类型水平上，斑块密度描述景观斑块的破碎程度。榆林市的景观要素中，草地、耕地和林地斑块数量较多，对景观格局动态起主导作用，而水域、建设用地和未利用地斑块数量较少。

从斑块密度显示，2000～2010 年，榆林市林地、耕地和水域密度指数逐年上升，建设用地、草地和未利用地斑块密度逐年下降（表 5-1）。榆林市属于农牧交错区，能源丰富，草地是主要的土地利用类型，因此在城镇建设与退耕还林过程中，一些零星的草地会被改造成建设用地，而孤立的建设用地在发展中会逐渐形成片区，从而破碎度降低。

表 5-1　榆林市不同土地利用类型斑块密度动态

土地利用类型	2000 年	2005 年	2010 年
耕地	0.0132	0.0136	0.0142
林地	0.0140	0.0143	0.0147
草地	0.0106	0.0098	0.0093

续表

土地利用类型	2000 年	2005 年	2010 年
水域	0.0033	0.0034	0.0037
建设用地	0.0037	0.0031	0.0025
未利用地	0.0077	0.0073	0.0068

2000～2010 年,渭南市建设用地斑块密度逐年上升,耕地、草地斑块密度逐年下降(表 5-2)。渭南市属于关中地区,经济发展速度较快,2000～2010 年大量耕地、草地被开发为建设用地,因此建设用地斑块密度上升,景观破碎度增大。林地的斑块密度先上升后下降,这与实行退耕还林政策有关。

表 5-2　渭南市不同土地利用类型斑块密度动态

土地利用类型	2000 年	2005 年	2010 年
耕地	0.0219	0.0195	0.0173
林地	0.0289	0.0304	0.0170
草地	0.0503	0.0484	0.0449
水域	0.0093	0.0104	0.0097
建设用地	0.0947	0.0959	0.1062
未利用地	0.0030	0.0031	0.0018

2000～2010 年,安康市的水域斑块密度逐年上升,耕地和建设用地以及林地的斑块密度在 2000～2005 年下降,2005～2010 年上升(表 5-3)。在退耕还林的政策以及经济发展的双重驱动下,斑块密度呈现了波动变化,使景观破碎化度也呈现不同的变化特点。水域的破碎化度逐年增加,说明在人类的活动影响下,对水域的开发和利用大大增强。

表 5-3　安康市不同土地利用类型斑块密度动态

土地利用类型	2000 年	2005 年	2010 年
耕地	0.0519	0.0516	0.0519
林地	0.0033	0.0036	0.0034
草地	0.0013	0.0012	0.0012
水域	0.0078	0.0086	0.0087
建设用地	0.0027	0.0025	0.0028
未利用地	0.0048	0.0038	0.0037

5.2.2　平均分维数对比分析

榆林市的草地、耕地和未利用地平均分维数较高，这几类景观斑块形状较复杂，受到的人为扰动程度较低，而建设用地和水域平均分维数较低，说明这几类用地类型斑块形状较简单，受到的人为扰动程度较高。2000～2010 年，耕地、林地、草地和未利用地的平均分维数均逐年下降，说明这几类用地类型受人类活动影响程度最大，斑块形状趋于简单化。建设用地平均分维数上升，这与人为的影响有关，人类会有意识地将建设用地逐渐规划成规整、简单的图形形状（表 5-4）。

表 5-4　榆林市不同土地利用类型平均分维数动态

土地利用类型	2000 年	2005 年	2010 年
耕地	1.0282	1.0277	1.0264
林地	1.0138	1.0137	1.0133
草地	1.0385	1.0381	1.0375
水域	1.0045	1.0059	1.0070
建设用地	1.0056	1.0087	1.0108
未利用地	1.0259	1.0248	1.0239

渭南市的景观要素中，草地和未利用地平均分维数较高，说明这几类景观斑块形状较复杂，受到的人为扰动程度较低。而建设用地和林地平均分维数较低，说明这几类景观斑块形状较简单，受到的人为扰动程度较高，人类活动对地表覆被的影响，特别是对建设用地与林地的影响程度最大。2000～2010 年，草地、未利用地和建设用地斑块平均分维数均呈现先升高后降低的变化，说明这三种用地类型的斑块形状在 2000～2005 年变得复杂，而后在 2005～2010 年受人为因素影响变得简单。耕地斑块平均分维数逐年下降，说明其在人为因素影响下趋于规则化（表 5-5）。

表 5-5　渭南市不同土地利用类型平均分维数动态

土地利用类型	2000 年	2005 年	2010 年
耕地	1.0296	1.0270	1.0267
林地	1.0200	1.0202	1.0283
草地	1.0368	1.0356	1.0370
水域	1.0293	1.0213	1.0260
建设用地	1.0079	1.0078	1.0092
未利用地	1.0331	1.0311	1.0336

安康市的景观要素中，耕地、林地和草地平均分维数较高，说明这几类景观斑块形状较复杂，受到人为扰动的程度较低，而建设用地与未利用地平均分维数较低，说明这几类景观斑块形状较简单，受到的人为扰动程度较高，人类活动对地表覆被的影响，特别是对建设用地与未利用地的影响程度最大。2000~2010 年，安康市的耕地、林地以及建设用地平均分维数均呈现先升高后降低的变化，说明这三种景观斑块的形状在 2000~2005 年变得复杂，而后在 2005~2010 年受人为因素影响变得简单。草地、水域平均分维数逐年升高，说明草地斑块的形状变得越来越复杂，人类活动对草地斑块的影响程度减小（表 5-6）。

表 5-6　安康市不同土地利用类型平均分维数动态

土地利用类型	2000 年	2005 年	2010 年
耕地	1.0248	1.0250	1.0247
林地	1.0213	1.0235	1.0210
草地	1.0234	1.0241	1.0242
水域	1.0071	1.0088	1.0092
建设用地	1.0070	1.0089	1.0078
未利用地	1.0069	1.0070	1.0077

总之，榆林市的草地、耕地和未利用地的平均分维数较高，说明这几类景观斑块形状较复杂，受到的人为扰动程度较低；建设用地和水域平均分维数较低，说明这几类用地类型斑块形状较简单，受到的人为扰动程度较高。渭南市草地、未利用地和建设用地斑块平均分维数均呈现先升高后降低的变化，说明这三种用地类型的斑块形状在 2000~2005 年变得复杂，而后在 2005~2010 年受人为因素影响变得简单；耕地斑块平均分维数逐年下降，说明耕地在人为因素影响下趋于规则化。安康市的景观要素中耕地、林地和草地平均分维数较高，说明这几类景观斑块形状较复杂，受到的人为扰动程度较低，而建设用地与未利用地平均分维数较低，说明这几类景观斑块形状较简单，受到的人为扰动程度较高，人类活动对地表覆被的影响，特别是对建设用地与未利用地的影响程度最大。

5.2.3　凝聚度对比分析

榆林市的耕地、草地和未利用地的斑块凝聚度较高，在空间上呈现大块状分布，物理连接性很高。林地、水域和建设用地的凝聚度较低，原因是这些类型在空间上的分布受到了地形地貌等自然地理因素的影响，其在空间上的分布主要呈现星罗状分布，不能达到成片分布，因而其物理连接性较低。2000~2010 年，榆林市草地和建设用地凝聚度逐年上升，物理连接性较高，尤其是建设用地上升速度很快，造成这一现象的原因是零星草地减少，城镇化速度加快，建设用地连片增长（表 5-7）。

表 5-7　榆林市不同土地利用类型凝聚度动态

土地利用类型	2000 年	2005 年	2010 年
耕地	98.2248	98.3856	98.0656
林地	46.9351	52.4468	50.6762
草地	97.6822	98.0495	98.1406
水域	22.1432	28.2583	28.1915
建设用地	18.5937	30.5200	68.6131
未利用地	89.5966	95.4019	92.3111

渭南市的景观要素中耕地、草地和林地这三类景观斑块凝聚度较高，说明这几类景观斑块的物理连接性较高，揭示了渭南市的优势景观类型为林地、草地和耕地，这三类景观斑块的分布在空间上呈现大块状分布，物理连接性很高。未利用地、水域和建设用地的凝聚度较低。2000～2010 年，渭南市的耕地、建设用地凝聚度逐年上升，尤其是建设用地上升速度很快，造成这一现象的原因是城镇化速度加快，建设用地连片增长（表 5-8）。

表 5-8　渭南市不同土地利用类型凝聚度动态

土地利用类型	2000 年	2005 年	2010 年
耕地	99.6891	99.7715	99.7803
林地	95.2219	94.3183	95.2808
草地	92.1790	92.4493	92.7456
水域	88.7065	87.8989	88.1125
建设用地	28.8853	30.9943	36.2130
未利用地	79.2738	80.2611	89.7699

安康市的景观要素中耕地、林地、草地凝聚度较高，说明这几类景观斑块的物理连接性较高，揭示了安康市的优势景观类型为林地、草地和耕地，这三类景观斑块的分布在空间上呈现大块状分布，物理连接性很高。未利用地、水域和建设用地的凝聚度很低，物理连接性较低。2000～2010 年，耕地由于退耕还林还草的政策，凝聚度下降，物理连接性较低。相反，草地、林地和建设用地凝聚度上升（表 5-9）。

表 5-9　安康市不同土地利用类型凝聚度动态

土地利用类型	2000 年	2005 年	2010 年
耕地	93.5860	95.0577	93.4366
林地	99.9031	99.9029	99.9041
草地	89.5493	89.4480	89.6180
水域	33.6072	34.9523	34.8108
建设用地	35.4823	35.5818	35.8781
未利用地	19.1203	21.2795	21.7843

综上所述，2000～2010 年榆林市草地和建设用地凝聚度逐年上升，物理连接性较高，林地、水域、耕地和未利用地均在 2000～2005 年上升，在 2005～2010 年下降；渭南市耕地和建设用地凝聚度逐年上升，物理连接性较高，尤其是建设用地上升速度很快，造成这一现象的原因是城镇化速度加快，建设用地连片增长；安康市耕地由于退耕还林还草的政策，耕地的凝聚度下降，物理连接性较低，而林地和建设用地的凝聚度上升。

5.3　景观水平上景观格局指数对比

土地利用的改变导致地表景观格局变化，不同斑块、不同类型和不同景观格局的形状、面积、分散和集中程度等也随之变化。按照景观格局指数计算公式，分别计算榆林市、安康市和渭南市景观水平上 2000 年、2005 年和 2010 年的 SHDI、PD、FRAC_MN 和 COHESION。

5.3.1　斑块密度对比分析

榆林市斑块密度从 2000 年的 0.0526 降低到 2010 年的 0.0512，说明榆林市景观的破碎度十年中在降低，造成这一现象主要是由于榆林市实施退耕还林还草政策，大量耕地被还原改造成连片的草地，建设用地大面积扩张，形成整体，地块破碎现象减少，使得榆林市景观破碎度降低。说明在某些特定的因素和政策下，人类的改造和建设，造成某些景观斑块面积增多进而使一些细碎的图斑合并成一个整体，是引起景观破碎度降低的主要原因（图 5-1）。

渭南市斑块密度从 2000 年的 0.2078 降低到 2010 年的 0.1970，说明渭南市景观的破碎度十年中在降低，造成这一现象主要是由于渭南市根据国家的退耕还林政策以及西部大开发战略，大量耕地被还原改造成连片的林地，建设用地也大面积的扩张，使得渭南市景观破碎度降低。说明在某些特定的因素和政策下，通过人类的改造和建设，使得某些景观斑块面积增多，从而可以使景观的破碎度降低（图 5-2）。

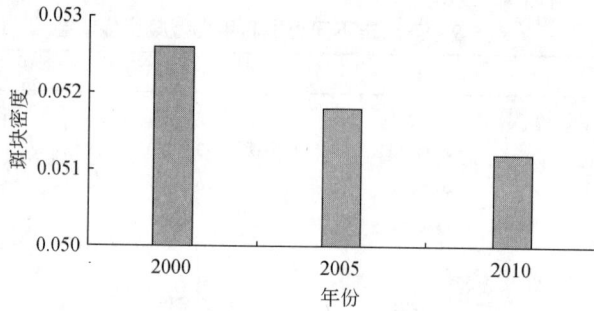

图 5-1　2000～2010 年榆林市斑块密度

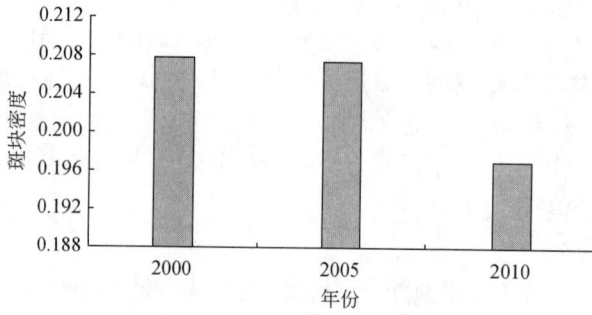

图 5-2　2000～2010 年渭南市斑块密度

　　安康市斑块密度从 2000 年的 0.0719 降低到 2005 年的 0.0714，而后又增长到 2010 年的 0.0718，说明安康市景观的破碎度在十年中呈现起伏变化。其中，2000～ 2005 年降低，说明景观的破碎度在降低，这主要是由于安康市的优势景观为林地 和耕地，根据国家的退耕还林政策，大量林地间的耕地被改造成林地，使得安康 市景观破碎度降低；2005～2010 年，斑块密度升高，景观的破碎度增高，这主要 是由于安康市经济飞速发展，城镇化进程加快，大量耕地和林地变为建设用地， 人类活动对景观格局的扰动程度加大（图 5-3）。

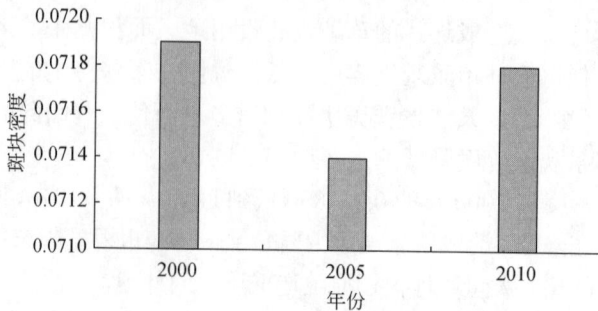

图 5-3　2000～2010 年安康市斑块密度

5.3.2 平均分维数对比分析

榆林市的平均分维数从 2000 年的 1.0230 降低到 2010 年的 1.0221。榆林市景观斑块的形状趋于简单化,原因是人为扰动较小,景观斑块的形状越简单,说明人类对景观的改造程度越大,即人类活动对景观格局扰动程度越大。造成这一现象的原因是榆林市进行的城市建设和生态退耕还林还草项目的实施,使得景观斑块的形状趋于简单化和规则化(图 5-4)。

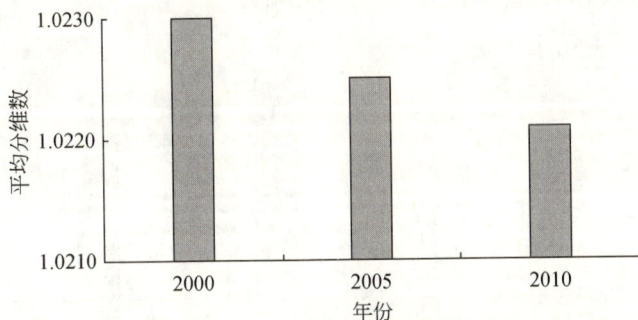

图 5-4　2000～2010 年榆林市平均分维数

渭南市的平均分维数从 2000 年的 1.0202 降低到 2005 年的 1.0189,而后又升高到 2010 年的 1.0198。总的来看,2000～2010 年平均分维数是降低的,说明景观斑块的形状趋于简单化,人为扰动较小。景观斑块的形状越简单,说明人类对景观的改造程度越大,即人类活动对景观格局扰动程度越大。造成这一现象的原因是渭南市进行的城市建设和生态退耕还林还草项目的实施,使得景观斑块的形状趋于简单化和规则化。2005～2010 年,平均分维数从 2005 年的 1.0189 增加到 2010 年的 1.0198,造成这一现象的原因是大规模城镇建设,使得建设景观斑块形状复杂化,向无规则方向发展(图 5-5)。

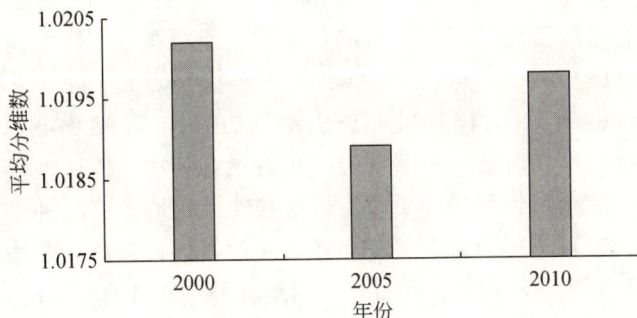

图 5-5　2000～2010 年渭南市平均分维数

　　安康市的平均分维数从 2000 年的 1.0208 升高到 2005 年的 1.0215，而后又降低到 2010 年的 1.0211，说明安康市地区景观斑块的形状趋于简单化。一般情况下自然景观的形状较复杂，说明人为扰动较小；景观斑块的形状越简单，说明人类对景观的改造程度越大，即人类活动对景观格局扰动程度越大。造成这一现象的原因是安康市在 2000~2005 年大面积退耕还林还草，林地和草地生态系统逐渐得到恢复，生态系统变得复杂，因此平均分维指数升高；而在 2005~2010 年，由于建设用地增多，林地和耕地变少，景观变得简单化和规则化，其值不断接近 1，人类活动对景观格局的扰动程度增大（图 5-6）。

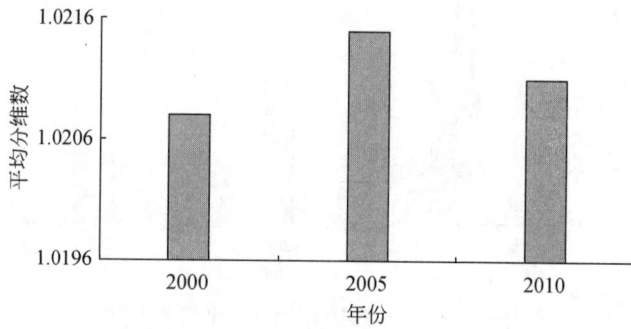

图 5-6　2000~2010 年安康市平均分维数

5.3.3　凝聚度对比分析

　　榆林市凝聚度从 2000 年的 97.3693 升高到 2005 年的 97.7705，而后降低到 2010 年的 97.5458。一般情况下自然景观的物理连接性较高，如成片的森林和草地等，榆林市优势景观类型为草地和建设用地，这两种景观类型对凝聚度的贡献最大。榆林市景观斑块的物理连接性在 2000~2005 年升高，造成这一现象的主要原因是榆林市实行退耕还林还草政策，草地恢复较好，面积增大、物理连接性升高。而在 2005~2010 年，榆林市景观的凝聚度下降至 97.5458，造成这一现象的主要原因是榆林市经济迅速发展，且榆林市属于能源型城市，大面积的矿区和建设用地导致草地面积减少，从而使草地的物理连接性降低（图 5-7）。

　　渭南市凝聚度从 2000 年的 98.6615 升高到 2010 年的 98.8749，说明渭南市景观斑块的物理连接性在升高。一般情况下自然景观的物理连接性较高，如成片的森林和草地等，渭南市优势景观类型为耕地和建设用地，这两种景观类型对凝聚度的贡献最大。2000~2010 年，渭南市经济迅速发展，人口急剧增多，大量零散耕地和林地被开发为建设用地，使得建设用地物理连接性升高，进而凝聚度升高。2000~2005 年，凝聚度从 98.6615 增加到 98.8479，升高幅度很大。这是由于除了建设用地的物理连接性升高外，在退耕还林初期，大量林地附近的零星耕地变为林地，从而使林地景观的物理连接性升高（图5-8）。

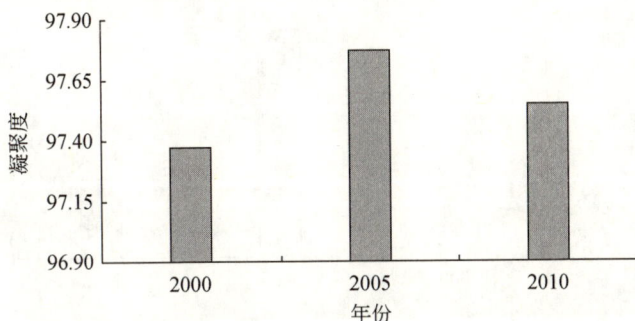

图 5-7　2000～2010 年榆林市凝聚度

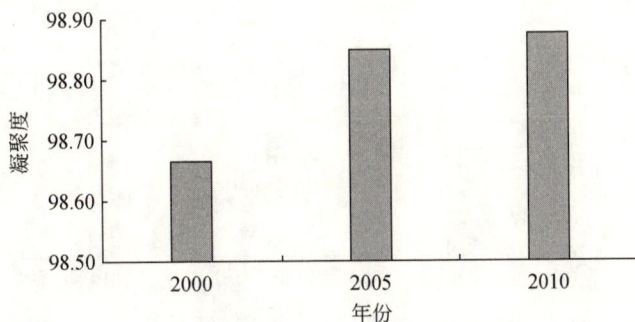

图 5-8　2000～2010 年渭南市凝聚度

　　安康市的凝聚度从 2000 年的 99.3445 升高到 2005 年的 99.3675，而后降低到 2010 年的 99.3431，说明安康市景观斑块的物理连接性在降低。一般情况下自然景观的物理连接性较高，如成片的森林和草地等，安康市优势景观类型为林地和耕地，这两种景观类型对凝聚度的贡献最大。2000～2005 年，由于退耕还林还草，大量坡耕地以及零星的耕地变为林地和草地，林地的景观斑块的物理连接性升高；2005～2010 年，由于城镇化建设和西部大开发，大量耕地被开发为建设用地，耕地的物理连接性降低，说明人类对耕地景观的物理连接性破坏较大（图5-9）。

5.3.4　香农多样性指数对比分析

　　榆林市香农多样性指数从 2000 年的 1.1863 升高到 2010 年的 1.2201。说明景观斑块类型增加或各拼块类型在景观中呈均衡化趋势分布，在不考虑景观类型增加的情况下，说明榆林市景观斑块在景观中呈均衡化趋势分布。榆林市的优势景观类型为草地，虽然这一景观格局在长时期内不会被根本改变，但是榆林市随着人口数量的不断增加和城市化水平的不提高，建设用地景观斑块面积将不断增加，其他类型的土地面积减少，使得该地区景观斑块更加均匀地分布（图 5-10）。

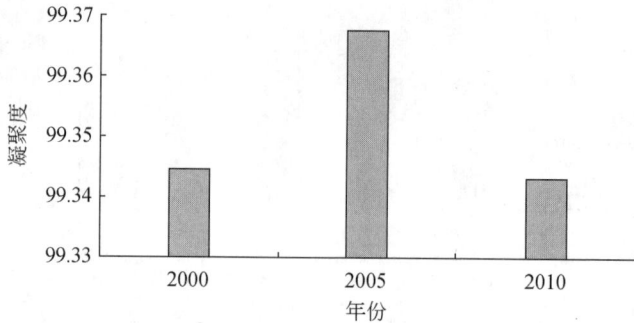

图 5-9　2000～2010 年安康市凝聚度

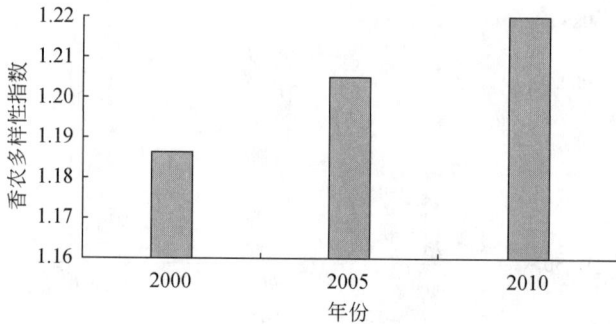

图 5-10　2000～2010 年榆林市香农多样性指数

渭南市香农多样性指数从 2000 年的 1.1614 降低到 2005 年的 1.0967，而后又升高到 2010 年的 1.1212，说明其在十年间的香农多样性指数呈现波动变化。2000～2005 年，香农多样性指数降低，在不考虑景观类型增加的情况下，说明渭南市地区景观斑块在景观中呈均衡化趋势分布。渭南市优势景观为耕地和建设用地，由于退耕还林，耕地面积大幅度减少，林地大幅度增加。2005～2010 年，香农多样性指数增加，这是由于人口数量的不断增加和城市化水平的不断提高，建设用地景观斑块面积不断增加所致（图 5-11）。

安康市香农多样性指数从 2000 年的 0.6444 降低到 2005 年的 0.6413，而后又升高到 2010 年的 0.6426，说明其在十年间的香农多样性指数呈现波动变化。2000～2005 年，香农多样性指数降低，由于退耕还林，耕地面积减少，安康市的景观斑块类型减少或各拼块类型在景观中呈不均衡化趋势分布。2005～2010 年，香农多样性指数增加，这是由于人口数量的不断增加和城市化水平的不断提高，建设用地景观斑块面积不断增加所致（图 5-12）。

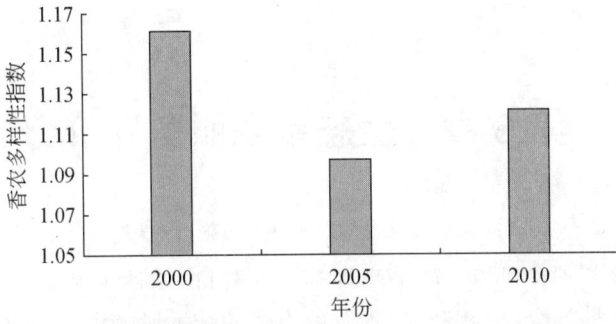

图 5-11　2000~2010 年渭南市香农多样性指数

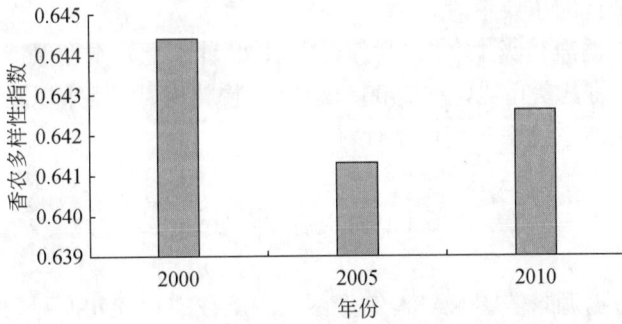

图 5-12　2000~2010 年安康市香农多样性指数

第6章 生态系统服务评价

生态系统服务理论可以比较清晰地描述人对自然的依赖性，人们通过运用其相关知识，对各种社会、经济和技术发展方式的长远影响进行评价，以防止或减少对生态系统的破坏。生态服务功能的种类繁多，生态服务价值化是对不同生态服务进行对比分析的重要手段。

本章选择植被净初级生产力、固碳释氧、涵养水源和水土保持等主要生态服务功能为指标，将其货币化，对 2000～2010 年榆林市、渭南市以及安康市土地利用变化引起的生态系统服务变化进行对比分析。

6.1 数据来源

植被指数数据源自美国 NASA 镜像网站中下载的 MODIS 卫星 2000～2010 年 MOD13 系列 NDVI 产品，空间分辨率 250m，时间分辨率 16d。同时选用该镜像提供的 2000～2013 年 MCD12 系列，即空间分辨率 500m 的 NDVI 反演得到土地利用类型年数据。气象指标包括相应年份或月份气温、降水量、风速、相对湿度、日照时数等指标，取自中国气象科学数据共享服务网的国家级台站各数据集。土壤类型数据选用中科院西部环境生态数据中心 1：100 万土壤数据集，土壤肥力氮磷钾含量取自南京土壤所中国土壤数据库样点观测值；土壤剖面厚度数据来源于中国科学院南京土壤研究所建立的 1：100 万中国土壤数据库。森林植被数据来源于中国科学院中国植被图编辑委员会编纂完成的 1：100 万中国植被图的数字化数据库。

所有图层统一转换为自定义的 Albers 投影，中央经线为 109°E，双标准纬线为 37°N 与 38°N。

6.2 生态服务价值计量模型

自然生态系统不仅可以为人类的生存直接提供各种原料或产品（食品、水、氧气、木材和纤维等），而且在大尺度上具有调节气候、净化污染、涵养水源、保持水土、防风固沙、减轻灾害和保护生物多样性等功能，进而为人类的生存与发展提供良好的生态环境。已有的研究与实践表明，自然生态系统的具体功能虽然人工可以替代（如污水净化、土壤修复等），但是在规模尺度上的自然生态系统功能到目前为止仍然没有人工可以替代的可能（如生物圈二号试验的失败等）。从这个角度上讲，自然生态系统对人类的生存与发展具有不可替代性。自然生态系统服务的质量和数量是决定人类生存与发展质量和前景的自然条件。维护和建设良性循环的自然生态系统就是在维护人类生存与发展的基础。

本章在生态服务功能指标选择上采用植被 NPP、固碳释氧、水土保持和涵养水源等作为对比，分析研究区土地利用变化对生态服务的影响。

6.2.1　NPP 价值

植被 NPP 指绿色植物在单位时间和单位面积上所积累的有机干物质总量，它不仅是表征植物活动的重要变量，而且是判定生态系统碳源汇和调节生态过程的主要因子（Field et al.，1998），主要受气候和土地利用等环境因子的影响（陈福军等，2011）。CASA 模型是一个充分考虑环境条件和植被本身特征的光能利用率模型，已被全球 1900 多个实测站点校准（Christopher et al.，2003），近年来在生态服务价值核算中应用广泛（Bao et al.，2016；张镱锂等，2013；任志远等，2013；国志兴等，2008；朱文泉等，2007）。

植被净初级生产力可由植被吸收的光合有效辐射（absorbed photosynthetic active radiation，APAR）及实际光能利用率 ε 两个指标的积表示，公式为

$$NPP(x,t) = APAR(x,t) \times \varepsilon(x,t) \tag{6-1}$$

式中，$APAR(x, t)$ 表示像元 x 在 t 月份吸收的光合有效辐射（MJ/m^2）；$\varepsilon(x, t)$ 表示像元 x 在 t 月份的实际光能利用率。

$$APAR(x,t) = SOL(x,t) \times FPAR(x,t) \times 0.48 \tag{6-2}$$

$$FPAR(x,t) = \frac{FPAR(x,t)_{NDVI} + FPAR(x,t)_{SR}}{2} \tag{6-3}$$

$$FPAR(x,t)_{NDVI} = \frac{\left[NDVI(x,t) - NDVI_{i,min} \right] \times (FPAR_{max} - FPAR_{min})}{NDVI_{i,max} - NDVI_{i,min}} + FPAR_{min} \tag{6-4}$$

$$FPAR(x,t)_{SRI} = \frac{\left[SR(x,t) - SR_{i,min} \right] \times (FPAR_{max} - FPAR_{min})}{SR_{i,max} - SR_{i,min}} + FPAR_{min} \tag{6-5}$$

$$SR(x,t) = \frac{1 + NDVI(x,t)}{1 - NDVI(x,t)} \tag{6-6}$$

式中，$SOL(x, t)$ 为 t 月在像元 x 处的太阳总辐射（MJ/m^2）；FPAR 为植被对光合

有效辐射的吸收比例；常数 0.48 为植被所能利用的波长为 0.38～0.71μm 的太阳有效辐射占太阳总辐射的比例大小；$FPAR(x,t)_{NDVI}$ 为由 NDVI 计算所得的植被层对入射光合有效辐射吸收比例；$FPAR(x,t)_{SR}$ 为比值植被指数（SR）计算所得的植被层对入射光合有效辐射吸收比例；$FPAR_{max}$ 及 $FPAR_{min}$ 的值为常数，值与植被类型无关，$FPAR_{max}=0.95$，$FPAR_{min}=0.001$；$NDVI_{i,\ max}$ 及 $NDVI_{i,\ min}$ 分别为第 i 种植被类型 NDVI 的最大值和最小值；$SR(x,t)$ 和 $NDVI(x,t)$ 分别为 t 月像元 x 的归一化植被指数和比值植被指数；$SR_{i,\ max}$ 和 $SR_{i,\ min}$ 分别为第 i 种植被类型 SR 的最大值及最小值。

在理想状况下，植被具有最大光能利用率，但在现实条件下，最大光能利用率主要受到温度和水分的共同影响。实际光能利用率计算公式为

$$\varepsilon(x,t) = f_1(x,t) \times f_2(x,t) \times w(x,t) \times \varepsilon_{max} \tag{6-7}$$

$$f_1(x,t) = 0.8 + 0.02 \times T_{opt}(x) - 0.0005 \times \left[T_{opt}(x)\right]^2 \tag{6-8}$$

$$f_2(x,t) = \frac{1.84 \times \left(1 + \exp\left\{0.3 \times \left[-T_{opt}(x) - 10 + T(x,t)\right]\right\}\right)}{1 + \exp\left\{0.2 \times \left[T_{opt}(x) - 10 - T(x,t)\right]\right\}} \tag{6-9}$$

$$w(x,t) = 0.5 + 0.5 \times E(x,t) / EP(x,t) \tag{6-10}$$

式中，$f_1(x,t)$ 为低温胁迫指数；$f_2(x,t)$ 为高温胁迫指数；$w(x,t)$ 为水分胁迫系数；ε_{max} 为理想条件下的最大光能利用率（g C/MJ），取值根据朱文泉模拟值，不同植被的光能利用率参考表 3-4；$T_{opt}(x)$ 为研究区域内一年之中 NDVI 值为最高值时的当月平均气温；$T(x,t)$ 为 t 月的平均气温；$EP(x,t)$ 为研究区的潜在蒸散量（mm/月）；$E(x,t)$ 为研究区的实际蒸散量（mm/月），潜在蒸散量及实际蒸散量的值根据朱文泉等（2006）的研究方法获得。

在我国范围内的研究成果，最大光能利用率介于光能利用率模型（CASA 模型）和生理生态过程模型（BIOME-BGC）的模拟结果之间（表 6-1）。

表 6-1　不同植被类型最大光能利用率

土地利用类型	ε_{max}	土地利用类型	ε_{max}	土地利用类型	ε_{max}
落叶针叶林	0.485	常绿阔叶林	0.985	草地	0.542
常绿针叶林	0.389	针阔混交林	0.475	农田	0.542
落叶阔叶林	0.692	灌丛	0.429	其他类型	0.389

6.2.2　固碳释氧价值

生态系统的固碳释氧功能对于人类社会和整个动物界以及全球气候平衡，都具有重要意义（马长欣等，2010），是生态服务价值评价的重要指标，在实际研究

中得到广泛应用（刘宪锋等，2013；周自翔等，2013；李晶等，2011）。从光合作用方程 $6CO_2+6H_2O \Longrightarrow C_6H_{12}O_2+6O_2$ 中可计算出干物质：CO_2：O_2 的质量比为 100：163：120，因此可通过 NPP 物质量换算出 CO_2 与 O_2 物质量，并可估算其价值。本书采用碳税法和造林成本法的平均值作为固定 CO_2 成本，以工业制氧法与造林成本法的平均值作为释放 O_2 价值，从而避免了碳税法和工业制氧法价格偏高而造林成本法价格偏低的影响，可减少估算误差。将固碳价值与释氧价值相加，即得出 NPP 固碳释氧价值。

造林成本法固碳取 260.90 元/t，释氧取 352.93 元/t；碳税法取瑞典和美国的平均值转化成人民币为 702.95 元/t；制氧成本取 0.4 元/kg。价值换算过程中采用的替代价格时点不一致，往往导致年份之间可比性不强。GDP 平减指数可以完成当前价格与价值之间的换算，在统计类文献中被广泛使用，其是指没有剔除物价变动前的 GDP 增长与剔除了物价变动后的 GDP 增长之比值。GDP 平减指数与消费品价格指数（consumer price index，CPI）的概念相似，但包含范围更广，不仅仅局限于消费品。所参照文献中的单价多取自 1990～1999 年，而评价时点为 2000 年与 2010 年，因此利用各年中国统计年鉴换算出各年 GDP 平减指数，以采用单价的时点为基准年，以 2010 年水平为目标年，从而将各年估算价值统一在 2010 年。

6.2.3　涵养水源价值

水源涵养功能有狭义与广义之分，狭义的水源涵养功能是指森林拦蓄降水或调节河川径流量的功能，而广义的水源涵养功能是指生态系统内多个水文过程及其水文效应的综合表现（王晓学等，2010；秦嘉励等，2009；刘敏超等，2006）。目前，国际上尚未有成型的生态-遥感耦合模型可以对植被的水源涵养量进行估算，因而采用相关文献的实测值带入物理模型中，并进行空间化表达，是目前植被水源涵养生态系统服务计算的主流方法（司今，2011）。在具体测算过程中，依据垂直生态系统具体生态效应将植被不同作用层的水源涵养效应进行分解，分别用 Q_{if}、Q_{il}、Q_{is} 和 Q_i 依次表示冠层截留、枯落物层持水、土壤层蓄水和生态系统总持水量，其中总持水量是其他三者之和。

以 2000 年和 2010 年 MODIS 250m 分辨率为影像数据源，在先验模型的基础上利用 NDVI 定量估算榆林市、渭南市和安康市地区植被盖度，并利用文献资料和相关研究成果对植被盖度进行修正。植被盖度对植被层水源涵养功能有影响，借鉴石培礼等（2004）对长江上游地区主要森林植被类型蓄水功能的计量方法，利用植被盖度对其进行了修订，以栅格（250m×250m）为单位，构建水源涵养功能的计算模型，算法为

$$Q_i = Q_{if} + Q_{il} + Q_{is} \tag{6-11}$$

$$Q_{if} = \alpha_{Li} + \beta_{Ci} \tag{6-12}$$

$$Q_{il} = \varepsilon_{ci} + \beta_{ci} \tag{6-13}$$

$$Q_{is} = \theta_i \times \varphi_i \tag{6-14}$$

式中，Q_i为第i栅格水源涵养功能（mm）；Q_{if}为第i栅格林冠层水源涵养功能（mm）；Q_{il}为第i栅格枯落物层水源涵养功能（mm）；Q_{is}为第i栅格土壤层水源涵养功能（mm）；α_{Li}为i栅格冠层和林下灌、草丛枝叶的次降水过程中林冠的最大截留量（mm）；β_{Ci}为第i栅格林地覆盖度（%）；ε_{ci}为第i栅格枯落物最大持水量（mm）；θ_i为第i栅格土壤的非毛管孔隙度（%）；φ_i为第i栅格土壤的厚度（mm）。

森林的拦蓄降水功能是指森林生态系统通过拦截降水，主要包括林冠、林下植被和枯枝落叶层的截留以及土壤蓄水。减少地表径流，使雨水转变为地下水，不断地涵养水源，维持河流流量，是森林涵养水源的主要表现形式。事实上，即使在非森林区，枯季径流和基流也是可以直接利用的，在洪水期非森林地区径流的 50%以洪水形式溢出，而这些径流要得到合理利用，必须通过水利工程设施进行调节，建设蓄水工程费用按目前库容造价 5.714 元/m³进行计算。

森林拦蓄水量的计算公式为

$$E = Q_i \times \alpha \times \rho \tag{6-15}$$

森林拦蓄水量的经济价值（$\mathfrak{I}$）计算公式为

$$\mathfrak{I} = E \times 50\% \times 5.714 \tag{6-16}$$

式中，E为森林拦截水量；α为森林拦截降水面积（m²）；Q_i为水源涵养功能（mm）；ρ为森林拦截区的密度（mm/m²），林区的地表径流很小可忽略不计。

6.2.4 水土保持价值

土壤侵蚀是导致人类赖以生存且日趋紧缺的土地资源退化和损失的主要原因。土壤侵蚀使大量土壤营养物质流失，造成土地废弃，并致使泥沙堆积，对当地农业生产和人民生活造成了显著影响（任志远等，2013b；高江波等，2009）。土壤水蚀过程是由降水侵蚀力导致的雨滴和地表径流引起土壤颗粒分散、搬运和沉积，植被可利用地上部分截留降水并增加入渗，利用地下部分根系的物理与生化作用分割径流，并增强土壤自身抗蚀性和抗冲性。

美国通用土壤流失方程（universal soil loss equation，USLE）通过将降雨侵蚀力因子、土壤可蚀性因子、坡长因子、坡度因子、作物覆盖与管理因子和土壤保持措施因子六项指标进行综合，完成单位面积土壤流失量的估算。基本形式为

$$A = R \times K \times L \times S \times C \times P \tag{6-17}$$

式中，A为单位时间单位面积上平均的土壤流失量 [t/(hm²·a)]；R为降雨侵蚀力因子 [MJ·mm/(hm²·h·a)]；K为土壤可蚀性因子 [t·h/(MJ·mm)]；L为坡

长因子；S 为坡度因子；C 为作物覆盖与管理因子；P 为土壤保持措施因子。

降水可持续因子 R 表示降水引起的侵蚀潜能，基于月降水量的简易算式相对较多，本书选择采用较多的 Wischmeier 等（1971）提出的经验公式：

$$R = \sum_{i=1}^{12}\left(1.735\times10^{1.5\times\lg\frac{P_i^2}{P}-0.8088}\right) \tag{6-18}$$

式中，P_i 为第 i 个月降水量（mm）；P 为年降水量（mm）。估算土壤可蚀性 K 的代表方法中，EPIC 模型主要考虑土壤有机碳和粒径组成，其公式为

$$K = \left\{0.2 + 0.3\exp\left[-0.0256\mathrm{SAN}(1-\mathrm{SIL}/100)\right]\right\}\left(\frac{\mathrm{SIL}}{\mathrm{CLA+SIL}}\right)^{0.3}$$
$$\times\left[1.0 - \frac{0.25C}{C+\exp(3.72-2.95C)}\right]\left[1.0 - \frac{0.7\mathrm{SN}_1}{\mathrm{SNI}+\exp(-5.51+22.9\mathrm{SN1})}\right] \tag{6-19}$$

式中，C 为土壤有机碳含量（%）；SAN、SIL 和 CLA 分别为砂粒、粉粒和黏粒含量，其中 $\mathrm{SN}_1 = 1-\mathrm{SAN}/100$。

根据 McCool 基于坡度 θ 的经典坡度因子公式可分级表征坡度因子 S，其公式为

$$S = \begin{cases} 10.8\sin\theta + 0.03 & \theta < 5.14 \\ 10.8\sin\theta - 0.03 & \theta \geqslant 5.14 \end{cases} \tag{6-20}$$

坡长 L 计算普遍采用 Wischmeier 提出的关于水平坡长 λ 和坡长指数 m 的经验公式，m 由细沟侵蚀 β 计算得出，β 通过关于坡度 θ 的方程求得，公式为

$$L = (\lambda/22.1)^m$$
$$m = \beta/(1+\beta) \tag{6-21}$$
$$\beta = (\sin\theta/0.0896)/\left[3.0(\sin\theta)^{0.8} + 0.56\right]$$

植被因子 C 一般使用植被盖度 c 转换得出，植被盖度即是年均 NDVI 的极差归一化结果，公式为

$$C = 0.6508 - 0.3436\lg c$$
$$c = \frac{\mathrm{NDVI} - \mathrm{NDVI}_{\min}}{\mathrm{NDVI}_{\max} - \mathrm{NDVI}_{\min}} \tag{6-22}$$

式中，NDVI 为 NDVI 年平均值；当 $c<0.1$ 时，$C=1$，当 $c>0.783$，$C=0$。

保护措施因子 P 即采用措施后流失量与顺坡种植流失量比值。根据土地利用类型判定在宏观评价中应用较多，其中自然植被如林地和草地赋值为 1，水域和建筑用地赋为 0，农田取 0.35。

最终求得 A，即研究区每年现实的水土流失量。在计算潜在土壤侵蚀量过程中，应排除地表覆被类型和土壤保持措施因素的影响，即无植被覆盖、无人工措

施，带入 $C=1$，$P=1$。植被土壤保持量即为潜在土壤侵蚀量与 A 之差。

在价值估算中，水土流失使大量土壤营养物质流失，造成了土地废弃和泥沙堆积。本书从土壤肥力保护、减少土地废弃和减轻泥沙淤积三方面评价植被防止水土流失的经济价值。采用的 GDP 平减指数以 2009 年作为基准价。

在土壤营养物质估算中，统计各类型土壤速效 N、P、K 含量，即植物可迅速吸收的养分，再根据其价格得出土壤肥力价值。取碳酸氢铵、过磷酸钾和硫酸钙三种化肥的平均售价，并带入 N 在碳酸氢铵的比例 14/79，P 在过磷酸钙的比例 62/506，K 在硫酸钾的比例 78/174，得出公式：

$$Ef = \sum_i AQ \times C_i \times P_i \qquad (i = N,\ P,\ K) \qquad (6\text{-}23)$$

式中，Ef 为肥力经济效益（元/a）；AQ 为土壤保持量（t/a）；C 为各元素含量（%）；P 为各元素价格（元）。

在保护土地面积的计算中，首先根据侵蚀量和表土平均厚度推算废弃土地面积，再根据我国林业和牧业的平均单位面积收益估算其价值；种植业单位面积收益按《陕西统计年鉴》中种植业产值减物耗后除以陕西省耕地总面积计算，公式为

$$Es = \sum_i \sum_j AQ / h_i / \rho_i \times P_j \qquad (6\text{-}24)$$

式中，Es 为土地面积经济效益（元/a）；AQ 为土壤保持量（t/a）；h 为表土厚度（m）；ρ 为土壤容量（t/m^3）；i 为像元号；P_j 为不同用地类型单位面积价值（元/hm^2·a）。

在减轻泥沙淤积方面的计算中，我国土壤侵蚀流失的泥沙平均有 24% 淤积于水域，造成水位上升，以致蓄水成本增加。以 1m^3 库容的水库工程费用，可计算减轻淤积泥沙灾害价值公式为

$$En = \sum_i AQ / \rho_i \times 24\% \times p_0 \qquad (6\text{-}25)$$

式中，En 为土地面积经济效益（元/a）；p_0 为 1m^3 库容工程单价（元）。

6.2.5　生态系统服务价值

区域生态系统服务价值由各分项价值求和得出（赵永华等，2011）。模型如下：

$$V = \sum_{i=1}^{n} V_i \qquad (6\text{-}26)$$

式中，V 为区域生态系统生态服务功能价值（万元），i 为第 i 项服务功能，V_i 为各单项的生态服务价值。将 NPP 价值、固碳释氧价值、水土保持价值和涵养水源价值四项生态服务价值累加，得到生态服务的总价值。

6.3　NPP 价值变化

植被 NPP 是指植物在单位时间单位面积上由光合作用产生的有机物质总量中扣除自养呼吸后的剩余部分，是生态系统中物质与能量运转研究的基础，反映植物群落在自然环境条件下的生产能力。NPP 价值与碳循环及碳扰动、土地利用变化、气候变化和自然资源管理等有着密切联系，其中土地利用变化对 NPP 价值的变化有重要影响。

6.3.1　榆林市 NPP 价值

2000 年单位面积 NPP 价值较高的地方集中在榆林市西北部的风沙草滩区，较低的区域主要位于东南部的丘陵沟壑区（图 6-1）。2010 年单位面积 NPP 价值较高的地方则集中在东南部的绥德县附近。通过像元数量分析，2000～2010 年处于慢速上升阶段的像元占总数的 69.01%，中速上升阶段的像元占 29.57%，下降阶段的像元占 1.38%。

应用 ArcGIS 的区域统计功能对榆林市各地区单位面积 NPP 价值的平均值进行计算。2000 年榆林市单位面积 NPP 的价值分布为 233.2～984.5 元/hm^2，均值为 455.3 元/hm^2，最大值和最小值的差为 751.3 元/hm^2；2010 年榆林市单位面积 NPP 的价值在 327.7～1473.9 元/hm^2，均值为 822.5 元/hm^2，最大值和最小值的差为 1146.2 元/hm^2。总体来看，2000～2010 年榆林市单位面积 NPP 价值有了很大提升，NPP 价值均值提升了 357.2 元/hm^2，最大值提升了 489.4 元/hm^2，最小值提升了 94.5 元/hm^2（表 6-2）。

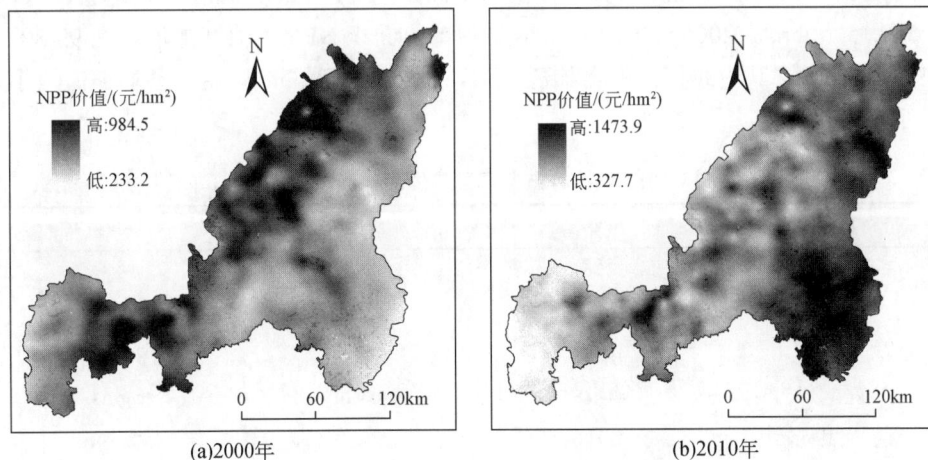

(a)2000年　　　　　　　　　　　(b)2010年

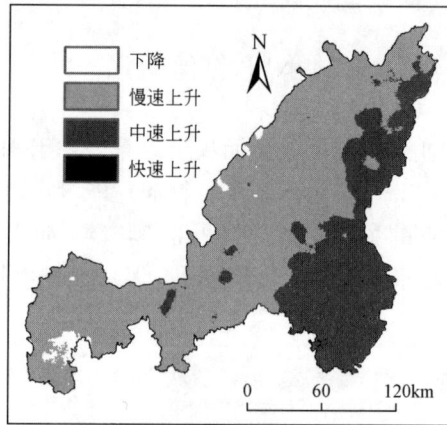

(c)变化趋势

图 6-1　2000～2010 年榆林市单位面积 NPP 价值空间变化

表 6-2　2000～2010 年榆林市单位面积 NPP 价值　　（单位：元/hm²）

年份	平均值	最大值	最小值
2000	455.3	984.5	233.2
2010	822.5	1473.9	327.7
变化值	357.2	489.4	94.5

　　区县尺度上单位面积 NPP 价值情况如表 6-3 所示。2000 年榆阳区的单位面积
NPP 价值的平均值最高，达到 514.71 元/hm²，吴堡县的单位面积 NPP 价值的平均
值最低，为 304.51 元/hm²。2010 年，榆林市各区县单位面积 NPP 价值的平均值
在 569.15～1175.26 元/hm²，其中绥德县最高，为 1175.26 元/hm²，定边县最低，
为 569.15 元/hm²。2000～2010 年各区县的单位面积 NPP 价值增加值均在 93.80～
799.59 元/hm²；其中绥德县的增加值最大，为 799.59 元/hm²，定边县增加值最小，
为 93.80 元/hm²。

表 6-3　2000～2010 年榆林市各区县单位面积 NPP 价值　　（单位：元/hm²）

区县	2000 年	2010 年	变化值
绥德县	375.67	1175.26	799.59
吴堡县	304.51	1021.78	717.27
神木县	499.54	898.44	398.90
府谷县	444.68	889.01	444.33
佳县	339.70	895.08	555.38
横山县	418.61	769.62	351.01

续表

区县	2000 年	2010 年	变化值
榆阳区	514.71	739.32	224.61
米脂县	421.93	1085.02	663.09
定边县	475.35	569.15	93.80
靖边县	491.35	770.58	279.23
子洲县	410.77	1005.23	594.46
清涧县	332.11	1113.48	781.37

2000～2010 年榆林市单位面积 NPP 价值平均值的年变化率均在 1.82%～12.87%。其中年变化率最大的为吴堡县（12.87%），最小的为定边县（1.82%）。

综上所述，NPP 价值增加的地区集中在黄土高原南部，该地区地势起伏较大，沟壑纵横、土层深厚，经过生态环境建设，水土流失得到初步控制有关；而 NPP 价值减少的地方主要位于西北地区，这些地区大量的自然资源被开发，植被被破坏，净生产力和单位面积 NPP 价值也随之减少。

6.3.2　渭南市 NPP 价值

2000～2010 年，渭南市的 NPP 价值有很大提升（图 6-2）。NPP 价值均值由 1185.6 元/hm² 提升为 1371.6 元/hm²，提升了 186.0 元/hm²；最大值由 2183.7 元/hm² 提升为 2365.1 元/hm²，提升了 184.1 元/hm²；NPP 价值最小值比 2000 年低 74.8 元/hm²（表 6-4）。

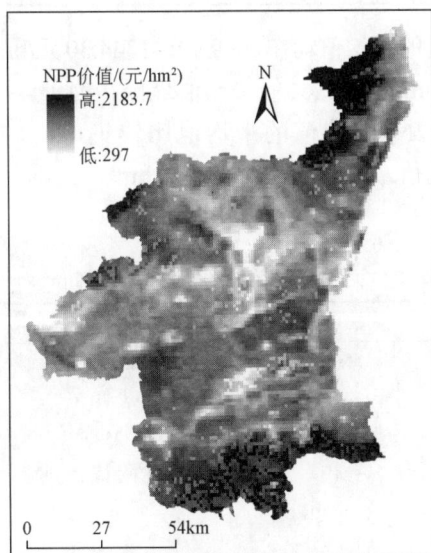
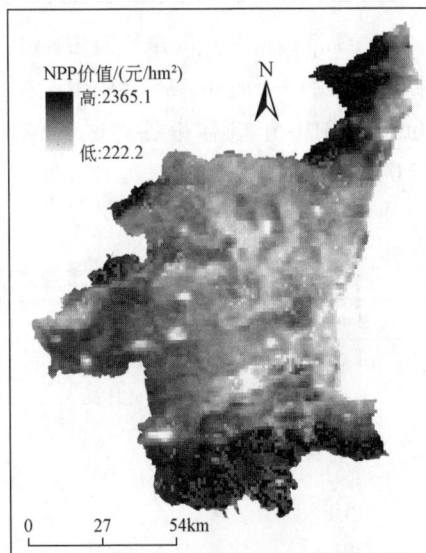

　　　　(a)2000年　　　　　　　　　　　　　　　　　(b)2010年

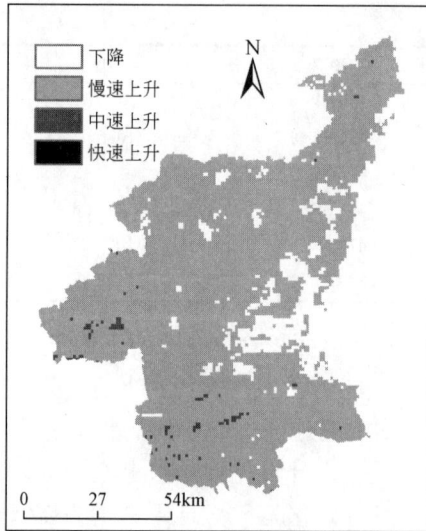

(c)变化趋势

图 6-2　2000～2010 年渭南市单位面积 NPP 价值空间变化

表 6-4　2000～2010 年渭南市单位面积 NPP 价值　　（单位：元/hm²）

年份	平均值	最大值	最小值
2000	1185.6	2183.7	297
2010	1371.6	2365.1	222.2
变化值	186.0	181.4	74.8

　　2000 年渭南市各地区单位面积NPP价值的平均值均在1049.99～1344.30 元/hm²，其中韩城市的平均值最高，为 1344.30 元/hm²，澄城县的平均值最低，为 1049.99 元/hm²。2010 年榆林市各地区单位面积 NPP 价值的平均值比较集中，均在 1147.04～1639.12 元/hm²，其中华县的平均值最高，为 1639.12 元/hm²，大荔县最低，为 569.15 元/hm²（表 6-5）。

表 6-5　2000～2010 渭南市各县市区年单位面积 NPP 价值　　（单位：元/hm²）

县市区	2000 年	2010 年	变化值
韩城市	1344.30	1554.69	210.39
大荔县	1135.68	1147.04	11.76
华阴市	1235.44	1494.43	258.99
潼关县	1287.97	1524.44	236.47
华县	1344.16	1639.12	294.96
合阳县	1107.70	1188.96	81.26
白水县	1207.53	1366.82	159.29

续表

县市区	2000 年	2010 年	变化值
蒲城县	1101.22	1295.44	194.22
澄城县	1049.99	1167.23	117.24
富平县	1123.02	1485.40	362.38
临渭区	1251.70	1496.04	244.34

2000～2010 年渭南市单位面积 NPP 价值的平均值都在增加，增加值在 11.76～362.38 元/hm^2；其中富平县的增加值最大，为 362.38 元/hm^2，大荔县的增加值最小，为 11.36 元/hm^2。2000～2010 年渭南市单位面积 NPP 价值平均值的年变化率均为正数，均在 0.10%～2.84%，变化幅度相对不大。其中，年均变化率最大的富平县为 2.84%，其次为华县 2.00%，华阴市 1.92%；年均变化率最小的为大荔县 0.10%。

6.3.3　安康市 NPP 价值

2000 年，单位面积 NPP 价值较高的地方集中在宁陕县、镇坪县、平利县和岚皋县；中部地区的旬阳县和汉滨区较低。2010 年单位面积 NPP 价值较高的地方仍然集中在北部的宁陕县和南部地区的镇坪县、平利县和岚皋县；较低的地方依然集中在中部的汉滨区和旬阳县附近。2000～2010 年 NPP 价值变化幅度较大的区域主要集中在白河县、旬阳县和汉滨区等，变化幅度较小的区域主要集中在宁陕县、镇坪县、平利县和岚皋县（图 6-3）。

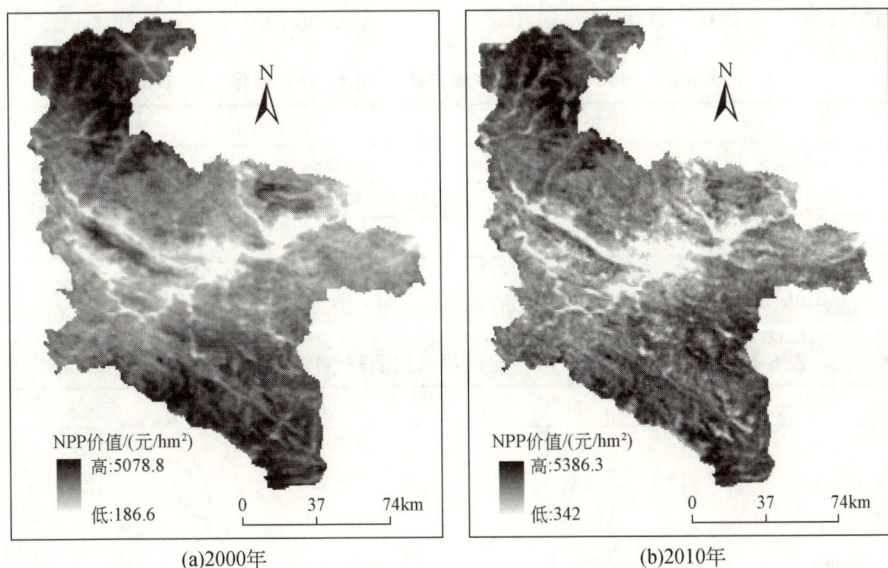

NPP价值/(元/hm^2)
高:5078.8
低:186.6
0　37　74km
(a)2000年

NPP价值/(元/hm^2)
高:5386.3
低:342
0　37　74km
(b)2010年

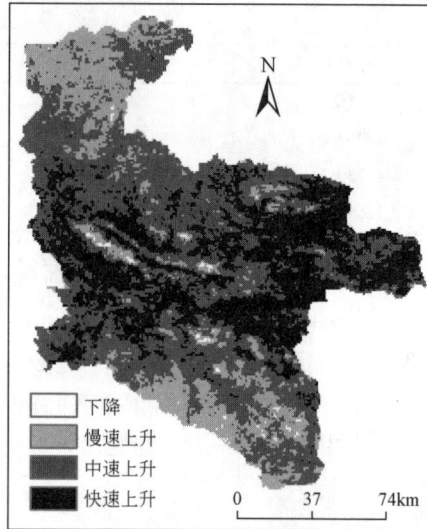

(c)变化趋势

图 6-3　2000~2010 年安康市单位面积 NPP 价值空间变化

从像元数量来看，中速上升阶段的像元占像元总数的 49.74%，快速速上升阶段的像元占 31.37%，慢速上升阶段的像元占 18.42%，下降阶段的像元占 0.47%。总体来看，2000~2010 年安康市的 NPP 价值有了很大提升，均值由 3477.0 元/hm^2 提升为 4296.6 元/hm^2，提升了 819.6 元/hm^2；最大值由 5078.8 元/hm^2 提升为 5386.3 元/hm^2，提升了 307.5 元/hm^2；最小值提升了 155.5 元/hm^2（表 6-6）。

表 6-6　2000~2010 年安康市单位面积 NPP 价值　　（单位：元/hm^2）

年份	平均值	最大值	最小值
2000	3477.0	5078.8	186.5
2010	4296.6	5386.3	342.0
变化值	819.6	307.5	155.5

安康市单位面积 NPP 价值变化情况如表 6-7 所示。

表 6-7　2000~2010 年安康市各区县单位面积 NPP 价值　　（单位：元/hm^2）

区县	2000 年	2010 年	变化值
宁陕县	4137.99	4647.01	509.02
紫阳县	3313.15	4234.67	921.52
白河县	3128.49	4183.52	1055.03
旬阳县	3030.80	4093.72	1062.92
汉滨区	3086.85	3958.37	871.52

续表

区县	2000 年	2010 年	变化值
汉阴县	3217.30	4122.63	905.33
石泉县	3336.30	4248.97	912.67
平利县	3710.46	4540.65	830.19
镇坪县	4068.49	4632.95	564.46
岚皋县	3870.17	4506.05	635.88

2000 年安康市各区县单位面积 NPP 价值在 3030.80～4137.99 元/hm²,其中位于北部的宁陕县单位面积 NPP 价值的平均值最高, 为 4317.99 元/hm²,旬阳县最低, 为 3030.80 元/hm²。2010 年各区县单位面积 NPP 价值的平均值在 3958.37～4647.01 元/hm²,其中位于北部的宁陕县单位面积 NPP 价值的平均值最高, 为 4647.01 元/hm²,汉滨区最低, 为 3958.37 元/hm²。2000～2010 年安康市各区县单位面积 NPP 价值平均值的增加幅度在 509.02～1062.92 元/hm²,其中旬阳县的增加值最大, 为 1062.92 元/hm²,宁陕县增加值最小, 为 509.02 元/hm²。

2000～2010 年, 单位面积 NPP 价值平均值的年变化率在 1.17%～3.05%,变化幅度相对不大。其中年变化率最大的为旬阳县(3.05%),最小的为宁陕县(1.17%),可见安康市北部的秦岭山地和南部的大巴山地区近十年来,自然条件和生态环境保护较好。

6.3.4　三市 NPP 价值对比分析

单位面积 NPP 平均价值为安康市>渭南市>榆林市(图 6-4)。2010 年单位面积 NPP 价值分别为 4296.6 元/hm²、1371.6 元/hm² 和 822.5 元/hm²;单位面积 NPP 平均价值绝对增长值为安康市(815.5 元/hm²)>榆林市(365.7 元/hm²)>渭南市(184.3 元/hm²)。

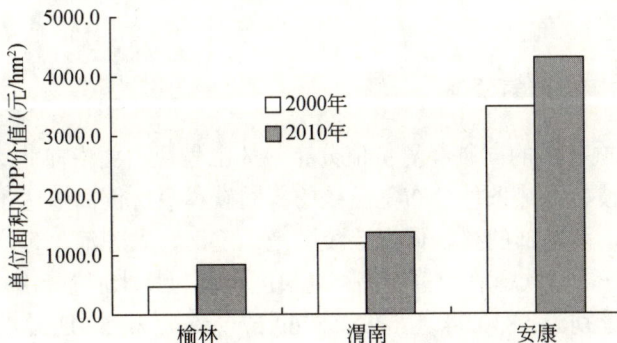

图 6-4　2000 年、2010 年三市单位面积 NPP 价值比较

2000～2010 年，NPP 的提升幅度为榆林市（80.32%）>渭南市（23.45%）>
安康市（15.54%）（图 6-5）。

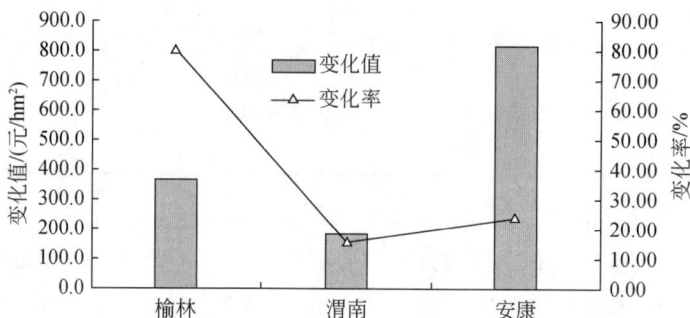

图 6-5　2000～2010 年三市单位面积 NPP 价值变化

榆林市属于黄土高原区，处于干旱与半干旱气候的地带，冬季气温寒冷，太
阳辐射总量较小，不适合植物的生长及有机物质的积累，在该时期只有部分常绿
针叶林能进行光合作用，所以单位面积NPP价值的平均值均低于渭南市和安康市。
渭南市位于黄河中游，陕西省关中平原东部，属于暖温带半湿润半干旱气候，光
照充足，雨量充沛，所以单位面积 NPP 价值平均值高于陕北榆林市。安康市属于
陕南秦岭山区，气候湿润温和，雨量充沛，无霜期长，适合植被生长，故该地区
植被的净初级产力也较高，明显高于榆林市和渭南市。

6.4　固碳释氧价值变化

绿色植物通过光合作用吸收空气中的 CO_2，生成葡萄糖等碳水化合物并释放
出 O_2，这对减轻温室效应的危害和改善生活环境是非常重要的。生态系统固碳释
氧价值的计算是以净初级生产力为基础，根据光合作用方程式，参考造林成本和
工业制氧法估算价值。

6.4.1　榆林市固碳释氧价值

2000 年，榆林市的固碳释氧价值分布整体上呈现出由南向北递减的趋势，这
与榆林市的植被、水热条件分布是一致的。固碳释氧价值高值区主要分布在南部
和西南部地区，西南部的梁状低山丘陵区是无定河、大理河、延河和洛河的发源
地，水热条件好，固碳释氧价值较高；高值区主要包括米脂县、绥德县和靖边县，
固碳释氧价值分别为 5830.94 元/hm²、5769.17 元/hm² 和 5703.32 元/hm²。固碳释
氧价值低值区主要分布在榆林市北部的毛乌素沙漠南缘的风沙草滩区，这里气候

干旱，水热条件较差，主要包括府谷县、神木县和佳县，分别为 4048.74 元/hm²、4610.43 元/hm² 和 5173.04 元/hm²（图 6-6）。

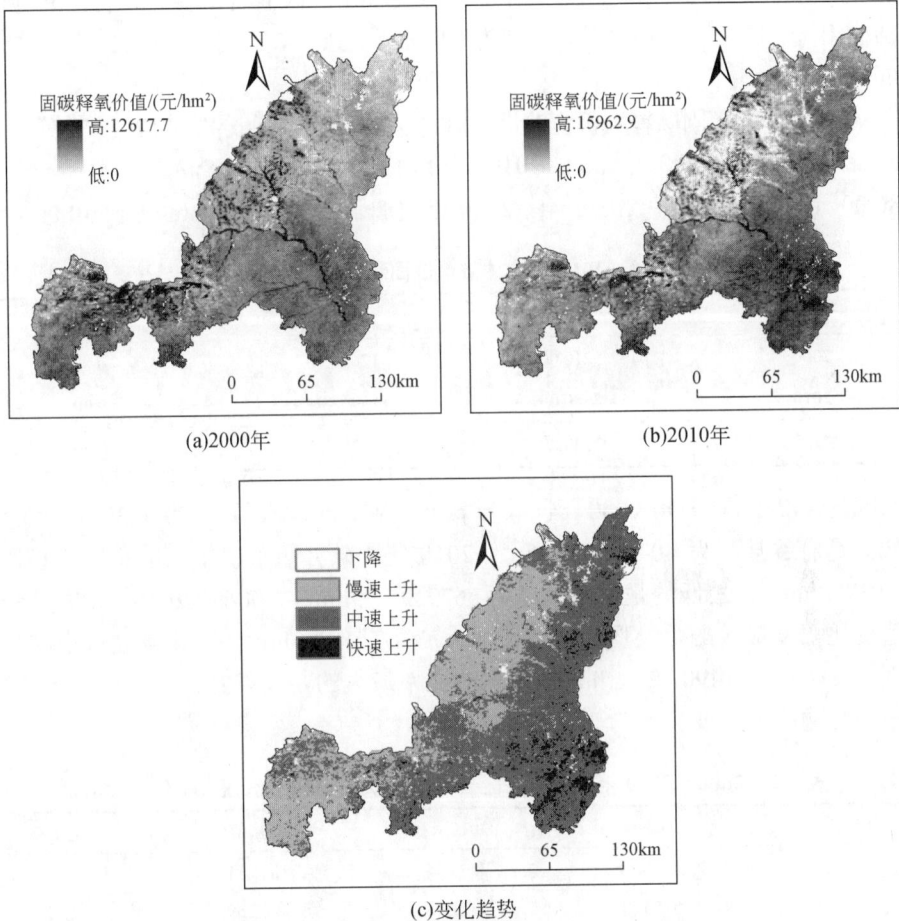

(a)2000年

(b)2010年

(c)变化趋势

图 6-6　2000～2010 年榆林市单位面积固碳释氧价值

　　2010 年，榆林市的固碳释氧价值分布整体上呈现出由东南向西北递减的趋势，这与该市的植被、水热条件分布是一致的。固碳释氧高值区主要分布在南部地区，包括绥德县、吴堡县和清涧县，分别为 9490.39 元/hm²、9423.26 元/hm² 和 9353.62 元/hm²；低值区主要分布在北部地区，包括榆阳区、神木县和府谷县，分别为 6673.30 元/hm²、6865.9 元/hm² 和 7094.85 元/hm²。

　　2000～2010 年，榆林市各区县的固碳释氧价值都有所增加，但是增加的幅度不尽相同，中速上升阶段的像元数量最多，占总像元数的 57.19%，慢速上升的占 35.28%，快速上升的占 5.66%。其中，变化幅度由东向西递减，变化幅度高值区主要分布在东南地区，包括吴堡县、绥德县、清涧县、子洲县、米脂县、佳县和府谷县，分别为 3967.58 元/hm²、3721.23 元/hm²、3679.77 元/hm²、3241.35 元/hm²、3139.00 元/hm²、3109.79 元/hm² 和 3046.11 元/hm²；低值区主要分布在西北地区，包括榆阳区、定边县和神木县，分别为 1498.32 元/hm²、1703.02 元/hm² 和 2255.49 元/hm²。

榆林市 2000 年固碳释氧价值的最大值、最小值和平均值分别为 12617.70 元/hm²、0.00 元/hm² 和 5210.00 元/hm²，2010 年分别为 15962.90 元/hm²、0.00 元/hm² 和 7580.00 元/hm²，平均值 2010 年比 2000 年增加了 2370.00 元/hm²（表 6-8）。

表 6-8　2000～2010 年榆林市单位面积固碳释氧价值　（单位：元/hm²）

年份	平均值	最大值	最小值
2000	5210.00	12617.70	0.00
2010	7580.00	15962.90	0.00
变化值	2370.00	3345.20	0.00

区县尺度上，榆林市 2000 年固碳释氧价值最高的是米脂县，为 5830.94 元/hm²，最低的是府谷县，为 4048.74 元/hm²；2010 年固碳释氧价值最高的是绥德县，为 9490.39 元/hm²，最低的是榆阳区，为 6673.30 元/hm²。2000～2010 年，固碳释氧价值变化幅度最大的是吴堡县，变化值为 3967.58 元/hm²，变化幅度最小的是榆阳区，变化值为 1498.32 元/hm²；年均变化率最大的是府谷县，变化率为 5.77%，最小的是榆阳区，变化率为 2.58%（表 6-9）。

表 6-9　2000～2010 年榆林市各区县单位面积固碳释氧价值（单位：元/hm²）

区县	2000 年	2010 年	变化值	变化率/%
府谷县	4048.74	7094.85	3046.11	75.24
吴堡县	5455.67	9423.26	3967.59	72.72
清涧县	5673.85	9353.62	3679.77	64.85
绥德县	5769.17	9490.39	3721.22	64.50
佳县	5173.06	8282.84	3109.78	60.11
子洲县	5678.31	8919.66	3241.35	57.08
米脂县	5830.94	8969.94	3139.00	53.83
神木县	4610.43	6865.92	2255.49	48.92
横山县	5337.88	7615.93	2278.05	42.68
靖边县	5703.32	8120.16	2416.84	42.38
定边县	5634.71	7337.72	1703.01	30.22
榆阳区	5174.97	6673.3	1498.33	28.95

榆林市西北部以未利用土地为主，建设用地所占比例也较大，而未利用土地和建筑用地对固碳释氧价值几乎没有贡献，所以该地区的固碳释氧价值比全市其他区县偏低；北部的府谷县，建设用地较多，导致该县的固碳释氧价值较低；南部地区林地、草地、耕地比例较大，林地对固碳释氧价值贡献最大，草地和耕地对固碳释氧价值也有一定的贡献，所以南部地区各县的固碳释氧价值比其他区县偏高，如米脂县、绥德县、清涧县和子洲县。

2000～2010 年，榆林市的林地和草地增多，使各区县的固碳释氧价值均有所增加。其中，靖边县从 2000～2010 年建筑用地占地面积明显增多，导致靖边县的固碳释氧价值从 2000 年的第三位变为 2010 年的第七位，变化位次较大。吴堡县从 2000～2010 年，未利用土地面积稍有减少，林地面积略有增加，导致该县的固碳释氧价值从 2000 年的第七位升为 2010 年的第二位，位次发生明显变化。榆林市是我国重要的煤炭基地，榆林市的煤田主要分布在神木县、府谷县、榆阳区、横山县、靖边县和定边县，这些区县主要用来发展煤炭产业，建筑用地面积较多，耕地面积较少，对这些区县的固碳释氧价值贡献较少。

6.4.2 渭南市固碳释氧价值

采用造林成本法和工业制氧法对其生态系统固碳释氧价值进行估算，结果如图 6-7 所示。

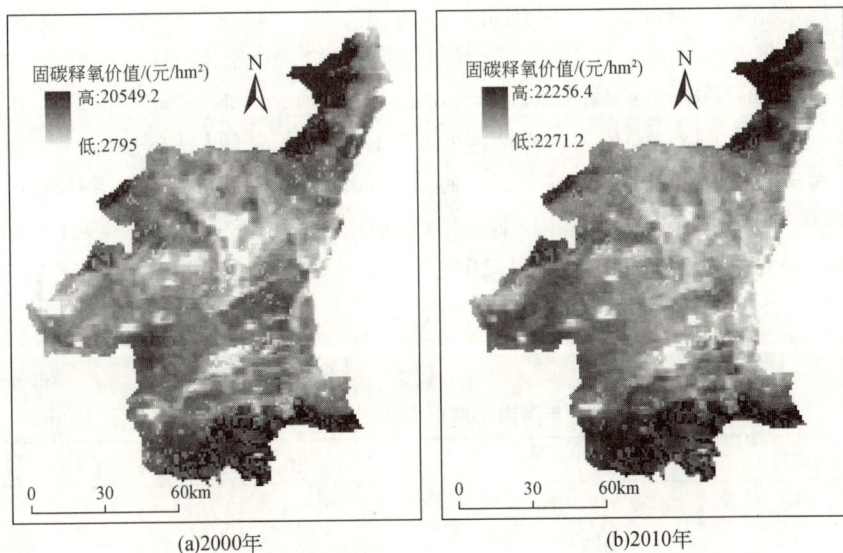

(a)2000年   (b)2010年

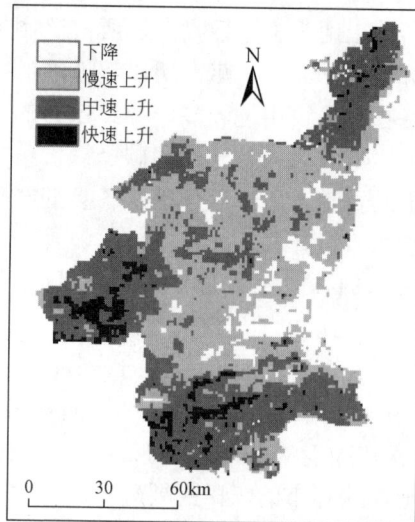

(c)变化趋势

图 6-7　2000~2010 年渭南市单位面积固碳释氧价值

2000 年，渭南市的固碳释氧价值分布整体上呈现出南北高中间低的格局，这与渭南市南北两山中部为渭河平原这一地貌分布是一致的。固碳释氧价值高值区主要分布在南部和北部地区，南部和北部地区的高山地区，植被茂密，水热条件好，固碳释氧价值较高；低值区主要分布在渭南市中部的渭河平原区，这里是八百里秦川最宽阔的地带，土地利用类型以耕地为主，因为耕地对固碳释氧价值的贡献比林地低，所以这一地区的固碳释氧价值相比南北高山区略低。

2010 年的固碳释氧价值分布整体上与 2000 年是一致的，依然是南北高中间低的格局。固碳释氧价值高值区与低值区所包括的县市区没有太大的变化，高值区是北部的韩城市和南部的华县、潼关县、临渭区、华阴市，低值区依然是中部六县。

渭南市 2000 年固碳释氧价值的最大值、最小值和平均值分别为 20549.20 元/hm^2、2795.00 元/hm^2 和 11151.00 元/hm^2；2010 年的值分别为 22256.40 元/hm^2、2271.20 元/hm^2 和 12895.00 元/hm^2；2010 年平均固碳释氧价值比 2000 年增加了 1744.00 元/hm^2（表 6-10）。

表 6-10　2000~2010 年渭南市单位面积固碳释氧价值　　　（单位：元/hm^2）

年份	平均值	最大值	最小值
2000	11151.00	20549.20	2795.00
2010	12895.00	22256.40	2271.20
变化值	1744.00	1707.20	−523.80

区县尺度上,渭南市 2000 年固碳释氧价值最高的是华县,为 12661.72 元/hm²,最低的是澄城县,为 9892.29 元/hm²;2010 年固碳释氧价值最高的是华县,为 15446.99 元/hm²,最低的是大荔县,为 10763.10 元/hm²。2000～2010 年,固碳释氧价值变化幅度最大的是富平县,变化值为 3419.74 元/hm²,变化幅度最小的是大荔县,变化值为 106.69 元/hm²。与 2000 年相比,变化率最大的是富平县,年均变化率为 2.84%,最小的是大荔县,年均变化率为 0.10%(表 6-11)。

表 6-11　2000～2010 年渭南市各县市区单位面积固碳释氧价值

（单位：元/hm²）

县市区	2000 年	2010 年	变化值
富平县	10566.61	13986.41	3419.80
华县	12661.72	15446.99	2785.27
华阴市	11593.51	14017.90	2424.39
临渭区	11790.36	14065.82	2275.46
潼关县	12111.90	14331.36	2219.46
蒲城县	10345.75	12163.99	1818.24
韩城市	12634.84	14622.19	1987.35
白水县	11306.52	12801.64	1495.12
澄城县	9892.29	10987.18	1094.89
合阳县	10426.70	11198.50	771.79
大荔县	10673.50	10763.10	106.69

2000～2010 年,渭南市各区县的固碳释氧价值都有所增加,但增加幅度不尽相同。从像元数量来看,慢速上升阶段的像元占 44.55%,中速上升的像元占 38.78%,快速上升的像元占 5.43%,其中下降的占 11.24%。从变化幅度的分布来看,整体上呈现出南部、北部和西部高,中部低的格局。

变化幅度高值区主要包括西部的富平县,北部的韩城市,南部的华县、华阴市、临渭区和潼关县,分别为 3419.74 元/hm²、1987.35 元/hm²、2785.27 元/hm²、2424.39 元/hm²、2275.46 元/hm² 和 2219.46 元/hm²;低值区主要分布在中部的渭河平原,包括大荔县、合阳县、澄城县、白水县和蒲城县,分别为 106.69 元/hm²、771.79 元/hm²、1094.89 元/hm²、1495.12 元/hm² 和 1818.24 元/hm²。渭南市北部和南部地区土地利用类型以林地为主,林地对固碳释氧价值的贡献率较高,因此南北部地区的各县市区固碳释氧价值比其他各县市区的要偏高,如韩城市、华县、潼关县、华阴市和临渭区;中部渭河平原区的土地利用类型以耕地为主,建设用地比重也较大,所以中部各县市区的固碳释氧价值要比南北部各县市区偏低,如澄城县、蒲城县、合阳县和大荔县。

2000～2010年，渭南市土地利用类型中耕地面积增多，使各县市区的固碳释氧价值均有所增加。北部的韩城市和南部的华县、华阴市、临渭区和潼关县林地面积明显减少，导致2000～2010年的固碳释氧价值变化幅度较大，但是因为这些县市区的植被覆盖面积仍然高于其他县，所以它们的固碳释氧价值较高。西部的富平县2010年的耕地面积明显增多，草地面积稍有减少，导致该县的固碳释氧价值变化幅度最大。澄城县、蒲城县和合阳县的建设用地面积较大，植被覆盖度低，因此固碳释氧价值和其他县市区相比偏低。大荔县由于存在面积较大的沙苑，区域固碳释氧价值较低。

6.4.3　安康市固碳释氧价值

2000年，安康市的单位面积固碳释氧价值由南北向中间递减（图6-8）。

秦岭和巴山植被覆盖度高，水热条件好，对固碳释氧价值的贡献率高，因此南北地区的固碳释氧价值也较高。

2000年固碳释氧价值低值区主要分布在安康市中部的汉水流域附近，主要包括汉滨区、旬阳县、白河县、汉阴县和紫阳县。2010年的固碳释氧价值分布格局与2000年基本一致，仍然是南北地区各县的固碳释氧价值较高，中部地区各区县的固碳释氧价值较低，但中部各区县固碳释氧价值比2000年有所增加。

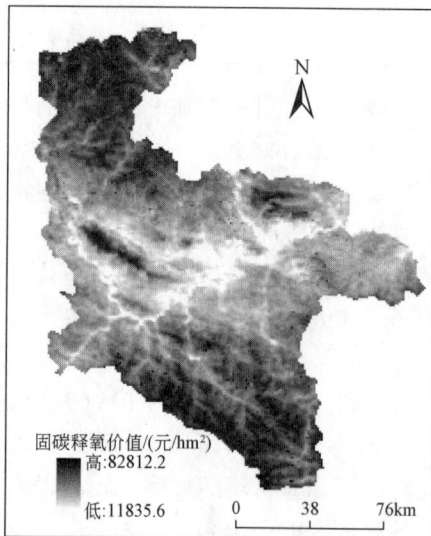

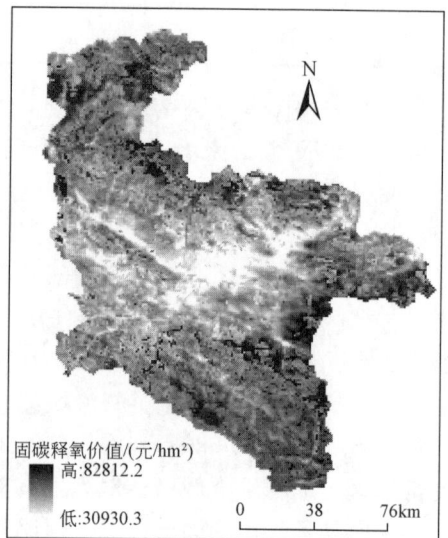

(a)2000年　　　　　　　　　　　　　(b)2010年

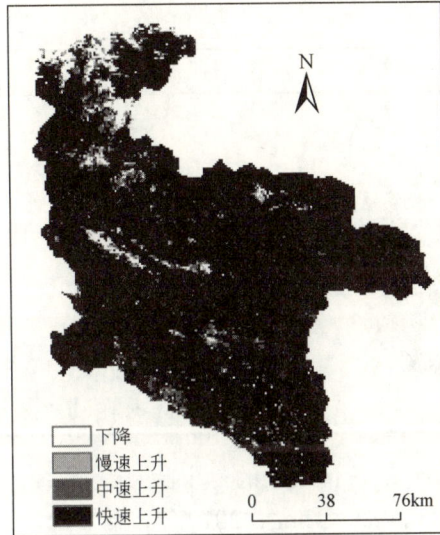

(c)变化趋势

图 6-8　2000～2010 年安康市单位面积固碳释氧价值

安康市 2000 年固碳释氧价值的最大值、最小值和平均值分别为 82812.20 元/hm²、11835.60 元/hm² 和 46623.00 元/hm²；2010 年固碳释氧价值的最大值、最小值和平均值分别为 82812.20 元/hm²、30930.30 元/hm² 和 59378.00 元/hm²；2010 年平均固碳释氧价值比 2000 年增加 12755.00 元/hm²（表 6-12）。从像元数量上看，快速上升阶段的像元占 90.79%，中速上升阶段的占 3.93%，而慢速上升只占 1.92%。

表 6-12　2000～2010 年安康市单位面积固碳释氧价值　　（单位：元/hm²）

年份	平均值	最大值	最小值
2000	46623.00	82812.20	11835.60
2010	59378.00	82812.20	30930.30
变化值	12755.00	0.00	19094.7

区县尺度上固碳释氧价值变化情况如表 6-13 所示。

表 6-13　2000～2010 年安康市各区县单位面积固碳释氧价值　　（单位：元/hm²）

区县	2000 年	2010 年	变化值
白河县	43465.52	62620.33	19154.81
旬阳县	42171.83	58061.00	15889.17

续表

区县	2000 年	2010 年	变化值
紫阳县	43822.16	57255.43	13433.27
汉滨区	41168.85	53290.85	12122.00
石泉县	44329.17	57244.63	12915.46
平利县	48934.39	62978.52	14044.13
汉阴县	43816.92	54962.26	11145.34
镇坪县	53571.10	65740.73	12169.63
岚皋县	50879.74	62146.92	11267.18
宁陕县	55406.85	63099.41	7692.56

2000 年安康市固碳释氧价值最高的是宁陕县，价值为 55406.85 元/hm²，最低的是汉滨区，价值为 41168.85 元/hm²；2010 年固碳释氧价值最高的是镇坪县，为 65740.73 元/hm²，最低的是汉滨区，价值为 53290.85 元/hm²；2000～2010 年固碳释氧价值变化幅度最大的是白河县，变化值为 19141.81 元/hm²，变化幅度最小的是宁陕县，变化值为 7692.56 元/hm²；年均变化率最大的是白河县（3.72%），宁陕县最小（1.31%）。

2000～2010 年，安康市各区县固碳释氧价值都有所增加，南北地区变化幅度较小。安康市南部和北部主要为林地，由于林地的固碳释氧价值最高，所以南北各县的固碳释氧价值和安康市其他区县相比偏高；中部地区耕地占地面积较大，而耕地对固碳释氧价值的贡献率比林地要低，故中部各区县的固碳释氧价值要比南北各县低；汉滨区的建设用地较大，固碳释氧价值最低。2000～2010 年安康市中部各区县的林地增加，而林地对固碳释氧贡献率最高，因此 2000～2010 年中部各区县的固碳释氧价值变化幅度较大，而南北部各县的变幅较小。汉滨区以建设用地为主，植被覆盖度较低，从 2000 年到 2010 年植被覆盖度变化不大，因此汉滨区的固碳释氧价值变化幅度也不大。

6.4.4　三市对比分析

对三市的固碳释氧价值进行比较，结果如图 6-9 所示。

单位面积固碳释氧价值在区域上有很大差异，安康市>渭南市>榆林市。例如，2000 年安康市单位面积固碳释氧价值为 46623.00 元/hm²，渭南市为 11151.00 元/hm²，榆林市为 5210.00 元/hm²，安康市的值是渭南市的 4.18 倍、榆林市的 8.95 倍；2010 年安康市单位面积固碳释氧价值增长为 59378.00 元/hm²，渭南市为 12895.00 元/hm²，榆林市仅为 7850.00 元/hm²，安康市的值是渭南市的 4.60 倍、榆林市的 7.83 倍。

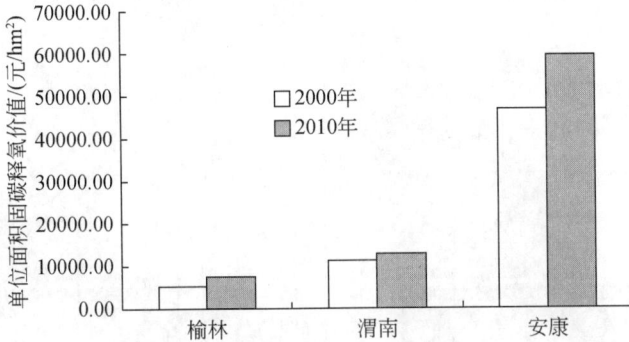

图 6-9 2000 年和 2010 年三市单位面积固碳释氧价值

2000～2010 年,单位面积固碳释氧价值提升幅度为榆林市(45.49%)>安康市(27.36%)>渭南市(15.64%);单位面积固碳释氧价值平均价值绝对增长值为安康市(12755.00 元/hm^2)>榆林市(2370.00 元/hm^2)>渭南市(1744.00 元/hm^2)(图 6-10)。显然,从提升幅度而言,榆林市单位面积固碳释氧价值提升幅度最大,说明榆林市在植被恢复的生态效益显著。但从应对气候变化的效应来说,在雨热条件好的地区加大植被保护的生态效应更为有效。

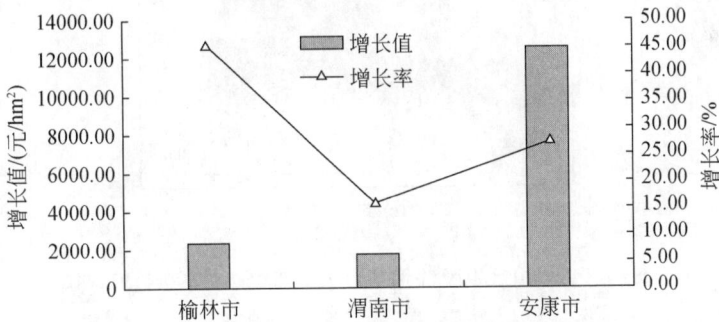

图 6-10 2000～2010 年三市单位面积固碳释氧价值变化

6.5 涵养水源价值变化

6.5.1 榆林市涵养水源价值

榆林市涵养水源价值时空差异较大(图 6-11)。

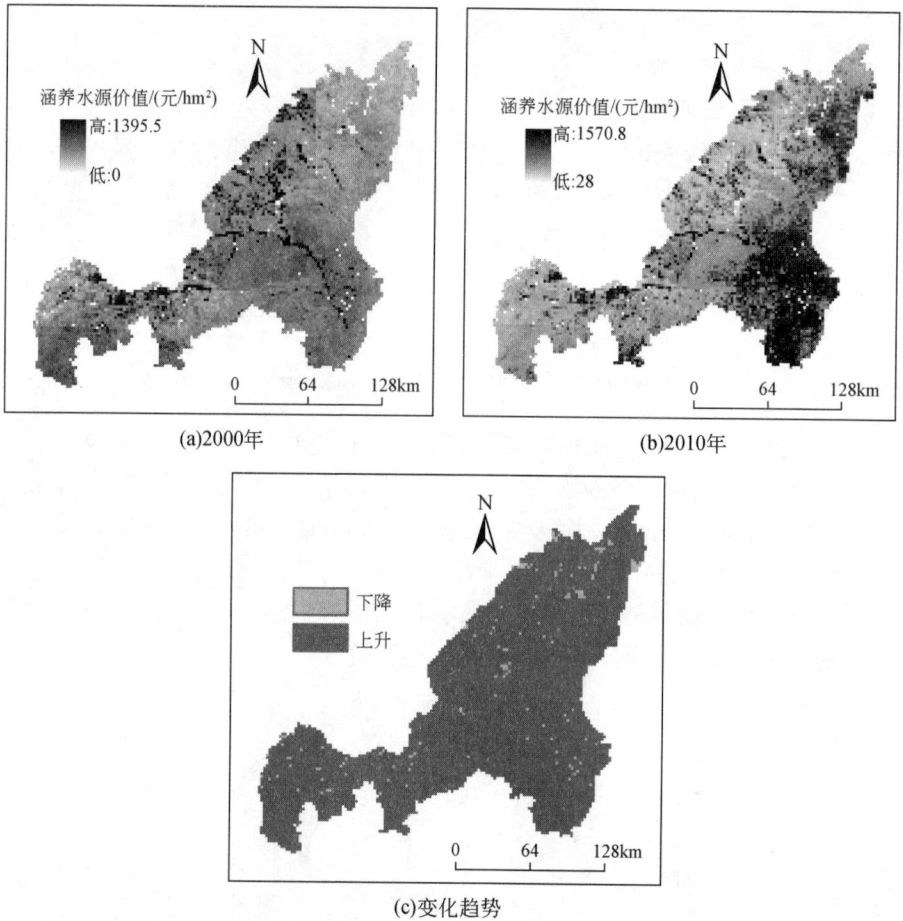

(a)2000年

(b)2010年

(c)变化趋势

图 6-11　2000~2010 年榆林市单位面积涵养水源价值变化

　　2000 年榆林市涵养水源价值较高地区位于北部的芦河、无定河和榆西河等河流流域，金鸡沙水库、新桥水库的水库区域也具有较高的涵养水源价值；2010 年涵养水源价值较高地区位于府谷县和神木县南部等区域。2000 年单位面积涵养水源价值的最大值、最小值和平均值分别为 1395.5 元/hm²、0.0 元/hm² 和 257.2 元/hm²；2010年的最大值、最小值、平均值分别为 1570.8 元/hm²、28.0 元/hm² 和 475.4 元/hm²。2000~2010 年，最大值增加了 175.3 元/hm²，最小值增加了 28.0 元/hm²，平均值增加了 218.2 元/hm²。从像元的数量来看，榆林市处于上升阶段的像元占 98.0%，处于下降阶段的像元占 2.0%（表 6-14）。

表 6-14　2000～2010 年榆林市单位面积涵养水源价值　　（单位：元/hm²）

年份	平均值	最大值	最小值
2000	257.2	1395.5	0.0
2010	475.4	1570.8	28.0
变化值	218.2	175.3	28.0

　　从表 6-15 可以看出，2000 年榆林市各区县中，单位面积涵养水源价值最大的米脂县，为 288.83 元/hm²，最小的是府谷县，为 190.43 元/hm²。2010 年单位面积涵养水源价值最大的绥德县（761.11 元/hm²），最小的是榆阳区（392.32 元/hm²）。变化幅度最大的吴堡县、495.62 元/hm²，年均变化率为 11.28%；变化幅度最小的榆阳区，达 116.80 元/hm²，年均变化率为 3.60%。

表 6-15　2000～2010 年榆林市各区县单位面积涵养水源价值

（单位：元/hm²）

区县	平均值	最大值	最小值
绥德县	280.31	761.11	480.80
吴堡县	259.14	754.76	495.62
神木县	230.08	416.03	185.95
府谷县	190.43	430.88	240.45
佳县	243.83	570.38	326.55
横山县	278.23	440.20	161.97
榆阳区	275.52	392.32	116.80
米脂县	288.83	758.72	469.89
定边县	275.72	395.80	120.07
靖边县	278.25	466.06	187.82
子洲县	263.04	622.04	359.00
清涧县	268.14	757.27	489.13

6.5.2　渭南市涵养水源价值

　　渭南市涵养水源价值变化情况如图 6-12 所示。

(a)2000年

(b)2010年

(c)变化趋势

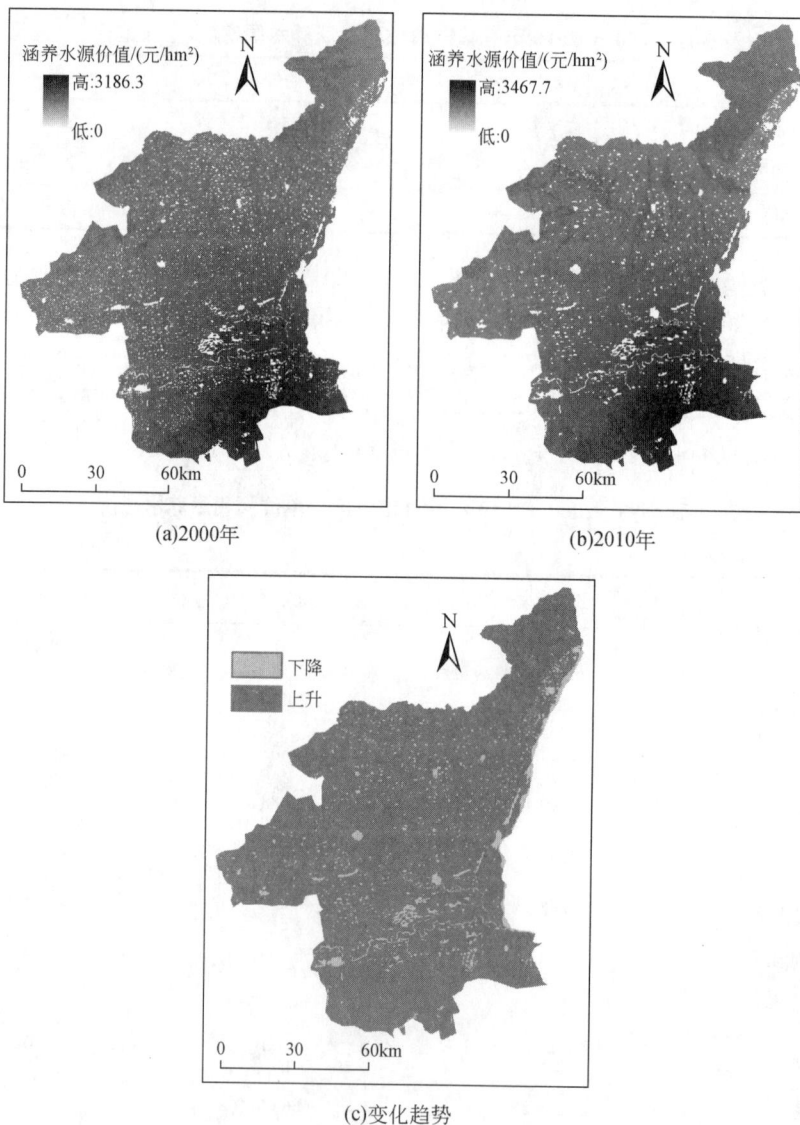

图 6-12　2000~2010 年渭南市单位面积涵养水源价值变化

  2000 年渭南市单位面积涵养水源价值的最大值、最小值和平均值分别为 3186.3 元/hm²、0.0 元/hm² 和 2194.3 元/hm²；2010 年最大值、最小值和平均值分别为 3467.7 元/hm²、0.0 元/hm² 和 2456.4 元/hm²。2000~2010 年，最大值增加了 281.4 元/hm²，平均值增加了 262.1 元/hm²。受降水等影响，单位面积涵养水源价值年际变化较大。从像元数量看，处于上升阶段的像元数量占 94.38%，下降阶段的像元数量占 5.62%（表 6-16）。

表 6-16 2000～2010 年渭南市单位面积涵养水源价值 （单位：元/hm^2）

年份	平均值	最大值	最小值
2000	2194.3	3186.3	0
2010	2456.4	3467.7	0
变化值	262.1	281.4	0

从表 6-17 可以看出，2000 年渭南市单位面积涵养水源价值最高的是华阴市，为 2699.53 元/hm^2，最低的是合阳县，为 1998.3 元/hm^2；2010 年单位面积涵养水源价值华阴市最大（3020.84 元/hm^2），韩城市最小（2179.68 元/hm^2）。变化幅度最大的华阴市，达到 321.31 元/hm^2，变化幅度最小的是合阳县，为 232.69 元/hm^2。

表 6-17 2000～2010 年渭南市各县市区单位面积涵养水源价值

（单位：元/hm^2）

县市区	2000 年	2010 年	变化值
韩城市	1935.64	2179.68	244.04
大荔县	2270.69	2505.65	234.96
华阴市	2699.53	3020.84	321.31
潼关县	2676.09	2966.92	290.83
华县	2614.34	2901.06	286.72
合阳县	1998.30	2230.99	232.69
白水县	2077.85	2344.83	266.98
蒲城县	2170.82	2410.55	239.73
澄城县	2060.34	2346.19	285.85
富平县	2067.01	2365.66	298.65
临渭区	2234.9	2513.66	278.76

6.5.3 安康市涵养水源价值

安康市涵养水源价值空间分布及变化情况如图 6-13 所示。

2000 年安康市单位面积涵养水源价值的最大值、最小值和平均值分别为 4651 元/hm^2、0.0 元/hm^2 和 3330.2 元/hm^2；2010 年的最大值、最小值和平均值分别为 4651.0 元/hm^2、0.0 元/hm^2 和 3630.3 元/hm^2。2000～2010 年，最大值没有变化，平均值增加了 0.1 元/hm^2。从像元数量来看，处于上升阶段的像元数量占 26.52%，处于下降阶段的像元数量占 73.48%（表 6-18）。

(a)2000年　　　　　　　　　　　　(b)2010年

(c)变化趋势

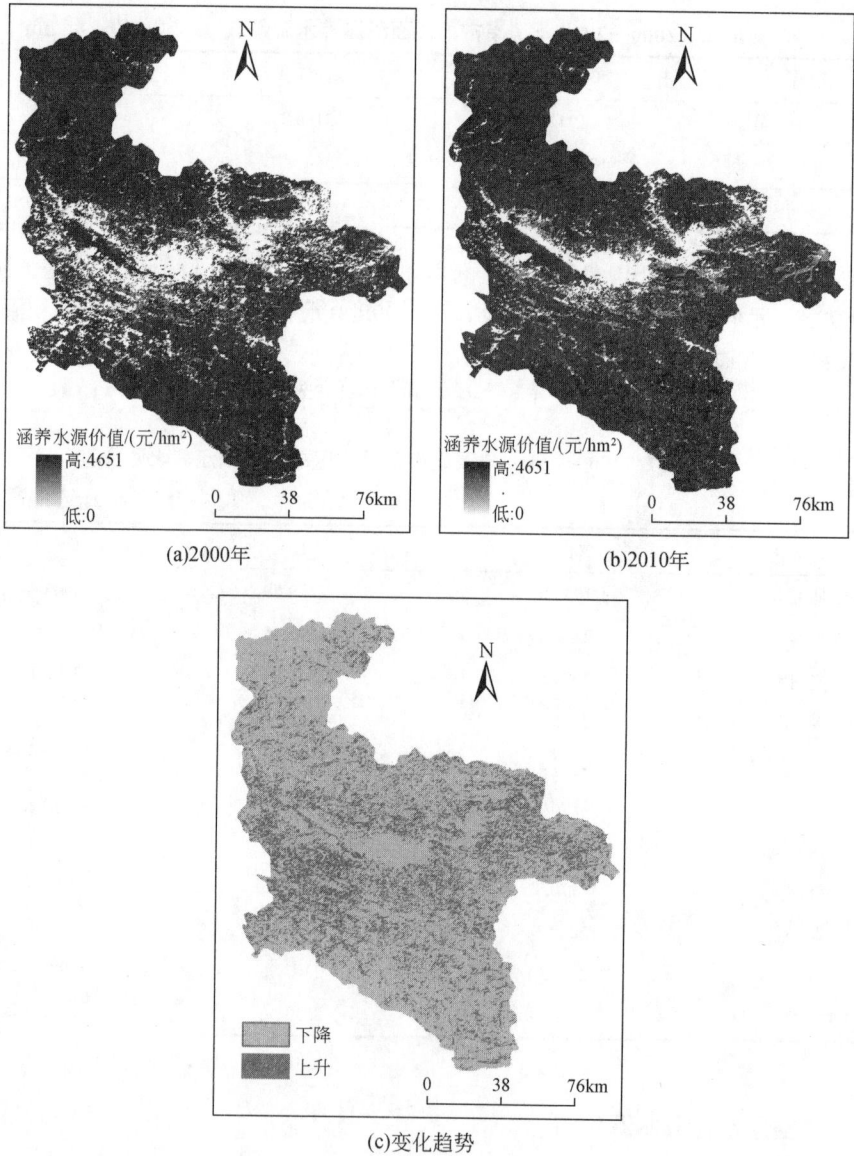

图 6-13　2000～2010 年安康市单位面积涵养水源价值变化

表 6-18　2000～2010 年安康市单位面积涵养水源价值　　（单位：元/hm²）

年份	平均值	最大值	最小值
2000	3330.2	4651.0	0
2010	3630.3	4651.0	0
变化值	0.1	0.0	0

区县尺度上，安康市单位面积涵养水源价值统计结果如表 6-19 所示。

表 6-19　2000～2010 年安康市各区县涵养水源单位面积涵养水源价值

（单位：元/hm²）

区县	2000 年	2010 年	变化值
宁陕县	4076.00	4079.31	3.31
紫阳县	2847.98	3696.40	848.42
白河县	3302.30	3819.70	517.40
旬阳县	2785.42	3203.22	417.80
汉滨区	2682.11	2978.47	296.36
汉阴县	2912.72	3213.86	301.14
石泉县	3335.65	3707.28	371.63
平利县	3824.70	3983.45	158.75
镇坪县	4071.53	4122.07	50.54
岚皋县	3812.34	4010.69	198.35

2000 年单位面积涵养水源价值最大是宁陕县，为 4076.00 元/hm²；最小的是汉滨区，为 2682.11 元/hm²。2010 年单位面积涵养水源价值最大是镇坪县，为 4122.07 元/hm²；最小的是汉滨区，分别为 2978.47 元/hm²。其中变化幅度最大的是紫阳县，为 848.42 元/hm²；变化幅度最小的是宁陕县，为 3.35 元/hm²。

6.5.4　三市对比分析

单位面积涵养水源价值平均值为安康市>渭南市>榆林市（图 6-14）。

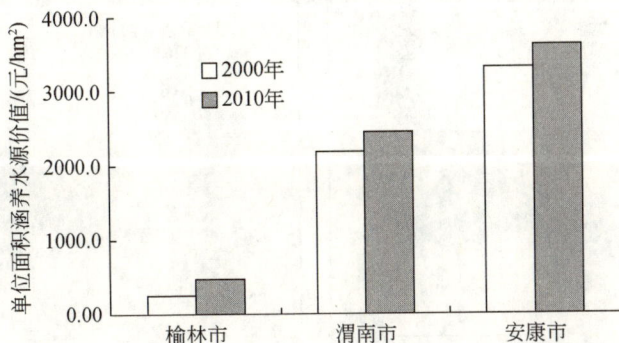

图 6-14　2000 年、2010 年三市单位面积涵养水源价值

2010年安康市、渭南市和榆林市单位面积涵养水源价值分别为3630.3 元/hm²、

2456.4 元/hm^2 和 475.4 元/hm^2；位于亚热带的安康市森林覆盖情况远远好于渭南市和榆林市，涵养水源价值是渭南市的 1.48 倍、榆林市的 7.64 倍。单位面积涵养水源价值平均价值绝对增长值为安康市（300.1 元/hm^2）>渭南市（262.1 元/hm^2）>榆林市（218.2 元/hm^2）。

　　2000～2010 年，涵养水源价值提升幅度为榆林市（84.84%）>渭南市（11.94%）>安康市（9.01%）（图 6-15）。

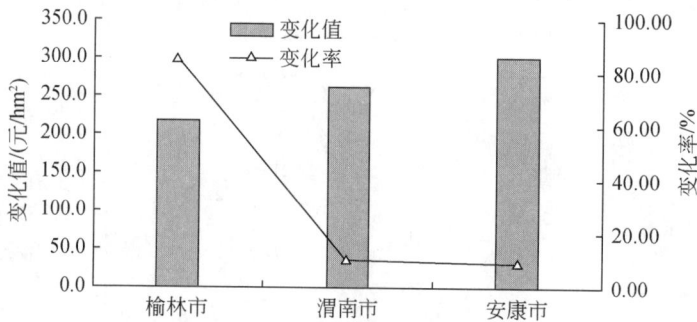

图 6-15　2000～2010 年三市单位面积涵养水源价值变化

6.6　水土保持价值变化

6.6.1　榆林市水土保持价值

　　榆林市单位面积水土从保持价值空间差异较大（图 6-16）。

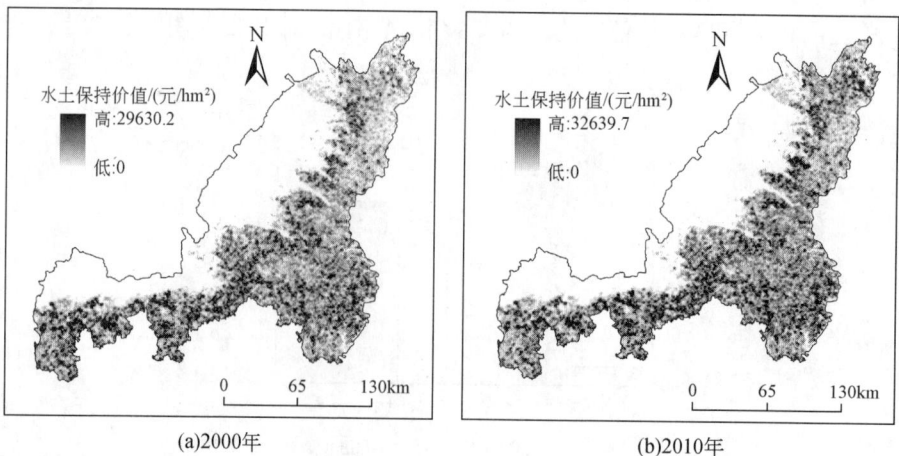

(a)2000年　　　　　　　　　　　　(b)2010年

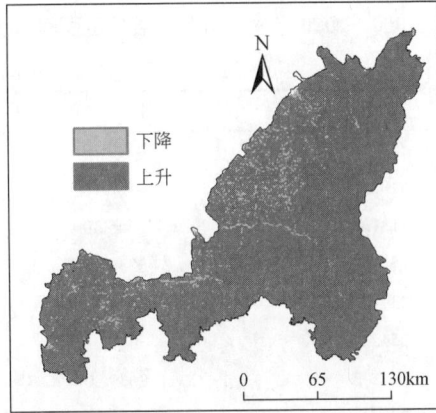

(c)变化趋势

图 6-16　2000～2010 年榆林市单位面积水土保持价值变化

从空间分布来看，长城沿线以南地区水土保持价值处于较高水平。南部的陕北黄土丘陵沟壑区分布着地带性的温带森林草原，是森林向草原的过渡地带，植被覆盖较好，水土保持价值都在 200 元/hm^2 以上。2000 年榆林市单位面积水土保持价值最大值 29630.2 元/hm^2，平均值 1921.1 元/hm^2；2010 年最大值 32639.7 元/hm^2，平均值 2723.0 元/hm^2。2000～2010 年单位面积最大值增加 3009.5 元/hm^2，平均值增加 801.9 元/hm^2。2000～2010 年榆林市水土保持价值有了很大提高，从像元数量来看，榆林市处于上升阶段的像元个数占 96.04%，处于下降阶段的像元占 3.96%。2000～2010 年单位面积水土保持价值平均值较大的地区明显南移，这主要与当时气候条件有着密切关系。陕北风沙过渡区，如榆阳、横山等地土壤保持量比较小，而且逐年增大。当地地势相对平坦，而且地广人稀，农田所占比例较小，天然植被和次生植被多呈连片成块分布，即使在沙漠地区，由于多年来"三北"防护林体系的建设及沙化土地的综合治理，人工植被已随处可见。中部是丘陵沟壑区，2000～2010 年单位面积水土保持价值呈现先增加后减小的趋势（表 6-20）。

表 6-20　2000～2010 年榆林市单位面积水土保持价值　　　（单位：元/hm^2）

年份	平均值	最大值	最小值
2000	1921.1	29630.2	0
2010	2723.0	32639.7	0
变化值	801.9	3009.5	0

从区县尺度看，2000～2010 年榆林市各区县单位面积水土保持价值都是增加的（表 6-21）。

表 6-21　2000～2010 年榆林市各区县单位面积水土保持价值

（单位：元/hm²）

区县	2000 年	2010 年	变化值
绥德县	3343.46	4512.67	1169.21
吴堡县	3102.44	4566.76	1464.32
神木县	1181.60	2645.30	1463.70
府谷县	1728.73	3330.02	1601.29
佳县	2394.31	3576.57	1182.26
横山县	2542.11	3437.01	894.90
榆阳区	707.73	2643.30	1935.57
米脂县	2856.96	3871.92	1014.96
定边县	2218.04	2640.30	422.26
靖边县	2448.97	3357.77	908.80
子洲县	3162.66	4435.63	1272.97
清涧县	2843.45	4121.81	1278.36

　　2000 年单位面积水土保持价值最高的为绥德县，子洲县第二，吴堡县第三，分别为 3343.46 元/hm²、3162.66 元/hm² 和 3102.44 元/hm²。绥德县地处陕北黄土高原丘陵沟壑区，植被覆盖率相对于其他区县会较高。府谷县、神木县和榆阳区单位面积水土保持价值较小，分别为 1728.73 元/hm²、1181.60 元/hm² 和 707.73 元/hm²。2010 年吴堡县、绥德县和子洲县单位面积水土保持价值分居前三，分别为 1464.32 元/hm²、1169.21 元/hm² 和 1272.97 元/hm²，最低的为定边县、榆阳区和神木县，分别为 1640.30 元/hm²、2643.30 元/hm² 和 2645.30 元/hm²。2000～2010 年单位面积水土保持价值增长最大的为府谷县，增长了 1601.29 元/hm²；定边县增加值最低，为 422.26 元/hm²。

6.6.2　渭南市水土保持价值

　　2000 年和 2010 年单位面积水土保持价值分布如图 6-17 所示。

　　2000 年渭南市单位面积水土保持价值最大值为 29886.0 元/hm²，最小值为 985.6 元/hm²，平均值为 9617.2 元/hm²；2010 年最大值为 73670.0 元/hm²，最小值为 598.6 元/hm²，平均值为 25231.2 元/hm²。2000～2010 年价值平均值增加了 17150.2 元/hm²，最大值增加了 43784.0 元/hm²，最小值有所降低，降了 387.0 元/hm²（表 6-22）。从像元数量来看，2000～2010 年处于上升阶段的像元个数占 98.86%，处于下降阶段的像元占 1.14%，水土保持价值总体有明显提升。

(a)2000年　　　　　　　　　　　　　　　　(b)2010年

(c)变化趋势

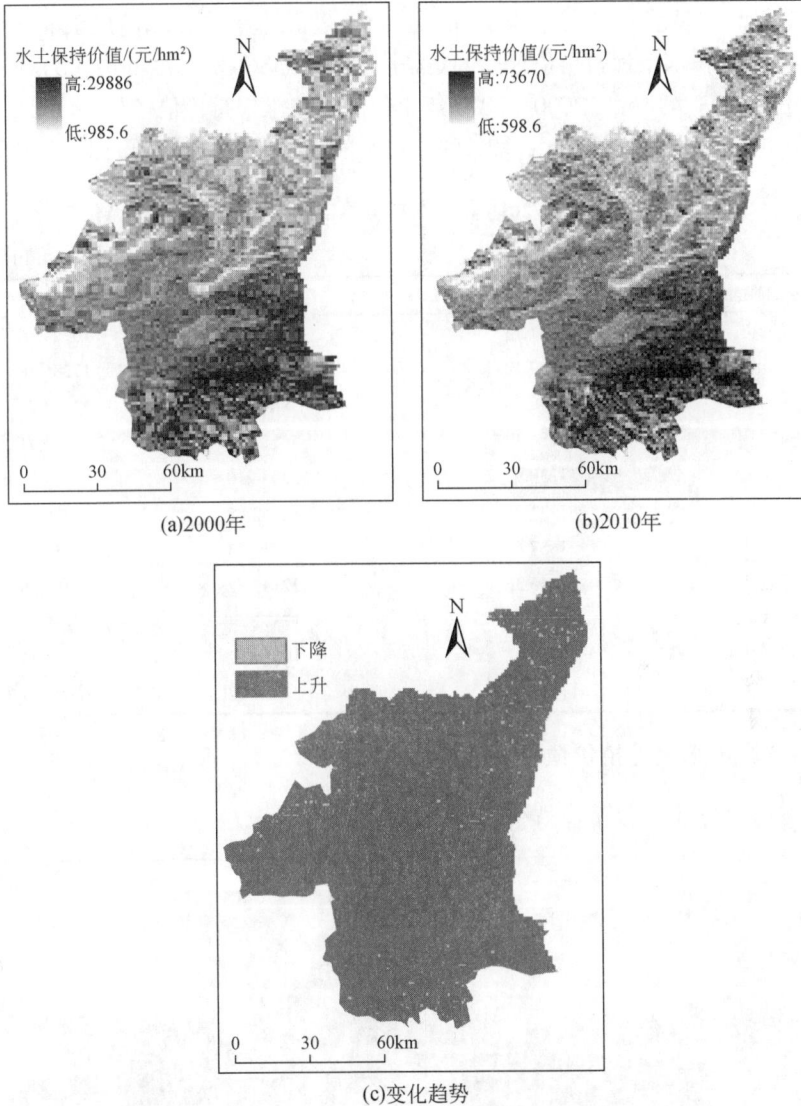

图 6-17　2000～2010 年渭南市单位面积水土保持价值变化

表 6-22　2000～2010 年渭南市单位面积水土保持价值　　（单位：元/hm²）

年份	平均值	最大值	最小值
2000	9617.2	29886.0	985.6
2010	25231.2	73670.0	598.6
变化值	17150.2	43784.0	−387.0

县市区尺度上，渭南市水土保持价值情况如表 6-23 所示。2000 年单位面积水土

保持价值最高的是潼关县，为 13686.32 元/hm²；最低的是澄城县，为 7084.27 元/hm²。2010 年单位面积水土保持价值最高的是华阴市，为 38663.72 元/hm²；最低的是澄城县，为 19386.93 元/hm²。2000～2010 年单位面积水土保持价值增长幅度最大的为华阴市，增长了 23164.46 元/hm²；增长幅度最小的是韩城市，增长了 10794.16 元/hm²。

表 6-23　2000～2010 年渭南市各县市区单位面积水土保持价值

（单位：元/hm²）

县市区	2000 年	2010 年	变化值
韩城市	7131.14	17925.30	10794.16
大荔县	11957.12	29243.00	17285.88
华阴市	15499.26	38663.72	23164.46
潼关县	13686.32	34122.23	20435.91
华县	13230.93	33034.10	19803.17
合阳县	7233.86	18052.75	10818.89
白水县	7657.45	18715.63	11058.18
蒲城县	8916.36	22143.62	13227.26
澄城县	7084.27	17372.54	10288.27
富平县	7853.52	19386.92	11533.40
临渭区	11180.85	27864.12	16683.27

6.6.3　安康市水土保持价值

安康市单位面积水土保持价值分布如图 6-18 所示。

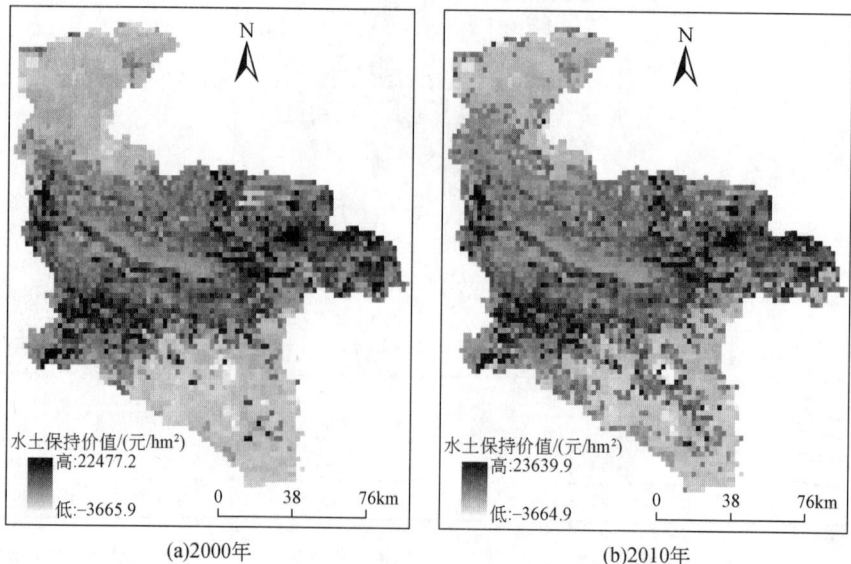

(a)2000年　　　　　　　　　　(b)2010年

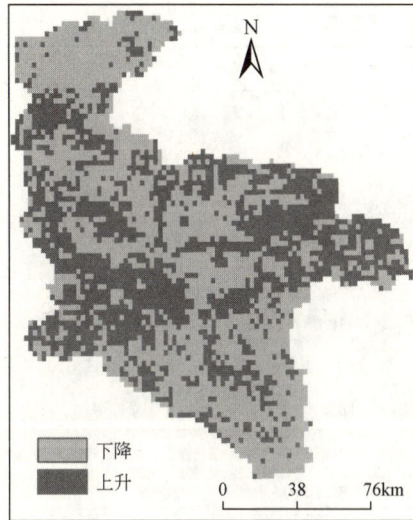

(c)变化趋势

图 6-18　2000～2010 年安康市单位面积水土保持价值变化

从图 6-18 和表 6-24 可以看出，2000 年安康市单位面积水土保持价值最大值为 22477.2 元/hm²，最小值为-3665.9 元/hm²，平均值为 2187.6 元/hm²；2010 年最大值为 23639.9 元/hm²，最小值为 3994.9 元/hm²，平均值为 2187.6 元/hm²。2000～2010 年平均值增加了 94.33 元/hm²，最大值增加了 1162.7 元/hm²，最小值增加了 1 元/hm²。从像元数量来看，2000～2010 年安康市处于上升阶段的像元仅占 45.17%，处于下降阶段的像元占 54.83%。

表 6-24　2000～2010 年安康市单位面积水土保持价值　　（单位：元/hm²）

年份	平均值	最大值	最小值
2000	2187.60	22477.2	-3665.9
2010	2281.93	23639.9	-3664.9
变化值	94.33	1162.7	1.0

区县尺度上，2000 年单位面积水土保持价值最大的是紫阳县（3294.13 元/hm²），最小的是镇坪县，为负值（-940.49 元/hm²），表现为负值的还有宁陕县和岚皋县，分别为-708.89 元/hm² 和-50.74 元/hm²，反映出在这三个县有明显的水土流失现象。2010 年单位面积水土保持价值最大的依旧是紫阳县，为 3308.06 元/hm²；宁陕县和镇坪县为负值，分别为-125.62 元/hm² 和-468.97 元/hm²，水土流失情况依然存在（表 6-25）。

表 6-25　2000～2010 年安康市各区县单位面积水土保持价值　　（单位：元/hm²）

区县	2000 年	2010 年	变化值
宁陕县	−708.89	−125.62	583.27
紫阳县	3294.13	3308.06	13.93
白河县	3251.09	2963.21	−287.88
旬阳县	2934.94	3011.16	76.22
汉滨区	1921.06	1946.68	25.62
汉阴县	1430.05	1485.66	55.61
石泉县	1806.11	2138.10	331.99
平利县	182.50	453.37	270.87
镇坪县	−940.49	−468.97	471.52
岚皋县	−50.74	570.28	621.02

2000～2010 年，除白河县出现负值外，其余各县增长值均为正值，其中岚皋县增长的幅度最大，为 617.319 元/hm²。白河县地势南高北低，山脉与沟相间，无一处百亩平地，且白河县气温垂直变化明显，出现很多阴阳坡。县内地貌起伏强烈，地表破碎，山地多，平地少，坡度大，坡长，土壤侵蚀危险高，土地肥力下降。

6.6.4　三市对比分析

三市水土保持价值差异明显，单位面积水土保持价值为渭南市>榆林市>安康市，2010 年分别为 25231.2 元/hm²、2723.0 元/hm² 和 2281.9 元/hm²（图 6-19）。

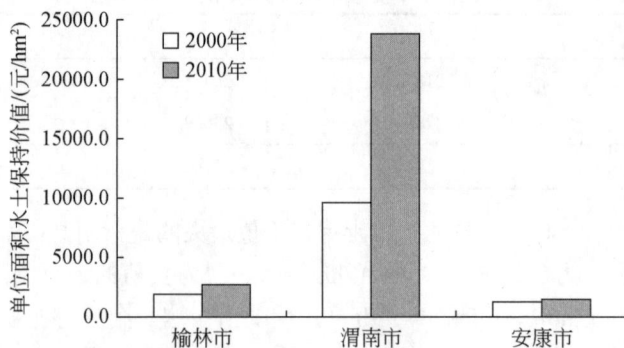

图 6-19　2000 年和 2010 年三市单位面积水土保持价值

2000～2010 年，三市的水土保持价值都有了一定程度的提高（图 6-20）。水土保持价值提升幅度为渭南市（162.98%）>榆林市（39.66%）>安康市（4.31%）；单位面积水土保持价值增长值为渭南市（17150.2 元/hm²）>榆林市（761.9 元/hm²）>安康市（150.2 元/hm²）。

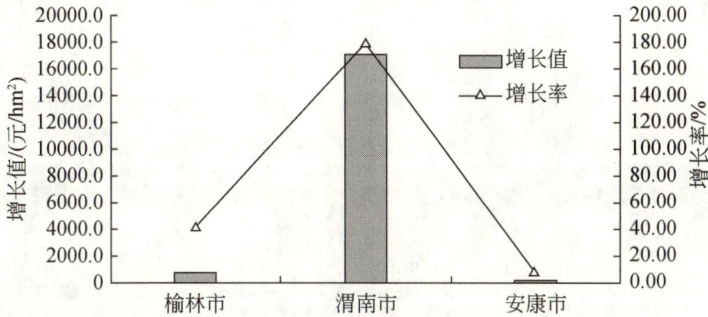

图 6-20　2000～2010 年三市单位面积水土保持价值变化

榆林市北部紧挨毛乌素沙漠，属于风沙区，植被覆盖率较低。中部黄土丘陵区，沟壑纵横，土壤肥力较低，加之能源基地对煤、石油、天然气的开发导致地面植被受到破坏。近年来，全市进行防风固沙工程，在很大程度上改进了植被覆盖率，在一定程度上提高了水土保持价值。渭南市地处平原，坡度小、植被覆盖率较高，防侵蚀能力很强，2000～2010 年水土保持能力提高效果非常明显。安康地处秦巴山区，安康市 96% 以上的土地为林地与耕地，林地更是占到 70% 以上，2000～2010 年水土保持价值提高不明显。

6.7　生态服务价值变化

6.7.1　榆林市生态服务价值

将单位面积的固碳释氧价值、NPP 价值、水土保持价值、涵养水源价值进行叠加计算，得到榆林市 2000～2010 年的单位面积生态服务价值（图 6-21）。

榆林市西北为风沙草滩区，东南为黄土丘陵区，故其生态服务价值总体与榆林市的整体地貌分区一致，东南高西北低，而变化值的空间分异更加明显地表现为东西分异。由于退耕还林还草等政策的有力实施，榆林市单位面积生态服务价值平均值由 2000 年的 7843.6 元/hm² 上升至 2010 年的 11600.9 元/hm²，增加了 3757.3 元/hm²；最大值由 32144.8 元/hm² 增加到 34116.6 元/hm²，增加了 1971.8 元/hm²；最小值由 388.1 元/hm² 增加为 522.2 元/hm²，增加了 134.1 元/hm²（表 6-26）。从像元的数量来看，2000～2010 年处于下降阶段的像元占 1.87%；处于上升阶段的像元占 98.13%，其中中速上升阶段的像元占 57.19%，慢速上升阶段的像元占 35.28%，快速上升阶段的像元占 5.66%。

(a)2000年　　　　　　　　　　　(b)2010年

(c)变化趋势

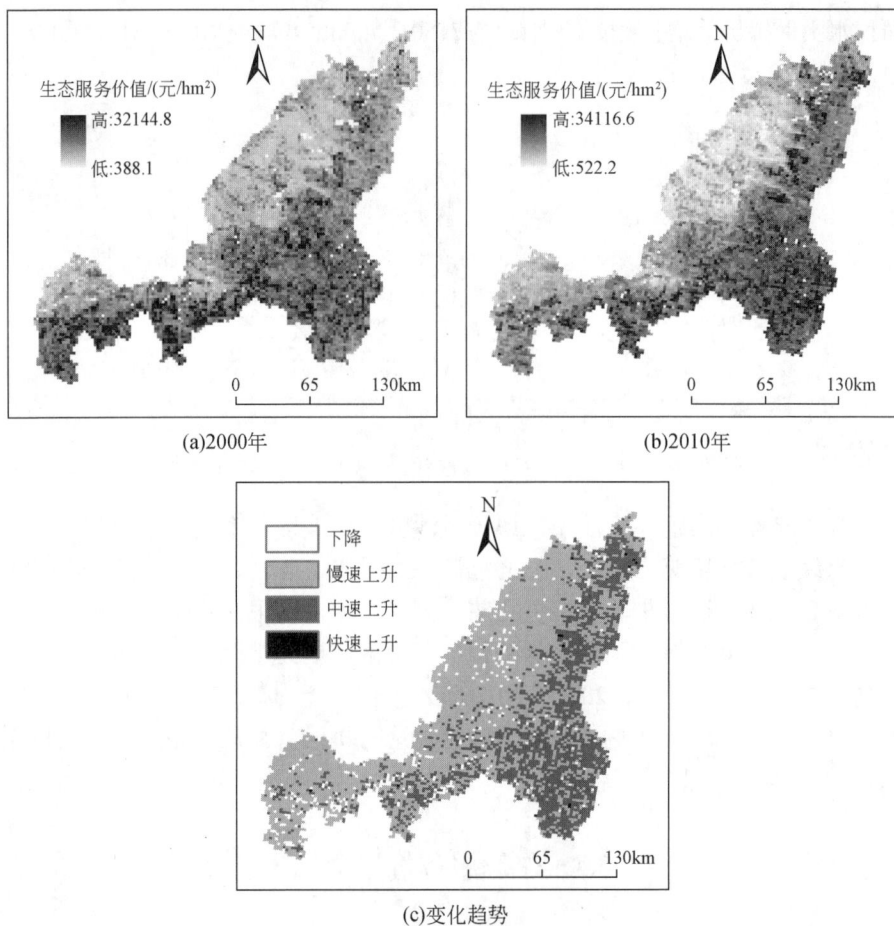

图 6-21　2000～2010 年榆林市单位面积生态系统服务价值变化

表 6-26　2000～2010 年榆林市单位面积生态服务价值　　　（单位：元/hm²）

年份	平均值	最大值	最小值
2000	7843.6	32144.8	388.1
2010	11600.9	34116.6	522.2
变化值	3757.3	1971.8	134.1

　　单位面积生态服务价值可分为高值区、中值区和低值区。榆林市 2000 年的高值区为 9000～9650 元/hm²，有清涧县、米脂县、子洲县、吴堡县和绥德县，其中以绥德县最大；中值区为 8000～9000 元/hm²，有佳县、定边县、横山县、靖边县；低值区为 6500～8000 元/hm²，有府谷县、神木县和榆阳区，府谷县为最小。2010 年的高值区为 14000～16300 元/hm²，主要有米脂县、子洲县、清涧县、绥德县和吴

堡县,最大的为吴堡县;中值区为 11000～14000 元/hm²,主要有府谷县、横山县、靖边县和佳县;低值区为 8700～11000 元/hm²,主要有榆阳区、神木县和定边县,榆阳区最小。

2000～2010 年,各区县单位面积生态服务价值提升幅度较大的区域分布在东南部,主要为吴堡县和绥德县,分别增加 6526.71 元/hm² 和 6369.72 元/hm²;增幅较小的区域位于榆林市西北部,主要是神木县、横山县和榆阳区,分别仅为 3665.25 元/hm²、3593.63 元/hm² 和 2332.09 元/hm²。通过年均变化率的比较发现,单位面积生态服务价值年均变化率最大的区县是府谷县,为 6.20%;最低的为定边县,为 2.47%。

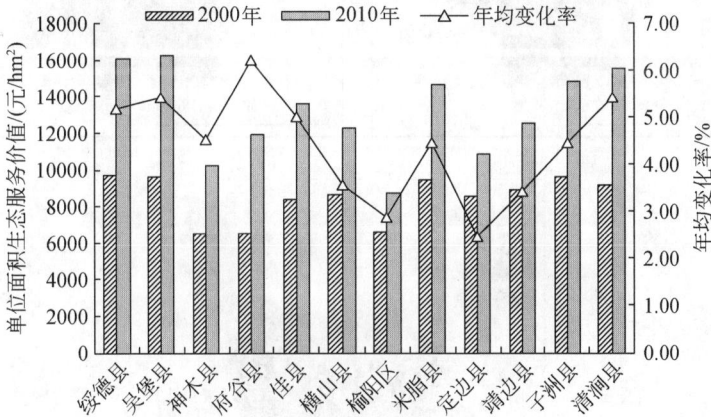

图 6-22 2000～2010 年榆林市各区县单位面积生态服务价值变化

6.7.2 渭南市生态服务价值

基于渭南市固碳释氧、NPP、水土保持和涵养水源的测算,分析其单位面积的生态服务价值时空变化特征(图 6-23)。

渭南市单位面积生态服务价值空间分布格局情况如下:2000 年的高值区主要分布在渭南市的南部地区,包括华阴市、潼关县、华县和临渭区;低值区主要分布在渭南市中部地区,包括澄城县、合阳县和富平县。2010 年高值区主要包括华阴市、潼关县、华县和临渭区,低值区主要包括澄城县、合阳县和白水县。2000 年渭南市单位面积生态服务价值最大值为 46180.1 元/hm²,最小值为 8127.1 元/hm²,平均值为 24174.2 元/hm²;2010 年最大值为 92941.9 元/hm²,最小值为 9231.8 元/hm²,平均值为 41954.2 元/hm²。2000～2010 年平均值增加了 17780.0 元/hm²,最大值增加了 46761.8 元/hm²,最小值增加了 1104.7 元/hm²(表 6-27)。从像元数量来看,渭南市处于慢速上升阶段的像元数量占 44.55%,中速上升阶段的像元占 38.78%,快速上升阶段的像元占 5.43%,而下降阶段的像元占 11.24%。

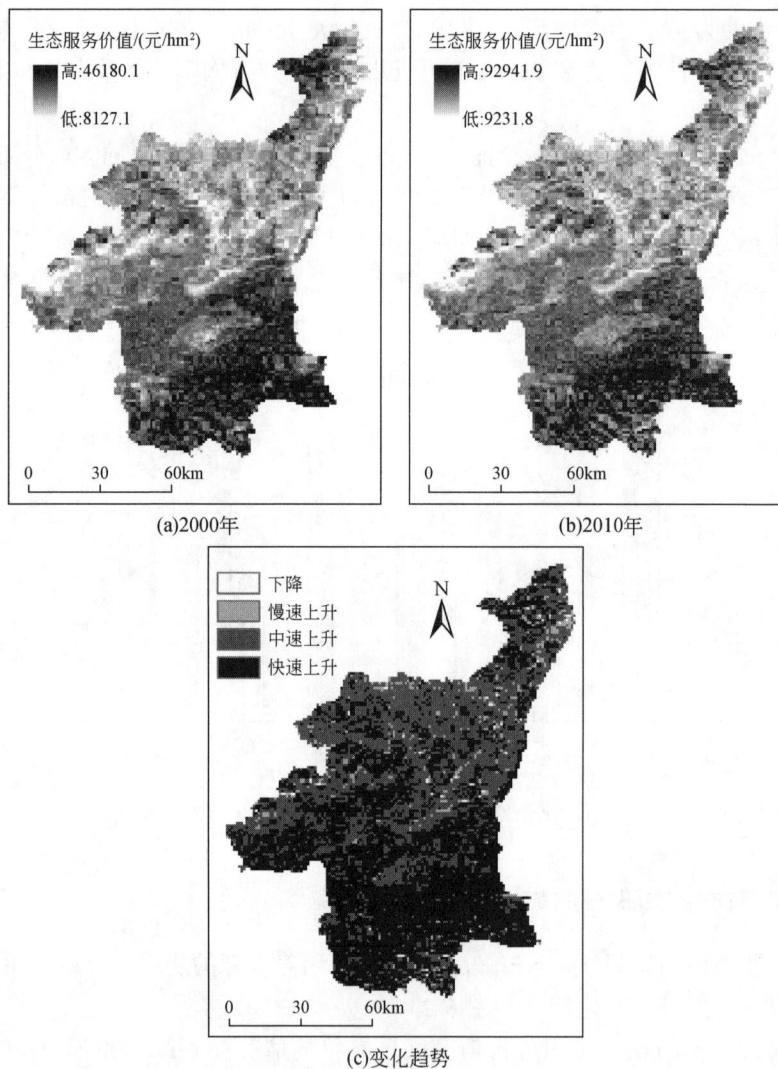

(a)2000年 　　　　　　　(b)2010年

(c)变化趋势

图 6-23　2000～2010 年渭南市单位面积生态服务价值变化

表 6-27　2000～2010 年渭南市单位面积生态服务价值　　（单位：元/hm²）

年份	平均值	最大值	最小值
2000	24174.2	46180.1	8127.1
2010	41954.2	92941.9	9231.8
变化值	17780.0	46761.8	1104.7

　　区县尺度上，渭南市单位面积生态服务价值分布情况如图 6-24 所示。可以看出，渭南市各县市区 2000 年的单位面积生态服务价值差异不大。

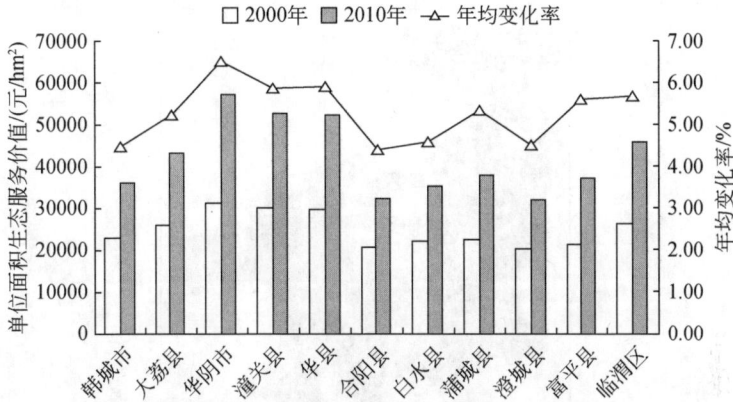

图 6-24 2000～2010 年渭南市各县市区单位面积生态服务价值变化

2000 年渭南市单位面积生态服务价值最高的是华阴市，为 31231.80 元/hm²，其次是潼关县，为 30112.40 元/hm²，最小的是澄城县，为 20175.00 元/hm²。2010 年依旧是华阴市最高，为 57351.80 元/hm²，其次是潼关县，为 52754.50 元/hm²；澄城县最小，为 31863.40 元/hm²。2000～2010 年，各县市区单位面积生态服务价值均有所增加，变化值最大的是华阴市，年均变化率为 6.27%，其次是华县，增幅为 5.82%；合阳县最小，为 4.62%。

6.7.3 安康市生态服务价值

叠加单项生态服务价值图层，得出安康市生态服务价值空间分布图（图 6-25）。

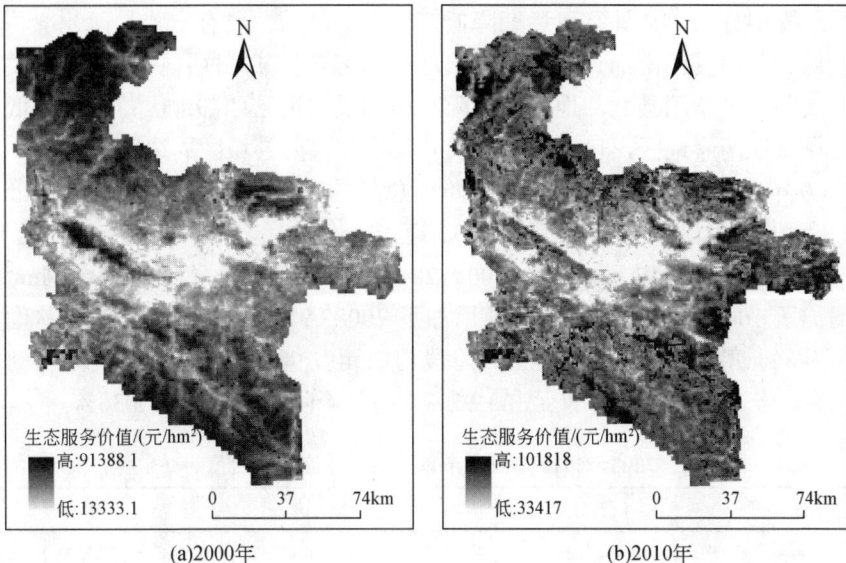

(a)2000年   (b)2010年

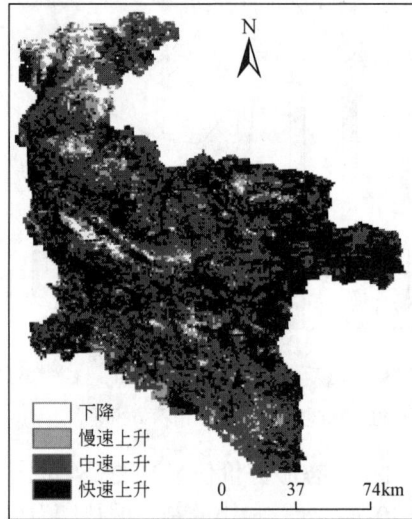

(c)变化趋势

图 6-25　安康市 2000～2010 年生态系统服务价值变化

　　2000 年安康市单位面积生态服务价值较高的区域主要分布在宁陕县、旬阳县北部、岚皋县、镇坪县、平利县南部以及汉阴县和石泉县少部分地区；中值区域则位于紫阳县和平利县北部；较低的区域分布在汉滨区，旬阳县南部，紫阳县、石泉县和汉阴县城区周边。

　　2010 年安康市生态服务价值的最高值与最低值之间差距有所减小，生态服务价值呈现圈层分布，从外往里逐渐降低。较高的区域主要有宁陕县西北部、白河县东南部、紫阳县西南部、平利县与镇坪县东部及相邻地区；中等区域主要有石泉县、汉阴县、紫阳县北部地区、旬阳县南部及白河县西部地区；明显偏低的区域主要在汉江两岸地区，包括汉滨区、石泉县和汉阴县城区周边。

　　2000 年安康市单位面积生态服务价值总量的平均值、最大值和最小值分别为 54512.9 元/hm²、91388.1 元/hm² 和 13333.1 元/hm²；2010 年依次为 69586.8 元/hm²、101818 元/hm² 和 33417 元/hm²。2000～2010 年平均值增加了 15073.9 元/hm²，最大值增加了 10429.9 元/hm²，最小值增加了 20083.9 元/hm²（表 6-28）。从像元的数量来看，研究时段内处于快速上升阶段的像元占 90.79%，中速上升阶段的像元占 3.93%，慢速上升阶段的像元占 1.92%，而下降阶段的像元占 3.36%。

表 6-28　2000～2010 年安康市单位面积生态服务价值　　（单位：元/hm²）

年份	平均值	最大值	最小值
2000	54512.9	91388.1	13333.1

续表

年份	平均值	最大值	最小值
2010	69586.8	101818.0	33417.0
变化值	15073.9	10429.9	20083.9

2000~2010 年安康市各区县单位面积生态服务价值均有不同程度的增加。其中变化值最大的是白河县，变化值为 21034.2 元/hm², 年均变化率为 3.40%；其次是旬阳县，变化值为 17431.6 元/hm², 年均变化率为 2.97%，变化幅度最小的是宁陕县，变化值为 8928.18 元/hm², 年均变化率仅为 1.34%（图 6-26）。

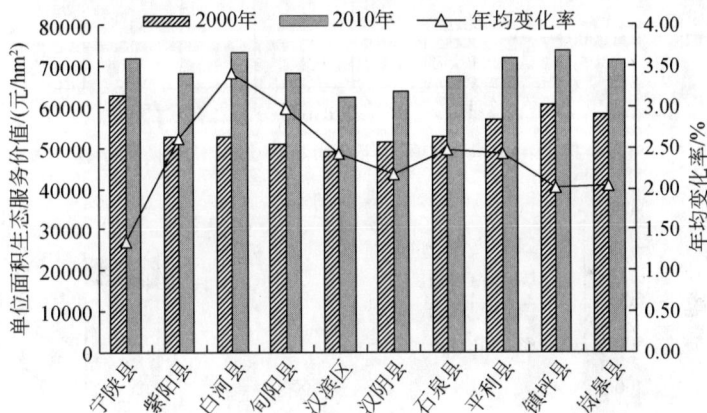

图 6-26 2000~2010 年安康市各区县单位面积生态服务价值变化

6.7.4 三市对比分析

对三市单位面积生态服务价值的平均值进行比较，2000 年榆林市、渭南市和安康市生态服务价值的平均值分别为 7843.6 元/hm²、24148.2 元/hm² 和 55617.8 元/hm²；2010 年分别为 11600.9 元/hm², 41954.2 元/hm² 和 69586.8 元/hm²。2000~2010 年三市单位面积生态服务价值均有不同程度的提高，榆林市、渭南市和安康市单位面积生态服务价值的平均值增长值分别为 3757.3 元/hm²、17806.1 元/hm² 和 13969.0 元/hm²。年均增长率为渭南市>榆林市>安康市，依次为 5.68%、3.99% 和 2.27%（图 6-27）。

从单位面积生态服务价值的构成来看，三市也有很大差异（图 6-28）。以 2010 年为例，安康市单位面积生态服务价值构成中以固碳释氧价值为主，约占安康市单位面积生态服务价值的 85.33%；渭南市以水土保持价值为主，贡献率为 60.14%，其次为水土保持价值，贡献率为 30.74%；榆林市单位面积生态服务价值构成中固碳释氧价值的比例最大，为 65.34%，其次是水土保持价值，为 23.47%。

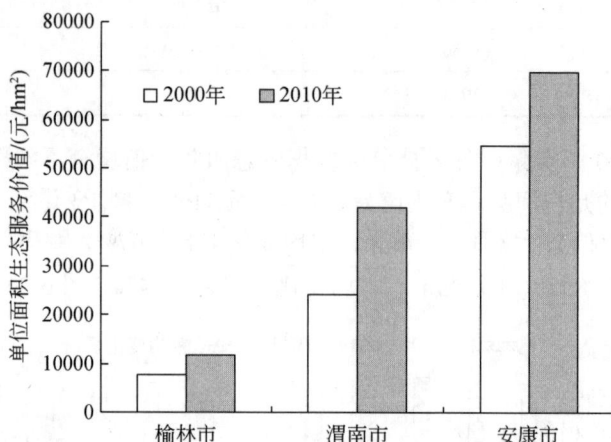

图 6-27　2000 年和 2010 年三市单位面积生态服务价值

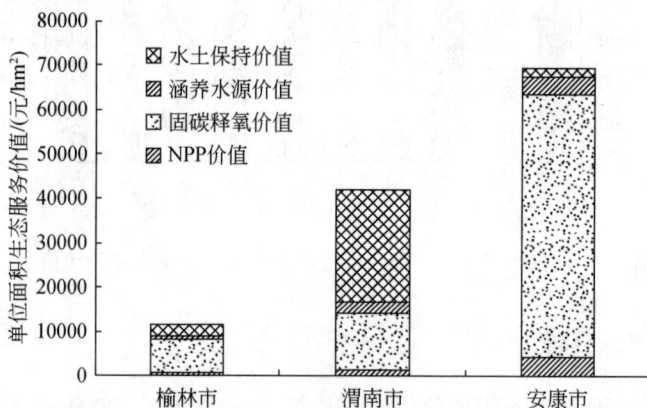

图 6-28　2010 年三市单位面积生态服务价值构成

　　同一生态系统服务价值在不同区域也存在差异，NPP 价值为安康市>渭南市>榆林市，固碳释氧价值为安康市>渭南市>榆林市，涵养水源价值为安康市>渭南市>榆林市，水土保持价值为渭南市>榆林市>安康市，生态服务价值为安康市>渭南市>榆林市。

　　从单位面积生态服务价值构成来看，三市也有很大差异（图 6-29）。

　　榆林市各区县单位面积生态服务价值构成要素的贡献率均为固碳释氧>水土保持>NPP>涵养水源。其中，固碳释氧贡献率较大的区县是榆阳区和神木县，其各自贡献率为 75.89% 和 68.33%，贡献率较小的区县为子洲县，贡献率为 59.53%；水土保持贡献率较大的区县是子洲县和吴堡县，分别为 29.61% 和 28.96%，贡献率最小的区县是榆阳区，为 11.25%。

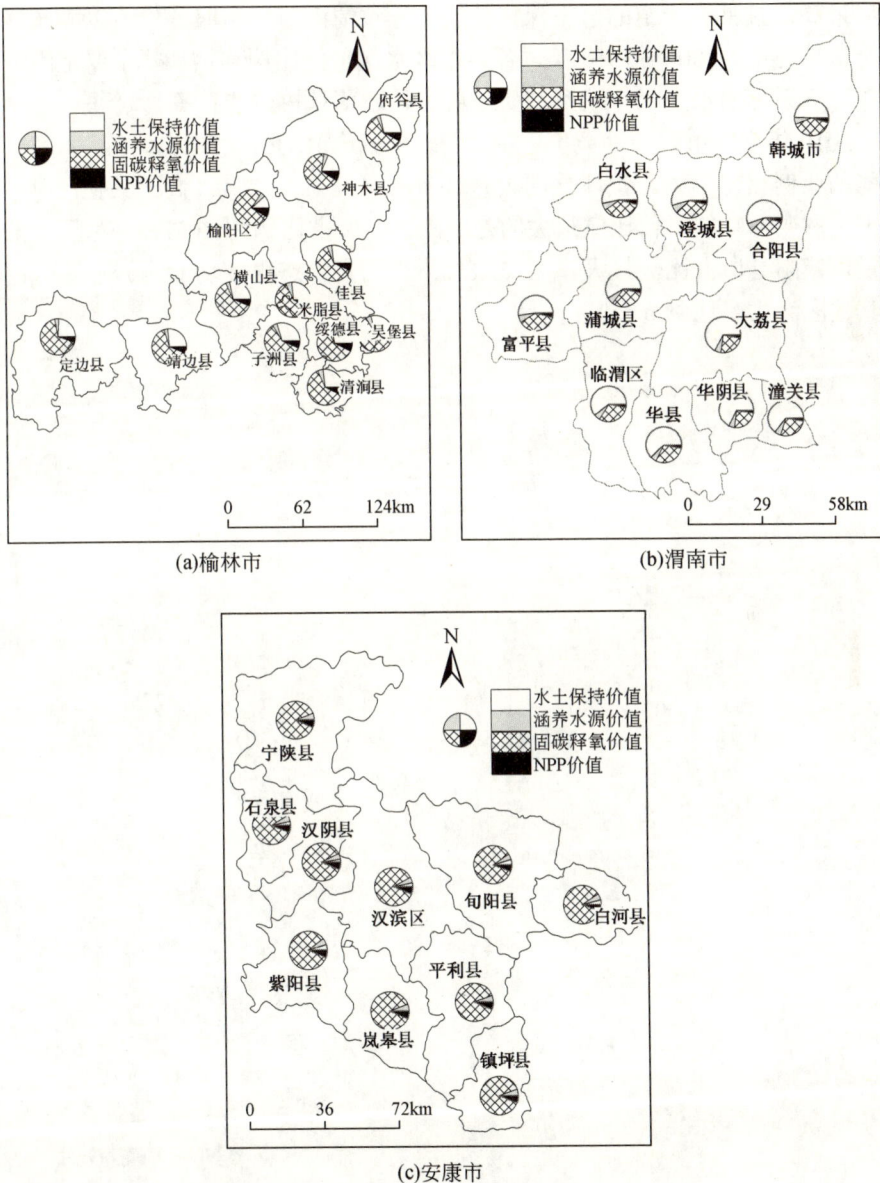

(a)榆林市

(b)渭南市

(c)安康市

图 6-29　2010 年三市单位面积生态服务价值构成比较

　　渭南市 2010 年生态服务价值中水土保持价值所占比例最大，其次是固碳释氧价值，NPP 价值与涵养水源价值所占比例最小。产生这一分布格局及组成比例主要是因为渭南市位于陕西省中部的关中渭河平原地区，以耕地为主，耕地的固碳释氧功能和水土保持功能都较好，其南北主要为林地，林地对固碳释氧的价值贡献率最高，且具有一定的水土保持功能，导致渭南市生态服务价值以固碳释氧和水土保持为主。2000~2010 年，各县市区水保价值比例均增加，主要是因为国家实施了一系列的水土保持政策，如退耕还林还草和植树造林等。

　　2010 年安康市四项功能价值中，固碳释氧价值均占大部分（85%），其余三项功能的比例相差不大。镇坪县固碳释氧所占比例为 88.2%，高于其他区县；NPP所占生态服务功能价值比例最大的是宁陕县，所占比例为 6.57%；对于水土保持来说，紫阳县所占比例最大，为 6.18%；平利县生态服务功能涵养水源所占比例比其他区县大，达到 6.75%。

第7章 生态系统服务响应

土地利用系统是一个复合的人工生态系统，土地利用变化引起生态系统的面积、类型及空间格局发生变化（吴克宁等，2008），不同土地利用结构和空间配置具有不同的生态效应，直接影响物质循环、能量交换、生物生产和生物多样性等陆地主要生态过程的结构和功能，进而影响整个生态系统服务功能和价值。土地利用与生态系统服务是互相影响又互相制约的矛盾统一体。因此，土地利用变化是引起生态系统服务价值变化的关键因素。

土地利用方式与生态系统服务的密切关系主要体现在不同土地利用类型的各单项生态系统服务存在差异。土地利用方式变化导致各单项生态系统服务价值的变化，从而影响生态系统服务总价值（王军等，2015）。

本章通过建立研究区 2000～2010 年不同土地利用转移流中携带的生态服务价值转移流，为科学认识生态系统服务价值变化对土地利用变化的响应服务，为生态环境的恢复与重建、土地利用结构优化布局提供科学依据，也为促进生态环境和社会经济可持续发展提供服务。

7.1 NPP 价值对土地转移流的响应

7.1.1 榆林市 NPP 价值对土地转移流的响应

2000～2010 年，伴随着土地利用变化，榆林市 NPP 价值也发生了较大的变化（表 7-1）。

表 7-1 榆林市 NPP 对土地利用转移流的响应定量测度表

转移类型	土地转移流/hm²	比例/%	单位面积 NPP 价值变化/(元/hm²)	区域 NPP 价值变化/万元
耕转林	657573.0	23.18	185.10	12171.68
耕转草	517432.0	18.24	-32.46	-1679.38
耕转水	24728.5	0.87	-511.49	-1264.83
耕转建	41631.1	1.47	-474.82	-1976.74
耕转未	57219.2	2.02	-405.26	-2318.88
林转耕	23798.7	0.84	-185.10	-440.51

转移类型	土地转移流/hm²	比例/%	单位面积 NPP 价值变化/(元/hm²)	区域 NPP 价值变化/万元
林转草	76039.3	2.68	-217.56	-1654.28
林转水	1834.1	0.06	-696.59	-127.76
林转建	4470.8	0.16	-659.92	-295.04
林转未	11346.4	0.40	-590.36	-669.85
草转耕	186539.7	6.57	32.46	605.43
草转林	641359	22.60	217.56	13953.15
草转水	47776.8	1.68	-479.03	-2288.65
草转建	73263.2	2.58	-442.37	-3240.93
草转未	211150.2	7.44	-372.81	-7871.83
水转耕	7961.4	0.28	511.49	407.21
水转林	9432.5	0.33	696.59	657.05
水转草	8508.0	0.30	479.03	407.56
水转建	7862.2	0.28	36.66	28.82
水转未	2231.3	0.08	106.22	23.70
建转耕	3716.6	0.13	474.82	176.47
建转林	3744.8	0.13	659.92	247.13
建转草	2774.6	0.10	442.37	122.74
建转水	857.6	0.03	-36.66	-3.14
建转未	563.4	0.02	69.56	3.92
未转耕	14419.4	0.51	405.26	584.36
未转林	23889.0	0.84	590.36	1410.32
未转草	155093.4	5.47	372.81	5781.99
未转水	5879.2	0.21	-106.22	-62.45
未转建	14325.5	0.50	-69.56	-99.65
合计	2837420.9	100.00	—	12587.61

榆林市 2000~2010 年土地利用转移流与 NPP 响应关系如图 7-1 所示。

2000~2010 年，榆林市土地利用转移流中，引起 NPP 价值增加的土地利用转移类型共有 15 种，按照对 NPP 价值增长的贡献大小依次为草地转林地、耕地转林地、未利用地转草地、未利用地转林地、水域转林地、草地转耕地、未利用地转耕地、水域转草地、水域转耕地、建设用地转林地、建设用地转耕地、建设用地转草地、水域转建设用地、水转未利用地和建设用地转未利用地；剩余的 15 种土地利用转移流引起 NPP 价值降低。

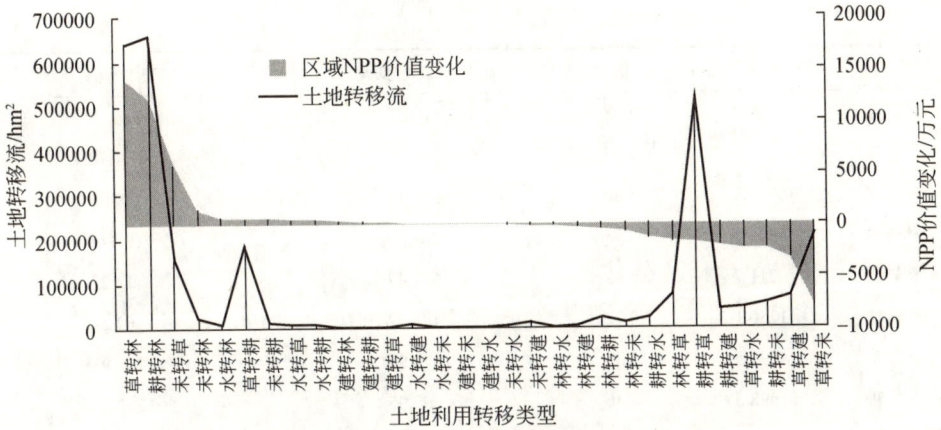

图 7-1 榆林市 2000～2010 年土地转移流与 NPP 响应关系

导致 NPP 价值增加的土地利用转移类型比较集中，影响程度最显著的 3 种为草地转林地、耕地转林地和未利用地转草地的土地转移流，分别为 641359.0hm²、657573.0hm² 和 155093.4hm²，占榆林市土地利用转移流的比例依次为 22.60%、23.18%和 5.47%，与之相应的土地利用转移流对应的 NPP 价值增加值依次为 13953.15 万元、12171.68 万元和 5781.99 万元，占 NPP 价值增加值的比例分别为 38.14%、33.27%和 15.81%，合计占 87.22%。因此，草地转林地、耕地转林地和未利用地转草地是榆林市最主要的 NPP 价值增加渠道。

导致 NPP 价值降低的土地利用转移类型主要是草地转未利用地流，为 211150.2hm²，占榆林市土地利用转移流的 7.44%，导致 NPP 降低 7871.83 万元，占 NPP 降低值的 32.80%。其次是草地转建设用地流，为 73263.2hm²，占榆林市土地利用转移流的 2.58%，导致 NPP 降低 3240.93 万元，占 NPP 降低值的 13.50%。第三位是耕地转未利用地流，为 57219.2hm²，占榆林市土地利用转移流的 2.02%，导致 NPP 降低 2318.88 万元，占 NPP 降低值的 9.66%。三者合计占 NPP 降低值的 55.96%。

7.1.2 渭南市 NPP 价值对土地转移流的响应

2000～2010 年渭南市 NPP 价值对土地利用转移流的响应情况如表 7-2 所示。

表 7-2 渭南市 NPP 对土地利用转移流的响应定量测度表

转移类型	土地转移流/hm²	比例/%	单位面积 NPP 价值变化/（元/hm²）	区域 NPP 价值变化/万元
耕转林	33260.1	19.19	338.15	1124.69
耕转草	14983.7	8.65	69.95	104.81
耕转水	3935.4	2.27	−333.32	−131.17

续表

转移类型	土地转移流/hm²	比例/%	单位面积 NPP 价值变化/（元/hm²）	区域 NPP 价值变化/万元
耕转建	22842.4	13.18	−160.57	−366.78
耕转未	53.3	0.03	−333.80	−1.78
林转耕	10053.5	5.80	−338.15	−339.96
林转草	4826.2	2.78	−268.20	−129.44
林转水	211.7	0.12	−671.47	−14.22
林转建	1250.1	0.72	−498.72	−62.34
林转未	4091.5	2.36	−671.95	−274.93
草转耕	31998.5	18.46	−69.95	−223.83
草转林	16079.2	9.28	268.20	431.24
草转水	1117.7	0.64	−403.27	−45.07
草转建	1865.5	1.08	−230.52	−43.00
草转未	259.2	0.15	−403.75	−10.47
水转耕	6256.2	3.61	333.32	208.53
水转林	147.3	0.08	671.47	9.89
水转草	3996.2	2.31	403.27	161.15
水转建	64.8	0.04	172.75	1.12
水转未	40.3	0.02	−0.48	0.00
建转耕	13034.6	7.52	160.57	209.30
建转林	75.8	0.04	498.72	3.78
建转草	224.1	0.13	230.52	5.17
建转水	554.2	0.32	−172.75	−9.57
建转未	12.6	0.01	−173.23	−0.22
未转耕	293.9	0.17	333.80	9.81
未转林	129.7	0.07	671.95	8.72
未转草	366.5	0.21	403.75	14.80
未转水	1270.8	0.73	0.48	0.06
未转建	7.3	0.00	173.23	0.13
合计	173302.3	99.97	—	640.41

2000～2010 年，渭南市引起 NPP 价值增加的土地利用转移类型共有 15 种，其他引起 NPP 价值降低的土地利用转移流也有 15 种（图 7-2）。

导致 NPP 价值增加土地利用转移类型中，影响程度最大的是耕地转林地流，达 33260.1hm²，占渭南市土地利用转移流的比例为 19.19%，使得 NPP 价值增加

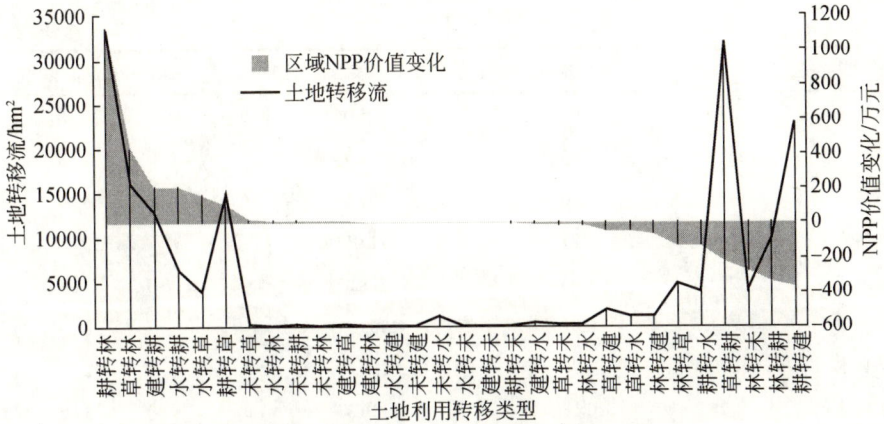

图 7-2　渭南市 2000～2010 年土地转移流与 NPP 响应关系

了 1124.69 万元，占 NPP 价值增加值的 49.05%；其次是草地转林地流，为 16079.20hm^2，占渭南市土地利用转移流的比例为 9.28%，使得 NPP 价值增加了 431.24 万元，占 NPP 价值增加值的 18.81%。另外，建设用地转耕地流、水域转耕地流、水域转草地流和耕地转草地流对 NPP 的影响也较大，土地转移流分别为 13034.60hm^2、6256.20hm^2、3996.20hm^2 和 14983.70hm^2，对应的区域 NPP 增加值依次为 209.30 万元、208.53 万元、161.15 万元和 104.81 万元，占 NPP 增加值的比例相应为 9.13%、9.09%、7.03% 和 4.57%。

导致 NPP 价值降低土地利用转移类型中，影响度最大的有耕地转建设用地流和林地转耕地流，分别为 22842.40hm^2 和 10053.50hm^2，造成 NPP 价值分别降低 366.78 万元和 339.96 万元，占降低值的 22.19% 和 20.57%；其次为林地转未利用地流和草地转耕地流，分别为 4091.50hm^2 和 31998.50hm^2，导致 NPP 价值降低 274.93 万元和 223.83 万元，分别占 NPP 降低值的 16.63% 和 13.54%。另外，耕地转水域流和林地转草地也值得重视，分别为 3935.40hm^2 和 4826.20hm^2，造成渭南市 NPP 价值降低 131.17 万元和 129.44 万元，占 NPP 降低值的 7.94% 和 7.83%。其他土地利用转移流造成的 NPP 价值降低程度都很小。

7.1.3　安康市 NPP 价值对土地转移流的响应

2000～2010 年安康市 NPP 价值对土地利用转移流的响应统计如表 7-3 所示。

表 7-3　安康市 NPP 对土地利用转移流的响应定量测度表

转移类型	土地转移流/hm^2	比例/%	单位面积 NPP 价值变化/（元/hm^2）	区域 NPP 价值变化/万元
耕转林	9962.3	67.14	528.67	526.68

续表

转移类型	土地转移流/hm²	比例/%	单位面积 NPP 价值变化/（元/hm²）	区域 NPP 价值变化/万元
耕转草	11.9	0.08	−825.04	−0.98
耕转水	1013.9	6.83	−1701.94	−172.56
耕转建	973.4	6.56	−1607.64	−156.49
耕转未	180.0	1.21	−1712.13	−30.82
林转耕	214.6	1.45	−528.67	−11.35
林转草	1.7	0.01	−1353.71	−0.23
林转水	279.6	1.88	−2230.61	−62.37
林转建	26.2	0.18	−2136.31	−5.60
林转未	37.5	0.25	−2240.80	−8.40
草转耕	5.2	0.04	825.04	0.43
草转林	9.5	0.06	1353.71	1.29
草转水	55.5	0.37	−876.90	−4.87
草转建	0.2	0.00	−782.60	−0.02
草转未	0	0.00	−887.09	0.00
水转耕	46.1	0.31	1701.94	7.85
水转林	27.2	0.18	2230.61	6.07
水转草	0.4	0.00	876.90	0.04
水转建	5.7	0.04	94.30	0.05
水转未	11.3	0.08	−10.19	−0.01
建转耕	14.4	0.10	1607.64	2.32
建转林	1.4	0.01	2136.31	0.30
建转草	0	0.00	782.60	0.00
建转水	3.2	0.02	−94.30	−0.03
建转未	0.1	0.00	−104.49	0.00
未转耕	92.0	0.62	1712.13	15.75
未转林	32.1	0.22	2240.80	7.19
未转草	0.1	0.00	887.09	0.01
未转水	1803.4	12.15	10.19	1.84
未转建	28.8	0.19	104.49	0.30
合计	14837.7	100.00	—	116.38

根据表 7-3，作出安康市 2000～2010 年土地利用转移流与 NPP 响应关系图

（图 7-3）。2000～2010 年安康市土地利用转移流中，引起 NPP 价值增加的土地利用转移类型共有 14 种类型，导致 NPP 价值降低的土地利用转移流有 14 种（没有建设用地转草地流和草地转未利用地流）。

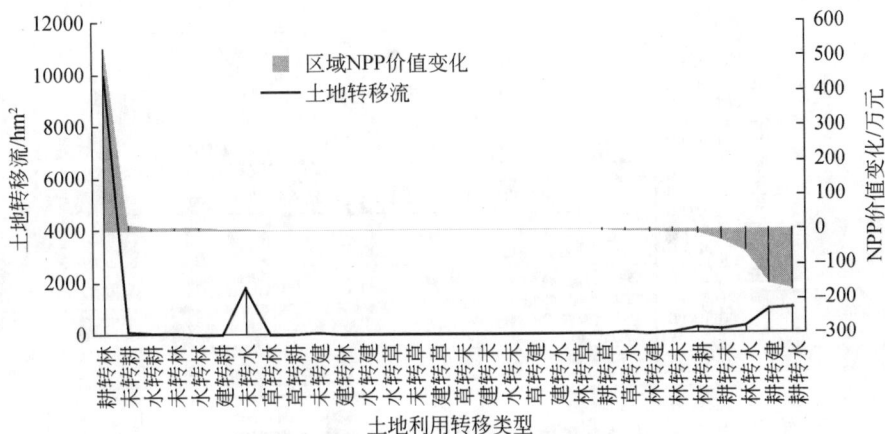

图 7-3　安康市 2000～2010 年土地转移流与 NPP 响应关系

导致 NPP 价值增加土地利用转移类型中，影响程度最大的是耕地转林地流，达 9962.30hm^2，占安康市土地利用转移流的 67.14%，使得 NPP 价值增加了 526.68 万元，占 NPP 价值增加值的 92.38%。除此之外，未利用地转耕地、水域转耕地、未利用地转林地和水域转林地的转移流导致 NPP 价值增加较明显，占 NPP 价值增加值的比例分别为 2.76%、1.38%、1.26% 和 1.06%，其他土地利用转移流引起的 NPP 价值增值很小。

导致 NPP 价值降低土地利用转移类型中，影响度最大的有耕地转建设用地流和耕地转水域流，分别为 1013.90hm^2 和 973.40hm^2，造成 NPP 价值降低 172.5 万元和 6156.49 万元，占降低值的 38.03% 和 34.49%；其次为耕地转未利用地流和林地转水域流，分别为 279.60hm^2 和 180.00hm^2，导致 NPP 降低 62.37 万元和 30.82 万元，分别占 NPP 降低值的 13.75% 和 6.79%。上述四种土地利用转移流导致安康市 NPP 降低占总降低值的 93.06%。其他土地利用转移流造成的 NPP 价值降低程度都很小。

7.1.4 三市对比分析

从 NPP 价值对单位面积的土地利用转移流响应情况来看，不同地区 NPP 价值对同一类型土地利用转移流相应的敏感程度不一样。例如，榆林市耕地转林地流 NPP 价值增值额度为 185.10 元/hm^2，渭南市为 338.15 元/hm^2，安康市为 528.67 元/hm²。对本书列入的 30 种土地利用转移流的 NPP 价值响应阈值做统计发现，安康市的阈值最大，为-2240.80～2240.80 元/hm²；其次是榆林市，为-696.59～696.59 元/hm²；渭南市最低，为-671.95～671.95 元/hm²（图 7-4）。

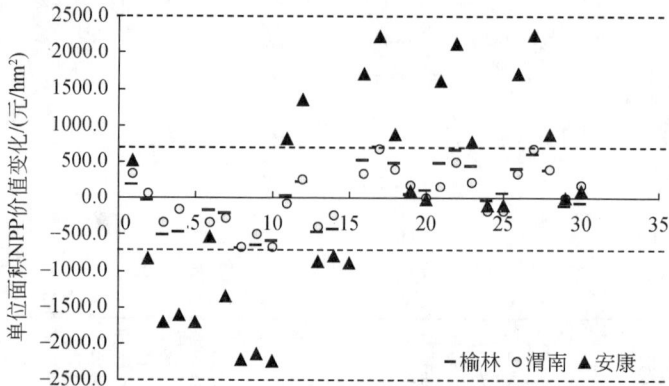

图 7-4　土地利用变化引起的单位面积 NPP 价值变化区间

从区域角度看，受土地利用转移流数量和 NPP 响应敏感度的综合作用，对榆林市、渭南市和安康市 NPP 价值影响显著的土地利用转移流有很大差异。2000～2010 年，草地转林地、耕地转林地和未利用地转草地是榆林市最主要的 NPP 价值增加渠道，占 NPP 价值增加值的比例分别为 38.14%、33.27% 和 15.81%。对渭南市 NPP 价值增加值贡献率最大的是耕地转林地流，占 NPP 价值增加值的 49.05%，其次是草地转林地流，贡献率为 18.81%。安康市主要是耕地转林地流，对安康市 NPP 价值增加值贡献率占 92.38%。

2000～2010 年，导致榆林市 NPP 价值降低的土地利用转移类型主要是草地转未利用地流，占 NPP 降低值的 32.80%，其次是草地转建设用地流和耕地转未利用地流，贡献率依次为 13.50% 和 9.66%。导致渭南市 NPP 价值降低的土地利用转移类型中，影响度较大的是耕地转建设用地流和林地转耕地流，贡献率分别为 22.19% 和 20.57%，其次为林地转未利用地流和草地转耕地流，贡献率分别为 16.63% 和 13.54%。导致安康市 NPP 价值降低的土地利用转移类型中，主要是耕地转建设用地流和耕地转水域流，贡献率分别为 38.03% 和 34.49%。

7.2　固碳释氧价值对土地转移流的响应

7.2.1　榆林市固碳释氧价值对土地转移流的响应

2000～2010 年土地利用转移流引起的固碳释氧价值变化见表 7-4。

表 7-4　榆林市固碳释氧对土地利用转移流的响应定量测度表

转移类型	土地转移流/hm²	比例/%	单位面积固碳释氧价值变化/（元/hm²）	区域固碳释氧价值变化/万元
耕转林	657573.0	23.18	1617.92	106390.05
耕转草	517432.0	18.24	-616.91	-31920.90
耕转水	24728.5	0.87	-5508.45	-13621.58
耕转建	41631.1	1.47	-5572.49	-23198.87
耕转未	57219.2	2.02	-4347.91	-24878.37
林转耕	23798.7	0.84	-1617.92	-3850.44
林转草	76039.3	2.68	-2234.83	-16993.49
林转水	1834.1	0.06	-7126.37	-1307.05
林转建	4470.8	0.16	-7190.41	-3214.69
林转未	11346.4	0.40	-5965.83	-6769.07
草转耕	186539.7	6.57	616.91	11507.82
草转林	641359.0	22.60	2234.83	143332.83
草转水	47776.8	1.68	-4891.54	-23370.24
草转建	73263.2	2.58	-4955.58	-36306.13
草转未	211150.2	7.44	-3731.00	-78780.07
水转耕	7961.4	0.28	5508.45	4385.50
水转林	9432.5	0.33	7126.37	6721.95
水转草	8508.0	0.30	4891.54	4161.73
水转建	7862.2	0.28	-64.03	-50.34
水转未	2231.3	0.08	1160.55	258.95
建转耕	3716.6	0.13	5572.49	2071.07
建转林	3744.8	0.13	7190.41	2692.66
建转草	2774.6	0.10	4955.58	1374.97
建转水	857.6	0.03	64.03	5.49
建转未	563.4	0.02	1224.58	68.99
未转耕	14419.4	0.51	4347.91	6269.42
未转林	23889.0	0.84	5965.83	14251.76
未转草	155093.4	5.47	3731.00	57865.29
未转水	5879.2	0.21	-1160.55	-682.31
未转建	14325.5	0.50	-1224.58	-1754.27
合计	2837420.9	100.00	—	94660.70

根据表 7-4，作出榆林市土地利用转移流与固碳释氧响应关系图（图 7-5）。

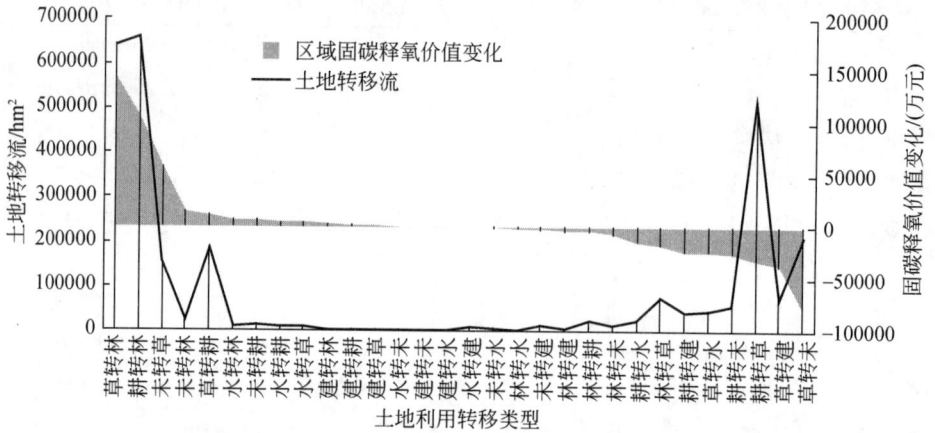

图 7-5 榆林市 2000～2010 年土地转移流与固碳释氧价值响应关系

可以看出，2000～2010 年榆林市土地转移流中，引起固碳释氧价值增加和降低的土地利用转移类型各 15 种。

从数量上来分析，引起榆林市固碳释氧价值增加的土地利用转移流主要为草地转林地流、耕地转林地流和未利用地转林地流，三者在 2000～2010 年分别为 641359hm^2、657573hm^2 和 155093.4hm^2，分别占土地利用转移流的 22.60%、23.18% 和 5.47%，其引起的固碳释氧价值增加值分别为 143332.83 万元、106390.05 万元和 57865.29 万元，占固碳释氧价值增长值的比例依次为 39.66%、29.44% 和 16.01%。

同期，导致固碳释氧价值降低的土地利用转移流中，贡献度最大的是草地转未利用地流，其转移流为 211150.2hm^2，占同期土地转移流的比例为 7.44%，其所引起的固碳释氧价值降低值达到了 78780.06 万元，占所有固碳释氧价值降低值的 29.54%。其次是草地转建设用地流和耕地转草地流，分别为 73263.2hm^2 和 517432hm^2，占同期土地转移流的比例依次为 2.58% 和 18.24%，二者引起的固碳释氧价值降低量分别达到 36306.13 万元和 31920.90 万元，依次占比为 13.61% 和 11.97%。另外，耕地转未利用地流、草地转水域流、耕地转建设用地、林地转草地流和耕地转水域流的固碳释氧价值降低值依次为 9.33%、8.76%、8.70%、6.38% 和 5.11%。其他类型的转移流的贡献度均很小。

7.2.2 渭南市固碳释氧价值对土地转移流的响应

2000～2010 年，伴随着土地利用变化，渭南市固碳释氧价值价值也发生了较大变化（表 7-5）。

表 7-5 渭南市固碳释氧对土地利用变化的响应定量测度表

转移类型	土地转移流/hm²	比例/%	单位面积固碳释氧价值变化/（元/hm²）	区域固碳释氧价值变化/万元
耕转林	33260.1	19.19	2928.50	9740.22
耕转草	14983.7	8.65	-1100.10	-1648.36
耕转水	3935.4	2.27	-3499.05	-1377.02
耕转建	22842.4	13.18	-2933.76	-6701.42
耕转未	53.3	0.03	-3867.07	-20.61
林转耕	10053.5	5.80	-2928.50	-2944.17
林转草	4826.2	2.78	-4028.60	-1944.28
林转水	211.7	0.12	-6427.55	-136.07
林转建	1250.1	0.72	-5862.26	-732.84
林转未	4091.5	2.36	-6795.57	-2780.41
草转耕	31998.5	18.46	1100.10	3520.15
草转林	16079.2	9.28	4028.60	6477.67
草转水	1117.7	0.64	-2398.95	-268.13
草转建	1865.5	1.08	-1833.66	-342.07
草转未	259.2	0.15	-2766.97	-71.72
水转耕	6256.2	3.61	3499.05	2189.08
水转林	147.3	0.08	6427.55	94.68
水转草	3996.2	2.31	2398.95	958.67
水转建	64.8	0.04	565.29	3.66
水转未	40.3	0.02	-368.02	-1.48
建转耕	13034.6	7.52	2933.76	3824.04
建转林	75.8	0.04	5862.26	44.44
建转草	224.1	0.13	1833.66	41.09
建转水	554.2	0.32	-565.29	-31.33
建转未	12.6	0.01	-933.30	-1.18
未转耕	293.9	0.17	3867.07	113.65
未转林	129.7	0.07	6795.57	88.14
未转草	366.5	0.21	2766.97	101.41
未转水	1270.8	0.73	368.02	46.77
未转建	7.3	0.00	933.30	0.68
合计	173302.3	99.97	—	8243.26

  根据表 7-5，作出渭南市 2000～2010 年土地利用转移流与固碳释氧响应关系图（图 7-6）。可以看出，2000～2010 年渭南市土地利用转移流中，引起固碳释氧价值增加的土地利用转移类型共有 15 种，导致固碳释氧价值降低的土地利用转移流也有 15 种。

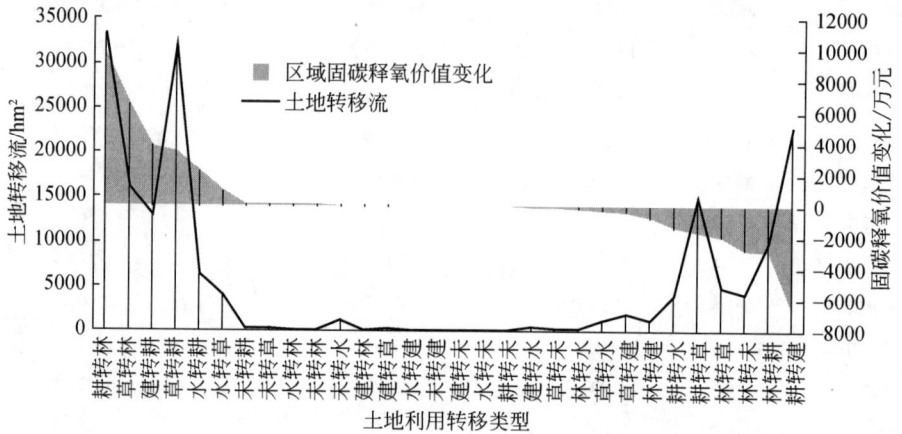

图 7-6 渭南市 2000～2010 年土地转移流与固碳释氧价值响应关系

  2000～2010 年，导致渭南市固碳释氧价值增加的土地利用转移流主要是耕地转林地流和草地转林地流，二者的转移流分别为 33260.1hm² 和 16079.2hm²，各占土地利用转移流的 19.19% 和 9.28%，引起的固碳释氧价值增加值分别为 9740.22 万元和 6477.67 万元，占固碳释氧价值增长值的比例分别为 35.75% 和 23.78%。其次，建设用地转耕地流和草地转耕地流引起的固碳释氧价值增加也比较明显。2000～2010 年，建设用地转耕地流达 13034.6hm²，占土地转移流的 7.52%，其导致的固碳释氧价值增加额度达到 3824.04 万元，占固碳释氧价值增加额度的 14.04%；同期，草地转耕地流达 31998.5hm²，转土地转移流的 18.46%，固碳释氧价值增加额度为 3520.15 万元，占固碳释氧价值增加额度的 8.03%。这四种土地利用转移流导致固碳释氧价值增加份额合计占总量的 84.48%，足见其影响度之大。

  同期，导致固碳释氧价值降低的转移流主要是耕地转建设用地流，达 22842.4hm²，占土地转移流总量的 13.18%，导致固碳释氧价值降低 6701.42 万元，占同期固碳释氧价值降低额度的 35.27%；其次为林地转耕地流，达 10053.5hm²，占土地转移流总量的 5.80%，导致固碳释氧价值降低 2944.17 万元，占同期固碳释氧价值降低额度的 15.49%；位于第三位的是林地转未利用地流，达 4091.5hm²，占土地转移流总量的 2.36%，导致固碳释氧价值降低 2780.41 万元，占同期固碳释氧价值降低额度的 14.63%；位于第四位的是林地转草地流，达 4826.2hm²，占土地转移流总量的 2.78%，导致固碳释氧价值降低 1944.28 万元，占同期固碳释氧价值降低额度的 10.23%；位于第五位的是林地转草地流，达 14983.7hm²，占土地转移流总量的 8.65%，导致固碳释氧价值降低 1648.36 万元，占同期固碳释氧价值降低额度的 8.68%。这五种土地利用转移流引起的固碳释氧价值降低额度合计占总量的 84.30%。

7.2.3　安康市固碳释氧价值对土地转移流的响应

2000～2010 年，伴随着土地利用变化，安康市的固碳释氧价值发生了较大变化（表 7-6）。

表 7-6　安康市固碳释氧对土地利用转移流的响应定量测度表

转移类型	土地转移流/hm²	比例/%	单位面积固碳释氧价值变化/（元/hm²）	区域固碳释氧价值变化/万元
耕转林	9962.3	67.14	6919.90	6893.81
耕转草	11.9	0.08	-13475.70	-16.04
耕转水	1013.9	6.83	-22399.44	-2271.08
耕转建	973.4	6.56	-16048.68	-1562.18
耕转未	180.0	1.21	-22315.61	-401.68
林转耕	214.6	1.45	-6919.90	-148.50
林转草	1.7	0.01	-20395.60	-3.47
林转水	279.6	1.88	-29319.34	-819.77
林转建	26.2	0.18	-22968.58	-60.18
林转未	37.5	0.25	-29235.51	-109.63
草转耕	5.2	0.04	13475.70	7.01
草转林	9.5	0.06	20395.60	19.38
草转水	55.5	0.37	-8923.74	-49.53
草转建	0.2	0.00	-2572.98	-0.05
草转未	0	0.00	-8839.91	0.00
水转耕	46.1	0.31	22399.44	103.26
水转林	27.2	0.18	29319.34	79.75
水转草	0.4	0.00	8923.74	0.36
水转建	5.7	0.04	6350.76	3.62
水转未	11.3	0.08	83.83	0.09
建转耕	14.4	0.10	16048.68	23.11

转移类型	土地转移流/hm²	比例/%	单位面积固碳释氧价值变化/（元/hm²）	区域固碳释氧价值变化/万元
建转林	1.4	0.01	22968.58	3.22
建转草	0	0.00	2572.98	0.00
建转水	3.2	0.02	-6350.76	-2.03
建转未	0.1	0.00	-6266.92	-0.06
未转耕	92.0	0.62	22315.61	205.30
未转林	32.1	0.22	29235.51	93.85
未转草	0.1	0.00	8839.91	0.09
未转水	1803.4	12.15	-83.83	-15.12
未转建	28.8	0.19	6266.92	18.05
合计	14837.7	99.98	—	1991.58

可以看出，2000～2010 年安康市土地利用转移流中，引起固碳释氧价值增加的土地利用转移类型共有 14 种类型，包括林地的转入流、耕地的转入流（除林地转耕地流外），以及水转草地流、未利用地转草地流、建设用地转草地流、未利用地转水域流、水域转建设用地流和未利用地转建设用地流；与之相反的 15 种转移流导致固碳释氧价值降低（图 7-7）。

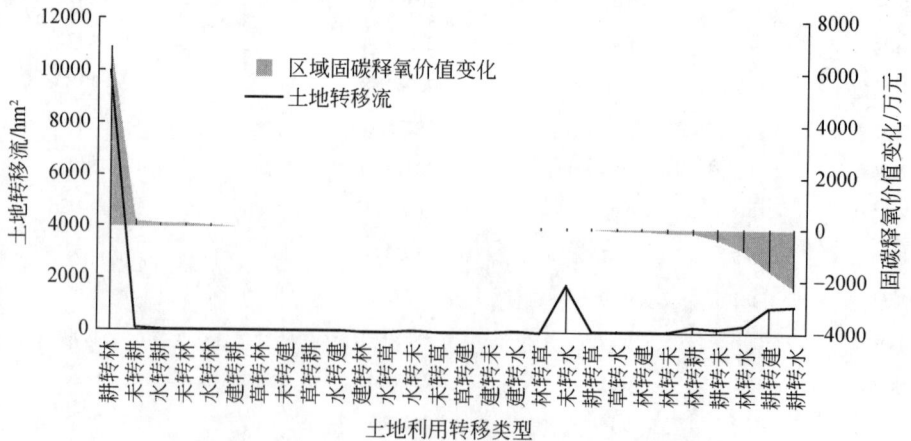

图 7-7　安康市 2000～2010 年土地转移流与固碳释氧价值响应关系

从数量上分析，导致安康市固碳释氧价值增加的土地利用转移流主要为耕地转林地流，达 9962.3hm²，占土地利用转移流的 67.14%，其引起的固碳释氧价值增加值分别为 6893.81 万元，占固碳释氧价值增长值的比例为 92.52%。其他土地利用转移流导致固碳释氧价值增加的比例为 7.48%。

同期，导致固碳释氧价值降低的土地利用转移类型中，贡献度最大的是耕地转水域流，达 1013.9hm²，占土地转移流总量的 6.83%，导致固碳释氧价值降低 2271.08 万元，占同期土地利用变化引起的固碳释氧价值降低额度的 41.60%；其次为耕地转建设用地流，达 973.4hm²，占土地转移流总量的 6.56%，导致固碳释氧价值降低 1562.18 万元，占同期土地利用变化引起的固碳释氧价值降低额度的 28.61%；位于第三位的是林地转水域流，达 279.6hm²，占土地转移流总量的 1.88%，导致固碳释氧价值降低 819.77 万元，占同期土地利用变化引起的固碳释氧价值降低额度的 15.02%；位于第四位的是耕地转未利用流，达 180hm²，占土地转移流总量的 1.21%，导致固碳释氧价值降低 401.68 万元，占同期土地利用变化引起的固碳释氧价值降低额度的 7.36%。这四种土地利用转移流引起的固碳释氧价值降低额度合计占总量的 92.59%。其余土地利用转移流引起的固碳释氧价值降低额度合计占总量的 7.41%。

7.2.4　三市对比分析

从固碳释氧价值对单位面积的土地利用转移流响应情况来看，不同地区固碳释氧价值对同一类型土地利用转移流相应的敏感程度不一样。例如，榆林市耕地转林地流的固碳释氧价值增值额度为 1617.92 元/hm²，渭南市为 2928.50 元/hm²，安康市为 6919.90 元/hm²。对本书列入的 30 种土地利用转移流的固碳释氧价值响应阈值做统计发现，安康市阈值最大，为 -29319.34～29319.34 元/hm²；其次是榆林市，为 -7190.41～7190.41 元/hm²；渭南市最低，为 -6795.57～6795.57 元/hm²（图 7-8）。

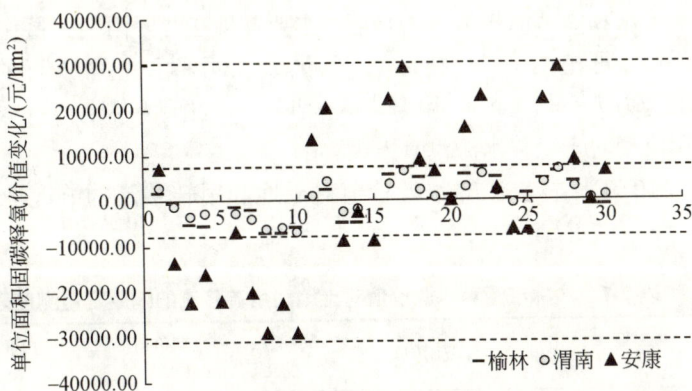

图 7-8　土地利用变化引起的单位面积固碳释氧价值变化区间

从区域角度看，受土地利用转移流数量和固碳释氧价值响应敏感度的综合作用，对榆林市、渭南市和安康市固碳释氧价值影响显著的土地利用转移流有很大差异。2000～2010 年，引起榆林市固碳释氧价值增加的土地利用转移流主要为草地转林地流、耕地转林地流和未利用地转林地流，占固碳释氧价值增加值的比例依次为 39.66%、29.44% 和 16.01%。使得渭南市固碳释氧价值增加的土地利用转移流主要是耕地转林地流和草地转林地流，占固碳释氧价值增加值的比例分别为 35.75% 和 23.78%。导致安康市固碳释氧价值增加的土地利用转移流主要为耕地转林地流，占固碳释氧价值增加值的比例为 92.52%。

2000～2010 年，导致榆林市固碳释氧价值降低贡献度最大的是草地转未利用地流，贡献率为 29.54%；其次是草地转建设用地流和耕地转草地流，贡献率为 13.61% 和 11.97%。导致渭南市固碳释氧价值降低的转移流主要是耕地转建设用地流，占固碳释氧价值降低额度的 35.27%；其次为林地转耕地流、林地转未利用地流和林地转草地流，占固碳释氧价值降低值额度的 15.49%、14.63% 和 10.23%。导致安康市固碳释氧价值降低的土地利用转移类型中，贡献度最大的是耕地转水域流，贡献率为 41.60%；其次为耕地转建设用地流，为 28.61%；位于第三位的是林地转水域流，为 15.02%。

7.3　涵养水源价值对土地转移流的响应

7.3.1　榆林市涵养水源价值对土地转移流的响应

生态系统的生态效益之一是涵养水源，经济学家则称之为森林环境资源的非消耗性利用价值。一般来说，涵养水源的主要功能体现者是植被，是指植被涵蓄土壤水分、补充地下水和调节河川流量的功能，主要体现在对降雨的拦蓄作用，是由植被的三个作用层，即植被层、枯枝落叶层和土壤层对降雨进行再分配的复杂过程。而涵养水源的能力大小与土地利用类型有密切关系，表现为林地>草地>耕地，其他三类土地利用类型对于涵养水源没有太大影响。

2000～2010 年榆林市涵养水源价值对土地利用转移流的响应情况如表 7-7 所示。

表 7-7　榆林市涵养水源价值对土地利用转移流的响应定量测度表

转移类型	土地转移流/hm²	土地转移流比例/%	单位面积涵养水源价值变化/（元/hm²）	区域涵养水源价值变化/万元
耕转林	657573.0	23.18	380.57	25024.99
耕转草	517432.0	18.24	141.19	7305.67
耕转水	24728.5	0.87	-146.39	-362.00
耕转建	41631.1	1.47	-168.80	-702.74

续表

转移类型	土地转移流/hm²	土地转移流比例/%	单位面积涵养水源价值 变化/（元/hm²）	区域涵养水源价值 变化/万元
耕转未	57219.2	2.02	−115.39	−660.28
林转耕	23798.7	0.84	−380.57	−905.70
林转草	76039.3	2.68	−239.38	−1820.19
林转水	1834.1	0.06	−526.95	−96.65
林转建	4470.8	0.16	−549.37	−245.61
林转未	11346.4	0.40	−495.96	−562.74
草转耕	186539.7	6.57	−141.19	−2633.77
草转林	641359.0	22.60	239.38	15352.53
草转水	47776.8	1.68	−287.58	−1373.96
草转建	73263.2	2.58	−309.99	−2271.11
草转未	211150.2	7.44	−256.59	−5417.81
水转耕	7961.4	0.28	146.39	116.55
水转林	9432.5	0.33	526.95	497.05
水转草	8508.0	0.30	287.58	244.67
水转建	7862.2	0.28	−22.41	−17.62
水转未	2231.3	0.08	30.99	6.92
建转耕	3716.6	0.13	168.80	62.74
建转林	3744.8	0.13	549.37	205.73
建转草	2774.6	0.10	309.99	86.01
建转水	857.60	0.03	22.41	1.92
建转未	563.4	0.02	53.41	3.01
未转耕	14419.4	0.51	115.39	166.39
未转林	23889.0	0.84	495.96	1184.80
未转草	155093.4	5.47	256.59	3979.47
未转水	5879.2	0.21	−30.99	−18.22
未转建	14325.5	0.50	−53.41	−76.51
合计	2837420.9	100.00	—	37073.54

根据表 7-7，作出榆林市 2000～2010 年土地利用转移流与涵养水源价值变化响应关系图。2000～2010 年榆林市土地利用转移流中，引起涵养水源价值增加和降低的土地利用转移类型各有 15 种（图 7-9）。

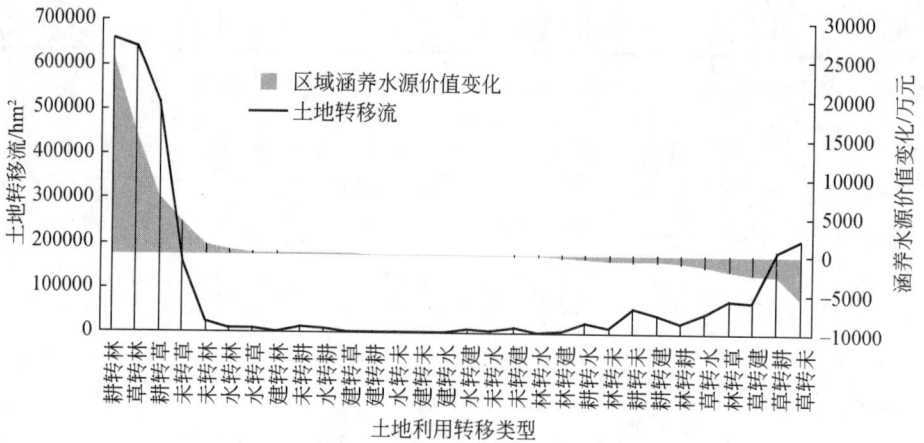

图 7-9　榆林市 2000～2010 年土地转移流与涵养水源价值响应关系

导致榆林市涵养水价值增加的土地利用转移流中，贡献度最大的是耕地转林地流，达 657573.0hm²，占土地利用转移流的 23.18%，引起的涵养水源价值增加值为 25024.99 万元，占涵养水源价值增长值的比例为 46.14%；其次为草地转林地流，达 641359hm²，占土地利用转移流的 22.60%，其引起的涵养水源价值增加值为 15352.53 万元，占涵养水源价值增长值的 28.31%；第三位是耕地转草地流，达 517432.0hm²，占土地利用转移流的 18.24 %，使得涵养水源价值增加 7305.67 万元，占涵养水源价值增长值的 13.47%；第四位是未利用地转草地流，达 155093.4hm²，占土地利用转移流的 5.47%，使得涵养水源价值增加 3979.47 万元，占涵养水源价值增长 7.34%。这四种土地利用转移流导致的涵养水源价值增加份额合计占总量的 95.25%。

同期，导致涵养水源价值降低的土地利用转移流中贡献度最大的是草地转未利用地流，达 211150.2hm²，占土地转移流总量的 7.44%，导致涵养水源价值降低 5417.81 万元，占同期涵养水源价值降低额度的 31.56%；其次为草地转耕地流，达 186539.7hm²，占土地转移流总量的 6.57%，导致涵养水源价值降低 2633.77 万元，占同期涵养水源价值降低额度的 15.34%；第三位是草地转建设用地流，达 73263.2hm²，占土地转移流总量的 2.58%，导致涵养水源价值降低 2271.11 万元，占同期涵养水源价值降低额度的 13.23%；第四位是林地转草地流，达 76039.3hm²，占土地转移流总量的 2.68%，导致涵养水源降低 1820.19 万元，占同期涵养水源价值降低额度的 10.60%；第五位是林地转水域流，达 47776.8hm²，占土地转移流总量的 1.68%，导致涵养水源价值降低 1373.96 万元，占同期涵养水源价值降低额度的 8.00%；第六位是林地转耕地流，达 23798.7hm²，占土地转移流总量的 0.84%，导致涵养水源价值降低 905.70 万元，占同期涵养水源价值降低额度的 5.28%。这六种土地利用转移流引起的涵养水源价值降低额度合计占总量的 84.02%。

7.3.2 渭南市涵养水源价值对土地转移流的响应

2000～2010 年渭南市涵养水源价值对土地利用转移流的响应情况如表 7-8 所示。

表 7-8 渭南市涵养水源对土地利用转移流的响应定量测度表

转移类型	土地转移流/hm²	土地转移流比例/%	单位面积涵养水源价值变化/（元/hm²）	区域涵养水源价值变化/万元
耕转林	33260.1	19.19	1310.63	4359.17
耕转草	14983.7	8.65	−15.23	−22.82
耕转水	3935.4	2.27	−1255.14	−493.95
耕转建	22842.4	13.18	−1224.00	−2795.91
耕转未	53.3	0.03	−690.06	−3.68
林转耕	10053.5	5.80	−1310.63	−1317.64
林转草	4826.2	2.78	−1325.86	−639.89
林转水	211.7	0.12	−2565.77	−54.32
林转建	1250.1	0.72	−2534.63	−316.85
林转未	4091.5	2.36	−2000.69	−818.58
草转耕	31998.5	18.46	15.23	48.73
草转林	16079.2	9.28	1325.86	2131.88
草转水	1117.7	0.64	−1239.91	−138.58
草转建	1865.5	1.08	−1208.77	−225.50
草转未	259.2	0.15	−674.83	−17.49
水转耕	6256.2	3.61	1255.14	785.24
水转林	147.3	0.08	2565.77	37.79
水转草	3996.2	2.31	1239.91	495.49
水转建	64.8	0.04	31.14	0.20
水转未	40.3	0.02	565.07	2.28
建转耕	13034.6	7.52	1224.00	1595.44
建转林	75.8	0.04	2534.63	19.21
建转草	224.1	0.13	1208.77	27.09
建转水	554.2	0.32	−31.14	−1.73
建转未	12.6	0.01	533.94	0.67

续表

转移类型	土地转移流/hm²	土地转移流比例/%	单位面积涵养水源价值变化/（元/hm²）	区域涵养水源价值变化/万元
未转耕	293.9	0.17	690.06	20.28
未转林	129.7	0.07	2000.69	25.95
未转草	366.5	0.21	674.83	24.73
未转水	1270.8	0.73	−565.07	−71.81
未转建	7.3	0.00	−533.94	−0.39
合计	173302.3	99.97	—	2655.01

根据表 7-8，作出渭南市 2000～2010 年土地利用转移流与涵养水源价值变化响应关系图。可以看出，2000～2010 年渭南市土地利用转移流中，引起涵养水源价值增加和降低的土地利用转移类型各有 15 种（图 7-10）。

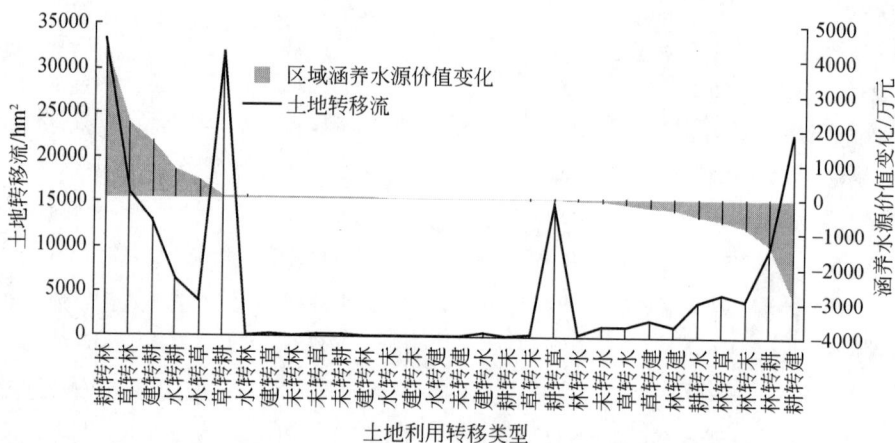

图 7-10 渭南市 2000～2010 年土地转移流与涵养水源价值响应关系

导致渭南市涵养水源价值增加的土地利用转移流中，贡献度最大的是耕地转林地流，达 33260.1hm²，占土地利用转移流的 19.19%，引起涵养水源价值增加 4359.17 万元，占涵养水源价值增长值的 45.53%；其次为草地转林地流，达 16079.2hm²，占土地利用转移流的 9.28%，其引起涵养水源价值增加 2131.88 万元，占 22.27%；第三位是建设用地转耕地流，达 13034.6hm²，占土地利用转移流的 7.52%，其引起涵养水源价值增加 1595.44hm²，占 16.66%；第四位是水域转耕地流，达 6256.2hm²，占土地利用转移流的 3.61%，引起涵养水源价值增加 785.24 万元，占 8.20%。这四种土地利用转移流导致的涵养水源价值增加份额合计占总量的 92.66%。

同期，导致渭南市涵养水源价值降低的土地利用转移流中，贡献度最大的是耕地转建设用地流，达 22842.4hm²，占土地转移流总量的 13.18%，导致涵养水源价值降低 2795.91 万元，占同期涵养水源价值降低额度的 40.41%；其次为林地转耕地流，达 10053.5hm²，占土地转移流总量的 5.80%，导致涵养水源价值降低 1317.64 万元，占 19.04%；位于第三位的是林地转未利用地流，达 4091.5hm²，占土地转移流总量的 2000.69%，导致涵养水源价值降低值 818.58 万元，占 11.83 %；位于第四位的是林地转草地流，达 4826.2hm²，占土地转移流总量的 2.78%，导致涵养水源降低值 639.89 万元，占 9.25 %；位于第五位的是耕地转水域流，达 3935.4hm²，占土地转移流总量的 2.27%，导致涵养水源价值降低值 493.95 万元，占 7.14%。这五种土地利用转移流引起的涵养水源价值降低额度合计占总量的 87.67%。

7.3.3　安康市涵养水源价值对土地转移流的响应

2000～2010 年安康市涵养水源价值对土地利用转移流的响应情况如表 7-9 所示。

表 7-9　安康市涵养水源对土地利用转移流的响应定量测度表

转移类型	土地转移流/hm²	土地转移流比例/%	单位面积涵养水源价值变化/（元/hm²）	区域涵养水源价值变化/万元
耕转林	9962.3	67.14	1053.42	1049.45
耕转草	11.9	0.08	158.42	0.19
耕转水	1013.9	6.83	−1297.01	−131.50
耕转建	973.4	6.56	−1909.51	−185.87
耕转未	180.0	1.21	−960.80	−17.29
林转耕	214.6	1.45	−1053.42	−22.61
林转草	1.7	0.01	−895.00	−0.15
林转水	279.6	1.88	−2350.43	−65.72
林转建	26.2	0.18	−2962.93	−7.76
林转未	37.5	0.25	−2014.22	−7.55
草转耕	5.2	0.04	−158.42	−0.08
草转林	9.5	0.06	895.00	0.85
草转水	55.5	0.37	−1455.43	−8.08
草转建	0.2	0.00	−2067.93	−0.04
草转未	0	0.00	−1119.22	0.00
水转耕	46.1	0.31	1297.01	5.98

续表

转移类型	土地转移流/hm²	土地转移流比例/%	单位面积涵养水源价值变化/（元/hm²）	区域涵养水源价值变化/万元
水转林	27.2	0.18	2350.43	6.39
水转草	0.4	0.00	1455.43	0.06
水转建	5.7	0.04	−612.50	−0.35
水转未	11.3	0.08	336.21	0.38
建转耕	14.4	0.10	1909.51	2.75
建转林	1.4	0.01	2962.93	0.41
建转草	0	0.00	2067.93	0.00
建转水	3.2	0.02	612.50	0.20
建转未	0.1	0.00	948.71	0.01
未转耕	92.0	0.62	960.80	8.84
未转林	32.1	0.22	2014.22	6.47
未转草	0.1	0.00	1119.22	0.01
未转水	1803.4	12.15	−336.21	−60.63
未转建	28.8	0.19	−948.71	−2.73
合计	14837.7	99.98	—	571.63

根据表 7-9，作出安康市 2000～2010 年土地利用变化与涵养水源价值变化响应关系图。2000～2010 年安康市土地利用转移流中，引起涵养水域价值增加和降低的土地利用转移类型各 15 种（图 7-11）。

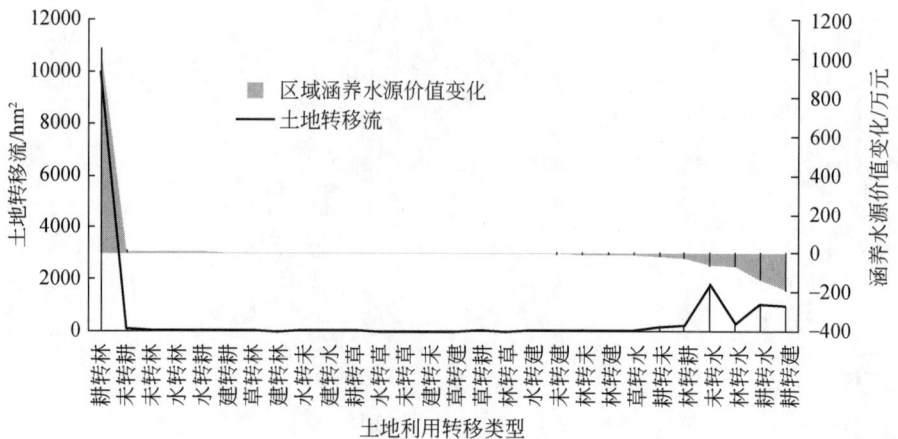

图 7-11　安康市 2000～2010 年土地转移流与涵养水源价值响应关系

　　导致安康市涵养水价值增加的土地利用转移流主要集中于耕地转林地流，达9962.3hm²，占土地利用转移流的67.14%，其引起的涵养水源价值增加值为1049.45万元，占涵养水源价值增长值的比例为96.99%；其他土地利用转移流导致的涵养水源价值增加份额合计仅占总量的3.01%。

　　同期，导致安康市涵养水源价值降低的土地利用转移流中贡献度最大的是耕地转建设用地流，达973.4hm²，占土地转移流总量的6.56%，导致涵养水源价值降低185.87万元，占同期涵养水源价值降低额度的36.42%；其次为耕地转水域流，达1013.9hm²，占土地转移流总量的6.83%，导致涵养水源价值降低131.50万元，占25.77%；位于第三位的是林地转水域流，达279.6hm²，占土地转移流总量的1.88%，导致涵养水源价值降低65.72万元，占12.88%；位于第四位的是未利用地转水域流，达1803.4hm²，占土地转移流总量的12.15%，导致涵养水源价值降低60.63万元，占11.88%；位于第五位的是耕地转水域流，达214.6hm²，占土地转移流总量的1.45%，导致涵养水源价值降低值22.61万元，占4.43%。这五种土地利用转移流引起的涵养水源价值降低额度合计占总量的91.37%。

7.3.4　三市对比分析

　　从涵养水源价值对单位面积的土地利用转移流响应情况来看，不同地区涵养水源价值对同一类型土地利用转移流相应的敏感程度不一样。例如，榆林市耕地转林地流的涵养水源价值增值额度为380.57元/hm²，渭南市为1310.63元/hm²，安康市为1053.42元/hm²。对本书列入的30种土地利用转移流的涵养水源价值响应阈值做统计发现，安康市阈值最大，为-2962.93~2962.93元/hm²；其次是渭南市，为-2565.77~2565.77元/hm²；榆林市市最低，为-549.37~549.37元/hm²，见图7-12。

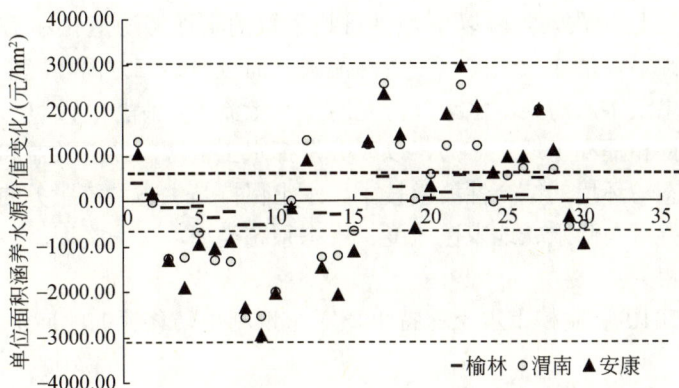

图 7-12　土地利用变化引起的单位面积涵养水源价值变化区间

从区域角度看，受土地利用转移流数量和涵养水源价值响应敏感度的综合作用，对榆林市、渭南市和安康市涵养水源价值影响显著的土地利用转移流有很大差异。2000～2010 年，导致榆林市涵养水价值增加的土地利用转移流主要有耕地转林地流，占涵养水源价值增加值的 46.14%；其次为草地转林地流，占涵养水源价值增加值的 28.31%；第三位是耕地转草地流，占涵养水源价值增加值的 13.47%。对渭南市涵养水源价值增加贡献度最大的是耕地转林地流，占涵养水源价值增加值的 45.53%；其次为草地转林地流，占 22.27%；第三位是建设用地转耕地流，占 16.66%。导致安康市涵养水源价值增加的土地利用转移流主要集中于耕地转林地流，占涵养水源价值增加值的 96.99%。

2000～2010 年，对榆林市涵养水源价值降低贡献度最大的是草地转未利用地流，占涵养水源价值降低额度的 31.56%；其次为草地转耕地流、草地转建设用地流、林地转草地流，贡献率依次为 15.34%、13.23%和 10.60%。导致渭南市涵养水源价值降低土地利用转移流中，贡献度最大的是耕地转建设用地流，占涵养水源价值降低额度的 40.41%；其次为林地转耕地流、林地转未利用地流和林地转草地流，贡献率依次为 19.04%、11.83 %和 9.25 %。导致安康市涵养水源价值降低的土地利用转移流中，贡献度最大的是耕地转建设用地流，占涵养水源价值降低额度的 36.42%；其次为耕地转水域流，贡献率为 25.77%；第三位的是林地转水域流，贡献率为 12.88%；第四位的是未利用地转水域流，贡献率为 11.88%。

7.4　水土保持价值对土地转移流的响应

7.4.1　榆林市水土保持价值对土地转移流的响应

土壤侵蚀是导致人类赖以生存且日趋紧缺的土地资源退化和损失的主要原因。土壤侵蚀不仅造成大量的水土资源流失，而且导致三方面环境危害：土地退化、洪水隐患及水质污染。水土保持是防止水土流失，保护、改良与合理利用水土资源，维持和提高土地生产力，以充分发挥水土资源的经济效益和社会效益，建立良好生态与环境的综合性科学技术。水土保持是生态系统服务的基本功能之一。水土保持量与降水、地表覆盖度、生态系统类型、土壤类型、地形条件和管理措施密切相关。

2000～2010 年榆林市水土保持价值对土地利用转移流的响应情况如表 7-10 所示。

表 7-10　榆林市水土保持对土地利用转移流的响应定量测度表

转移类型	土地转移流 /hm²	土地转移流 比例/%	单位面积水土保持价值 变化/（元/hm²）	区域水土保持价值 变化/万元
耕转林	657573.0	23.18	945.92	62201.15
耕转草	517432.0	18.24	887.93	45944.34
耕转水	24728.5	0.87	−1668.54	−4126.05
耕转建	41631.1	1.47	−1662.43	−6920.89
耕转未	57219.2	2.02	−2305.51	−13191.92
林转耕	23798.7	0.84	−945.92	−2251.17
林转草	76039.3	2.68	−57.99	−440.95
林转水	1834.1	0.06	−2614.46	−479.52
林转建	4470.8	0.16	−2608.35	−1166.14
林转未	11346.4	0.40	−3251.43	−3689.20
草转耕	186539.7	6.57	−887.93	−16563.42
草转林	641359.0	22.60	57.99	3719.24
草转水	47776.8	1.68	−2556.47	−12214.00
草转建	73263.2	2.58	−2550.36	−18684.77
草转未	211150.2	7.44	−3193.44	−67429.44
水转耕	7961.4	0.28	1668.54	1328.39
水转林	9432.5	0.33	2614.46	2466.09
水转草	8508.0	0.30	2556.47	2175.05
水转建	7862.2	0.28	6.11	4.80
水转未	2231.3	0.08	−636.96	−142.13
建转耕	3716.6	0.13	1662.43	617.86
建转林	3744.8	0.13	2608.35	976.78
建转草	2774.6	0.10	2550.36	707.62
建转水	857.6	0.03	−6.11	−0.52
建转未	563.4	0.02	−643.07	−36.23
未转耕	14419.4	0.51	2305.51	3324.40
未转林	23889.0	0.84	3251.43	7767.33
未转草	155093.4	5.47	3193.44	49528.07
未转水	5879.2	0.21	636.96	374.48
未转建	14325.5	0.50	643.07	921.23
合计	2837420.9	100.00	—	34720.48

　　根据表 7-10，作出榆林市 2000～2010 年土地利用转移流与水土保持价值变化响应关系图（图 7-13）。2000～2010 年与榆林市土地利用转移流中，引起水土保持价值增加和降低的土地利用转移流各 15 种。

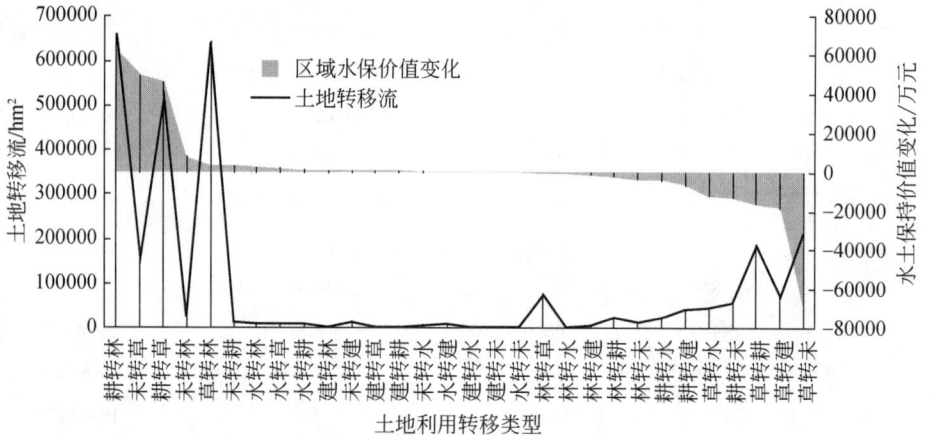

图 7-13　榆林市 2000～2010 年土地转移流与水土保持价值响应关系

　　导致榆林市水土保持价值增加的土地利用转移流主要集中于耕地和林地转入草地流、耕地转林地流。其中，贡献度最大的是耕地转林地流，达 657573.0hm^2，占土地利用转移流的 23.18%，其引起的水土保持价值增加值为 45944.34 万元，占水土保持价值增长值的比例为 25.24%；其次为未利用地转草地流，达 155093.4hm^2，占土地利用转移流的 5.47%，其引起的水土保持价值增加值为 49528.07 万元，占水土保持价值增长值的比例为 27.20%；居于第三位的是耕地转草地流，达 517432.0hm^2，占土地利用转移流的 18.24%，其引起的水土保持价值增加值为 62201.15 万元，占水土保持价值增长值的比例为 34.17%。这三种土地利用转移流导致的水土保持价值增加份额合计占总量的 86.61%。除此之外，未利用地和草地转林地的贡献度也较大。其中，未利用地转林地流达 23889.0hm^2，占土地利用转移流的 0.84 %，其引起的水土保持价值增加值为 7767.33 万元，占水土保持价值增长值的比例为 4.27 %；草地转林地流达 641359.0hm^2，占土地利用转移流的 22.60%，其引起的水土保持价值增加值为 3719.24 万元，占水土保持价值增长值的比例为 2.04%。这六种土地利用转移流对榆林市土地水土保持价值的贡献率达到 92.92%。

　　同期，导致水土保持价值降低的土地利用转移流差异较大。其中，贡献度最大的是草地转未利用地流，达 211150.2hm^2，占土地转移流总量的 7.44%，导致水土保持价值降低值 67429.44 万元，占同期土地利用变化引起的水土保持价值降低额度的 45.77%；其次为草地转建设用地流，达 73263.2hm²，占土地转移流总量的 2.58%，导致水土保持价值降低 18684.77 万元，占同期土地利用变化引起的水土保持价值降低额度的 12.68 %；位于第三位的是草地转耕地流，达 186539.7hm²，占土地转移流总量的 6.57%，导致水土保持价值降低 16563.42 万元，占同期土地利用变化引起的水土保持价值降低额度的 11.24%；位于第四位的是耕地转未利用地流，达 57219.2hm²，占土地转移流总量的 2.02%，导致水土保持价值降低 13191.92 万元，占同期土地利用变化引起的水土保持价值降低额度的 8.95%；位于第五位的是草地转水域流，达 47776.8hm²，占土地转移流总量的 1.68%，导致水土保持价值降低 12214.00 万元，占同期土地利用变化引起的水土保持价值降低额度的 8.29%；位于第六位的是耕地转建设用地流，达 41631.1hm²，占土地转移流总量的 1.47%，导致水土保持价值降低 6920.89 万元，占同期土地利用变化引起的水土保持价值降低额度的 4.70%。这六种土地利用转移流引起的水土保持价值降低额度合计占总量的 91.63%，其余九种引起的水土保持价值降低额度仅占总量的 8.36%。

7.4.2　渭南市水土保持价值对土地转移流的响应

2000～2010 年渭南市水土保持对土地利用转移流的响应如表 7-11 所示。

表 7-11　渭南市水土保持对土地利用转移流的响应定量测度表

转移类型	土地转移流 /hm²	土地转移流 比例/%	单位面积水土保持价值 变化/（元/hm²）	区域水土保持价值 变化/万元
耕转林	33260.1	19.19	6338.30	21081.25
耕转草	14983.7	8.65	3903.90	5849.49
耕转水	3935.4	2.27	-12089.99	-4757.89
耕转建	22842.4	13.18	-11688.36	-26699.01
耕转未	53.3	0.03	-13844.83	-73.79
林转耕	10053.5	5.80	-6338.30	-6372.21
林转草	4826.2	2.78	-2434.40	-1174.89
林转水	211.7	0.12	-18428.29	-390.13
林转建	1250.1	0.72	-18026.66	-2253.51
林转未	4091.5	2.36	-20183.13	-8257.93
草转耕	31998.5	18.46	-3903.90	-12491.89
草转林	16079.2	9.28	2434.40	3914.32
草转水	1117.7	0.64	-15993.89	-1787.64

转移类型	土地转移流 /hm²	土地转移流 比例/%	单位面积水土保持价值 变化/（元/hm²）	区域水土保持价值 变化/万元
草转建	1865.5	1.08	-15592.26	-2908.74
草转未	259.2	0.15	-17748.73	-460.05
水转耕	6256.2	3.61	12089.99	7563.74
水转林	147.3	0.08	18428.29	271.45
水转草	3996.2	2.31	15993.89	6391.48
水转建	64.8	0.04	401.63	2.60
水转未	40.3	0.02	-1754.84	-7.07
建转耕	13034.6	7.52	11688.36	15235.30
建转林	75.8	0.04	18026.66	136.64
建转草	224.1	0.13	15592.26	349.42
建转水	554.2	0.32	-401.63	-22.26
建转未	12.6	0.01	-2156.47	-2.72
未转耕	293.9	0.17	13844.83	406.90
未转林	129.7	0.07	20183.13	261.78
未转草	366.5	0.21	17748.73	650.49
未转水	1270.8	0.73	1754.84	223.01
未转建	7.3	0.00	2156.47	1.57
合计	173302.3	99.97	—	-5320.29

据表 7-11，作出渭南市土地转移流与水土保持价值响应图（图 7-14）。从图中可以看出，2000～2010 年渭南市土地利用转移流中，引起水土保持价值增加和降低的土地利用转移流各有 15 种。

导致渭南市水土保持价值增加的土地利用转移流中，贡献度最大的是耕地转林地流，达 33260.1hm²，占土地利用转移流的 19.19%，其引起的水土保持价值增加值为 21081.25 万元，占水土保持价值增长值的比例为 33.82%；其次为建设用地转耕地流，达 13034.6hm²，占土地利用转移流的 7.52%，其引起的水土保持价值增加值为 15235.30 万元，占 24.44%；居于第三位的是水域转耕地流，达 6256.2hm²，占土地利用转移流的 3.61%，其引起的水土保持价值增加值为 7563.74 万元，占 12.13%；居于第四位的为水域转草地流，达 3996.2hm²，占土地利用转移流的 2.31%，其引起的水土保持价值增加值为 6391.48 万元，占 10.25%；居于第五位的是耕地转草流，达 14983.7hm²，占土地利用转移流的 8.65%，其引起的水土保持价值增加值为 5849.49 万元, 占 9.38%。这五种土地利用转移流导致的水土保持价值增加份额合计占总量的 90.03%。

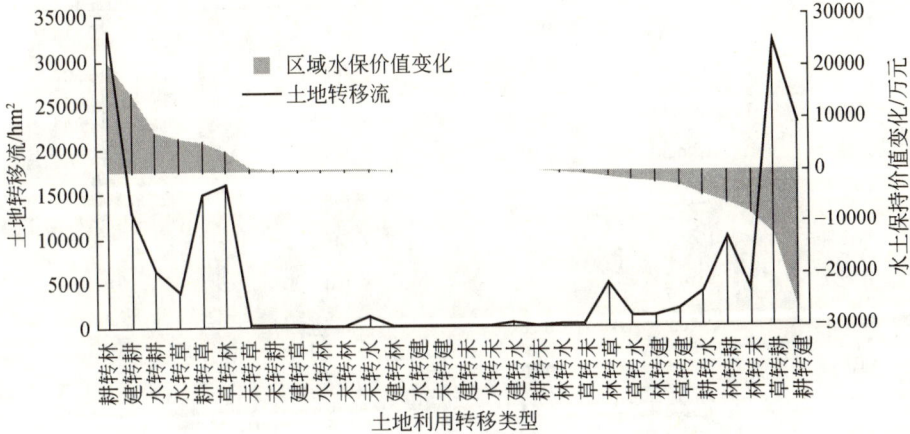

图 7-14 榆林市 2000~2010 年土地转移流与水土保持价值响应关系

同期, 导致水土保持价值降低的土地利用转移流中, 贡献度最大的是耕地转建设用地流, 达 22842.4hm², 占土地转移流总量的 13.18%, 导致水土保持价值降低 26699.01 万元, 占同期水土保持价值降低额度的 39.46%; 其次为草地转耕地流, 达 31998.5hm², 占土地转移流总量的 18.46%, 导致水土保持价值降低 12491.89 万元, 占 18.46%; 位于第三位的是林地转未利用地流, 达 4091.5hm², 占土地转移流总量的 2.36%, 导致水土保持价值降低 8257.93 万元, 占 12.21%; 位于第四位的是林地转耕地流, 达 10053.5hm², 占土地转移流总量的 5.80%, 导致水土保持降低 6372.21 万元, 占 9.42%; 位于第五位的是耕地转水域流, 达 3935.4hm², 占土地转移流总量的 2.27%, 导致水土保持价值降低 4757.89 万元, 占 7.03%; 位于第六位的是草地转建设用地流, 达 1865.5hm², 占土地转移流总量的 1.08%, 导致水土保持价值降低 2908.74 万元, 占 4.30%。这六种土地利用转移流引起的水土保持价值降低额度合计占总量的 90.88%。

7.4.3 安康市水土保持价值对土地转移流的响应

2000~2010 年安康市水土保持价值对土地利用转移流的响应如表 7-12 所示。

表 7-12 安康市水土保持对土地利用变化的响应定量测度表

土地利用转移流	土地转移流 /hm²	土地转移流 比例/%	单位面积水土保持价值 变化/（元/hm²）	区域水土保持价值 变化/万元
耕转林	9962.3	67.14	198.24	197.49

土地利用转移流	土地转移流/hm²	土地转移流比例/%	单位面积水土保持价值变化/（元/hm²）	区域水土保持价值变化/万元
耕转草	11.9	0.08	-348.21	-0.41
耕转水	1013.9	6.83	-162.69	-16.50
耕转建	973.4	6.56	-204.09	-19.87
耕转未	180.0	1.21	-1364.33	-24.56
林转耕	214.6	1.45	-198.24	-4.25
林转草	1.7	0.01	-546.45	-0.09
林转水	279.6	1.88	-360.93	-10.09
林转建	26.2	0.18	-402.33	-1.05
林转未	37.5	0.25	-1562.57	-5.86
草转耕	5.2	0.04	348.21	0.18
草转林	9.5	0.06	546.45	0.52
草转水	55.5	0.37	185.52	1.03
草转建	0.2	0.00	144.12	0.00
草转未	0.0	0.00	-1016.12	0.00
水转耕	46.1	0.31	162.69	0.75
水转林	27.2	0.18	360.93	0.98
水转草	0.4	0.00	-185.52	-0.01
水转建	5.7	0.04	-41.40	-0.02
水转未	11.3	0.08	-1201.64	-1.36
建转耕	14.4	0.10	204.09	0.29
建转林	1.4	0.01	402.33	0.06
建转草	0.0	0.00	-144.12	0.00
建转水	3.2	0.02	41.40	0.01
建转未	0.1	0.00	-1160.24	-0.01
未转耕	92.0	0.62	1364.33	12.55
未转林	32.1	0.22	1562.57	5.02
未转草	0.1	0.00	1016.12	0.01
未转水	1803.4	12.15	1201.64	216.70
未转建	28.8	0.19	1160.24	3.34
合计	14837.7	99.98	—	354.85

　　根据表 7-12，作出安康市 2000～2010 年土地利用转移流与水土保持价值变化响应关系图（图 7-15）。2000～2010 年与安康市土地利用转移流中，引起水土保持价值增加和降低的土地利用转移流各 15 种。

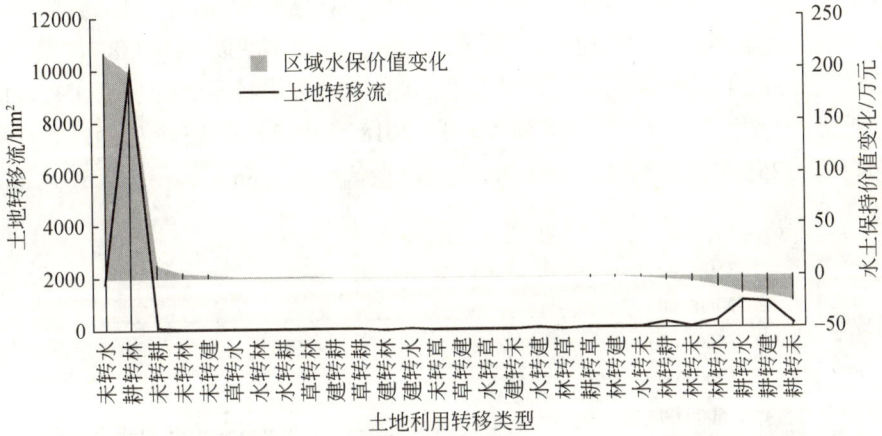

图 7-15　安康市 2000～2010 年土地转移流与水土保持价值响应关系

　　导致安康市水土保持价值增加的土地利用转移流主要集中在未利用地转水域和耕地转林地流中。其中，贡献度最大的是未利用地转水域流，达 1803.4hm²，占土地利用转移流的 12.15%，其引起的水土保持价值增加值为 216.70 万元，占 49.37%；其次为耕地转林地流，达 9962.3hm²，占土地利用转移流的 67.14%，其引起的水土保持价值增加值为 197.49 万元，占 44.99%，这两种土地利用转移流导致的水土保持价值增加份额合计占总量的 94.36%。

　　同期，导致安康市水土保持价值降低土地利用转移流比较分散，贡献度最大的是耕地转未利用地流，达 180.0hm²，占土地转移流总量的 1.21%，导致水土保持价值降低 24.56 万元，占同期土地利用变化引起的水土保持价值降低额度的 29.21%；其次为耕地转建设用地流，达 973.4hm²，占土地转移流总量的 6.56%，导致水土保持价值降低 19.87 万元，占 23.63%；位于第三位的是耕地转水域流，达 1013.9hm²，占土地转移流总量的 6.83%，导致水土保持价值降低 16.50 万元，占 19.62 %；位于第四位的是林地转水域流，达 279.6hm²，占土地转移流总量的 1.88%，导致水土保持价值降低 10.09 万元，占 12.00%；位于第五位的是林地转未利用地流，达 37.5hm²，占土地转移流总量的 0.25%，导致水土保持价值降低 5.86 万元，占 6.97%；位于第六位的是林地转耕地流，达 214.6hm²，占土地转移流总量的 1.45%，导致水土保持价值降低 4.25 万元，占 5.06%。这六种土地利用转移流引起的水土保持价值降低额度合计占总量的 96.48%。

7.4.4　三市对比分析

从水土保持价值对单位面积的土地利用转移流响应情况来看，不同地区水土保持价值对同一类型土地利用转移流相应的敏感程度不一样。例如，榆林市耕地转林地流的水土保持价值增值额度为 945.92 元/hm²，渭南市为 6338.30 元/hm²，安康市为 198.24 元/hm²。对本书列入的 30 种土地利用转移流的水土保持价值响应阈值做统计发现，渭南市阈值最大，为-20183.13～20183.13 元/hm²；其次是榆林市，为-3251.43～3251.43 元/hm²；安康市最低，为-1562.57～1562.57 元/hm²，见图 7-16。

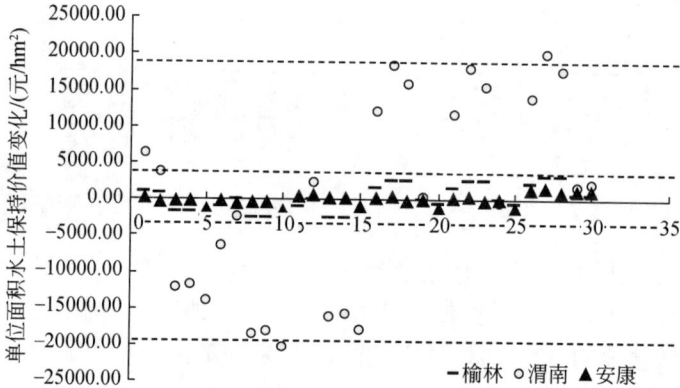

图 7-16　土地利用变化引起的单位面积水保价值变化区间

从区域角度看，受土地利用转移流数量和水土保持价值响应敏感度的综合作用，对榆林市、渭南市和安康市水土保持价值影响显著的土地利用转移流有很大差异。2000～2010 年，导致榆林市水土保持价值增加的土地利用转移流主要集中于耕地转草地流、未利用地转草地流和耕地转林地流。其中，贡献度最大的是耕地转林地流，占水土保持价值增加值的 25.24%；其次是未利用地转草地流，占 27.20%；第三位是耕地转草地流，占 14.17%。对渭南市水土保持价值增加贡献度最大的是耕地转林地流，对水土保持价值增加的贡献率为 33.82%；其次为建设用地转耕地流，为 24.44%；第三位是水域转耕地流，为 12.13 %；第四位是水域转草地流，占 10.25%。导致安康市水土保持价值增加的土地利用转移流主要集中在未利用地转水域和耕地转林地流中，其中贡献度最大的是未利用地转水域流，占 49.37%；其次为耕地转林地流，占 44.99%。

2000～2010 年，导致榆林市水土保持价值降低的土地利用转移流差异较大。其中，贡献度最大的是草地转未利用地流，占土地利用变化引起的水土保持价值降低额度的 45.77%；其次为草地转建设用地流和草地转耕地流，贡献率分别为 12.68 %和 11.24%。导致安康市水土保持价值降低土地利用转移流中，贡献度最大的是耕地转建设用地流，占水土保持价值降低额度的 39.46%；其次为草地转耕地流和林地转未利用地流，贡献率分别为 18.46%和 12.21%。导致安康市水土保持价值降低的土地利用转移流比较分散，贡献度最大的是耕地转未利用地流，占水土保持价值降低额度的 29.21%；其次为耕地转建设用地流，占 23.63%；位于第三的是耕地转水域流，占 19.62 %。

7.5　生态服务价值对土地转移流的响应

7.5.1　榆林市生态服务价值对土地转移流的响应

生态服务价值主要包括固碳释氧、NPP、水土保持和涵养水源四部分的价值。2000～2010 年榆林市生态系统服务价值对土地利用转移流的响应如表 7-13 所示。

表 7-13　榆林市生态服务对土地利用转移流的响应定量测度表

转移类型	土地转移流 /hm²	土地转移流 比例/%	单位面积生态服务价值 变化/（元/hm²）	区域生态服务价值 变化/万元
耕转林	657573.0	23.18	3129.51	205787.86
耕转草	517432.0	18.24	379.75	19649.74
耕转水	24728.5	0.87	-7834.87	-19374.46
耕转建	41631.1	1.47	-7878.54	-32799.24
耕转未	57219.2	2.02	-7174.07	-41049.45
林转耕	23798.7	0.84	-3129.51	-7447.82
林转草	76039.3	2.68	-2749.75	-20908.91
林转水	1834.1	0.06	-10964.38	-2010.98
林转建	4470.8	0.16	-11008.05	-4921.48
林转未	11346.4	0.40	-10303.58	-11690.85
草转耕	186539.7	6.57	-379.75	-7083.94
草转林	641359.0	22.60	2749.75	176357.76
草转水	47776.8	1.68	-8214.63	-39246.85
草转建	73263.2	2.58	-8258.30	-60502.93
草转未	211150.2	7.44	-7553.82	-159499.15
水转耕	7961.4	0.28	7834.87	6237.65
水转林	9432.5	0.33	10964.38	10342.15

转移类型	土地转移流/hm²	土地转移流比例/%	单位面积生态服务价值变化/（元/hm²）	区域生态服务价值变化/万元
水转草	8508.0	0.30	8214.63	6989.00
水转建	7862.2	0.28	−43.67	−34.34
水转未	2231.3	0.08	660.80	147.44
建转耕	3716.6	0.13	7878.54	2928.14
建转林	3744.8	0.13	11008.05	4122.29
建转草	2774.6	0.10	8258.30	2291.35
建转水	857.6	0.03	43.67	3.75
建转未	563.4	0.02	704.47	39.69
未转耕	14419.4	0.51	7174.07	10344.58
未转林	23889.0	0.84	10303.58	24614.21
未转草	155093.4	5.47	7553.82	117154.83
未转水	5879.2	0.21	−660.80	−388.50
未转建	14325.5	0.50	−704.47	−1009.19
合计	2837420.9	100.00	—	179042.35

根据表 7-13，作出榆林市 2000～2010 年土地利用转移流与生态服务价值变化响应关系图（图 7-17）。2000～2010 年榆林市土地利用转移流中，引起生态服务价值增加和降低的土地利用转移流各有 15 种类型。

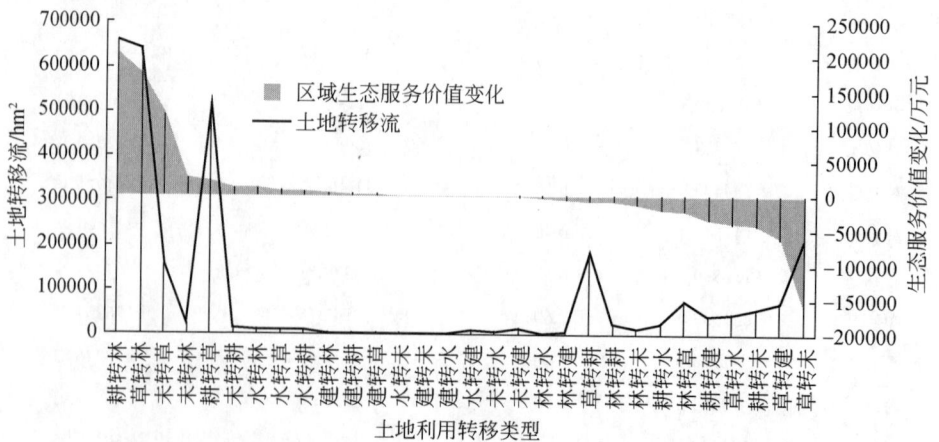

图 7-17　榆林市 2000～2010 年土地转移流与生态服务价值响应关系

导致榆林市生态服务价值增加的土地利用转移流中，贡献度最大的是耕地转林地流，达 657573.0hm²，占土地利用转移流的 23.18%，其引起的生态服务价值增加值为 205787.86 万元，占生态服务价值增长值的比例为 35.06%；其次为草地转林地流，达 641359.0m²，占土地利用转移流的 22.60%，使得生态服务价值增加 176357.76 万元，占 30.04%；居于第三位的是未利用地转草地流，达 155093.40hm²，占土地利用转移流的 5.47%，引起生态服务价值增加 117154.83 万元，占 19.96%。这三种土地利用转移流导致的生态服务价值增加份额合计占总量的 85.06%。

导致榆林市生态服务价值降低的土地利用转移流中，贡献度最大的是草地转未利用地流，达 211150.2hm²，占土地转移流总量的 7.44%，导致生态服务价值降低 159499.15 万元，占同期土地利用变化引起的生态服务价值降低额度的 39.10%；其次为草地转建设用地流，达 73263.2hm²，占土地转移流总量的 2.58%，导致生态服务价值降低 60502.93 万元，占 14.83%；位于第三位的是耕地转未利用地流，达 57219.2hm²，占土地转移流总量的 2.02%，导致生态服务价值降低 41049.45 万元，占 10.06%；位于第四位的是草地转水域流，达 47776.8hm²，占土地转移流总量的 1.68%，导致生态服务降低 39246.85 万元，占 9.62%；位于第五位的是耕地转建设用地流，达 41631.1hm²，占土地转移流总量的 1.47%，导致生态服务价值降低 32799.24 万元，占 8.04%；位于第六位的是林地转草地流，达 76039.3hm²，占土地转移流总量的 2.68%，导致生态服务价值降低 20908.91 万元，占 5.13%。这六种土地利用转移流引起的生态服务价值降低额度合计占总量的 86.77%。

7.5.2 渭南市生态服务价值对土地转移流的响应

2000～2010 年渭南市生态系统服务价值对土地利用转移流的响应如表 7-14 所示。

表 7-14 渭南市生态服务对土地利用转移流的响应定量测度表

转移类型	土地转移流/hm²	土地转移流比例/%	单位面积生态服务价值变化/（元/hm²）	区域生态服务价值变化/万元
耕转林	33260.1	19.19	10915.58	36305.33
耕转草	14983.7	8.65	2858.52	4283.12
耕转水	3935.4	2.27	-17177.49	-6760.03
耕转建	22842.4	13.18	-16006.69	-36563.12
耕转未	53.3	0.03	-18735.76	-99.86
林转耕	10053.5	5.80	-10915.58	-10973.98
林转草	4826.2	2.78	-8057.06	-3888.50
林转水	211.7	0.12	-28093.07	-594.73

转移类型	土地转移流/hm²	土地转移流比例/%	单位面积生态服务价值变化/（元/hm²）	区域生态服务价值变化/万元
林转建	1250.1	0.72	−26922.27	−3365.55
林转未	4091.5	2.36	−29651.34	−12131.85
草转耕	31998.5	18.46	−2858.52	−9146.84
草转林	16079.2	9.28	8057.06	12955.11
草转水	1117.7	0.64	−20036.01	−2239.43
草转建	1865.5	1.08	−18865.21	−3519.30
草转未	259.2	0.15	−21594.28	−559.72
水转耕	6256.2	3.61	17177.49	10746.58
水转林	147.3	0.08	28093.07	413.81
水转草	3996.2	2.31	20036.01	8006.79
水转建	64.8	0.04	1170.80	7.59
水转未	40.3	0.02	−1558.27	−6.28
建转耕	13034.6	7.52	16006.69	20864.08
建转林	75.8	0.04	26922.27	204.07
建转草	224.1	0.13	18865.21	422.77
建转水	554.2	0.32	−1170.80	−64.89
建转未	12.6	0.01	−2729.07	−3.44
未转耕	293.9	0.17	18735.76	550.64
未转林	129.7	0.07	29651.34	384.58
未转草	366.5	0.21	21594.28	791.43
未转水	1270.8	0.73	1558.27	198.02
未转建	7.3	0.00	2729.07	1.99
合计	173302.3	99.97	—	6218.39

根据表 7-14，作出渭南市 2000～2010 年土地利用转移流与生态服务价值变化响应关系图（图 7-18）。2000～2010 年渭南市土地利用转移流中，引起生态服务价值增加和降低的土地利用转移流各有 15 种。

导致渭南市生态服务价值增加的土地利用转移流中，贡献度最大的是耕地转林地流，达 33260.1hm²，占土地利用转移流的 19.19%，其引起的生态服务价值增加值为 36305.33 万元，占生态服务价值增长值的比例为 37.76%；其次为建设用地转耕地流，达 13034.6m²（占 7.52%），其引起的生态服务价值增加值为 20864.08

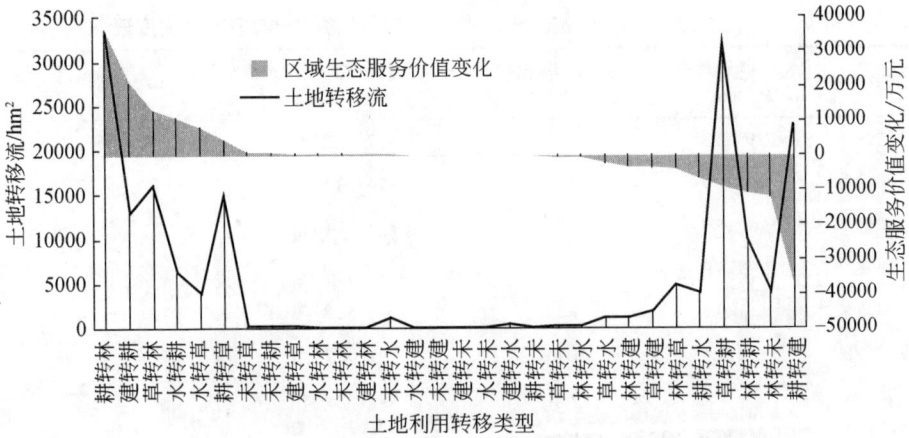

图 7-18　渭南市 2000~2010 年土地转移流与生态服务价值响应关系

万元（占 21.70%）；位于第三位的是草地转林地流，达 16079.2hm² （占 9.28%），其引起的生态服务价值增加值为 12955.11 万元（占 13.48%）；位于第四位的是水域转耕地流达 6256.2hm² （占 3.61%），其引起的生态服务价值增加值为 10746.58 万元（占 11.18%）；位于第五位的是水域转草地流达 3996.2hm² （占 2.31%），其引起的生态服务价值增加值为 8006.79 万元（占 8.33%）。这五种土地利用转移流对榆林市土地生态服务价值的贡献率达到 92.45%。其余 10 种引起的生态服务价值增加额度仅占总量的 7.55%。

　　同期，导致渭南市生态服务价值降低的土地利用转移流差异较大。其中，贡献度最大的是耕地转建设用地流，达 22842.40hm²，占土地转移流总量的 13.18%，导致生态服务价值降低 36563.12 万元，占同期土地利用变化引起的生态服务价值降低额度的 40.66%；其次为林地转未利用地流，达 4091.5hm² （占 2.36%），导致生态服务价值降低 12131.85 万元（占 13.49 %）；位于第三位的是林地转耕地流，达 10053.5hm²（占 5.80%），导致生态服务价值降低 10973.98 万元（占 12.20%）；位于第四位的是草地转耕地流，达 31998.5hm² （占 18.46%），导致生态服务降低 9146.84 万元（占 10.17%）；位于第五位的是耕地转水域流，达 3935.4hm² （占 2.27%），导致生态服务价值降低值 6760.03 万元（占 7.52%）。这五种土地利用转移流引起的生态服务价值降低额度合计占总量的 84.05%，其余 10 种引起的生态服务价值降低额度仅占总量的 15.95%。

7.5.3　安康市生态服务价值对土地转移流的响应

　　2000~2010 年安康市生态系统服务价值对土地利用转移流的响应如表 7-15 所示。

表 7-15　安康市生态服务对土地利用转移流的响应定量测度表

转移类型	土地转移流/hm²	土地转移流比例/%	单位面积生态服务价值变化/（元/hm²）	区域生态服务价值变化/万元
耕转林	9962.3	67.14	7700.23	7671.20
耕转草	11.9	0.08	-14490.53	-17.24
耕转水	1013.9	6.83	-25561.08	-2591.64
耕转建	973.4	6.56	-18929.92	-1842.64
耕转未	180.0	1.21	-26352.86	-474.35
林转耕	214.6	1.45	-7700.23	-165.25
林转草	1.7	0.01	-22190.76	-3.77
林转水	279.6	1.88	-33261.31	-929.99
林转建	26.2	0.18	-26630.15	-69.77
林转未	37.5	0.25	-34053.09	-127.70
草转耕	5.2	0.04	14490.53	7.54
草转林	9.5	0.06	22190.76	21.08
草转水	55.5	0.37	-11070.55	-61.44
草转建	0.2	0.00	-4439.39	-0.09
草转未	0.0	0.00	-11862.33	0.00
水转耕	46.1	0.31	25561.08	117.84
水转林	27.2	0.18	33261.31	90.47
水转草	0.4	0.00	11070.55	0.44
水转建	5.7	0.04	6631.16	3.78
水转未	11.3	0.08	-791.78	-0.89
建转耕	14.4	0.10	18929.92	27.26
建转林	1.4	0.01	26630.15	3.73
建转草	0.0	0.00	4439.39	0.00
建转水	3.2	0.02	-6631.16	-2.12
建转未	0.1	0.00	-7422.94	-0.07
未转耕	92.0	0.62	26352.86	242.45
未转林	32.1	0.22	34053.09	109.31
未转草	0.1	0.00	11862.33	0.12
未转水	1803.4	12.15	791.78	142.79
未转建	28.8	0.19	7422.94	21.38
合计	14837.7	99.98	—	2172.43

根据表 7-15，作出安康市 2000～2010 年土地利用转移流与生态服务价值变化响应关系图（图 7-19）。2000～2010 年安康市土地利用转移流中，引起生态服务价值增加和降低的土地利用转移流各有 15 种。

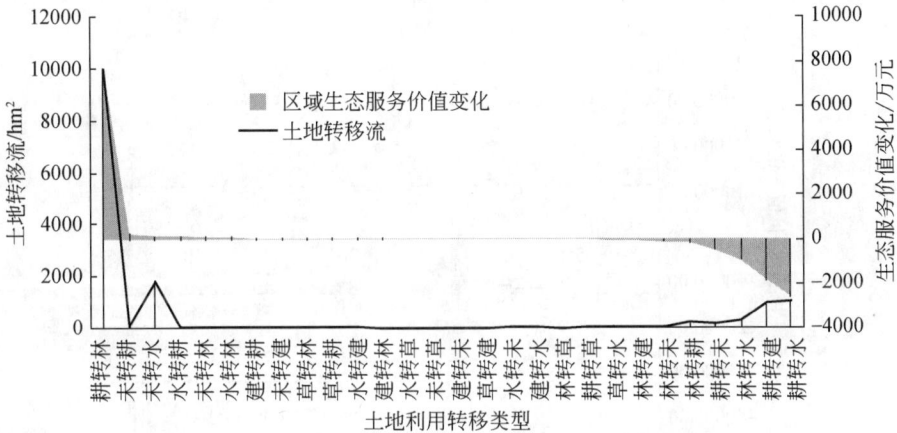

图 7-19　安康市 2000～2010 年土地转移流与生态服务价值响应关系

导致安康市生态服务价值增加的土地利用转移流主要集中于耕地转林地流，达 9962.3hm^2，占土地利用转移流的 67.14%，其引起的生态服务价值增加值为 7671.20 万元，占生态服务价值增长值的 90.68%。其他的转移流贡献率都很低。

导致安康市生态服务价值降低的土地利用转移流比较分散，其中贡献度最大的是耕地转水域流，达 1013.9hm^2，占土地转移流总量的 6.83%，导致生态服务价值降低 2591.64 万元（占 41.22%）；其次为耕地转建设用地流，达 973.4hm^2（占 6.56%），导致生态服务价值降低 1842.64 万元（占 29.31%）；位于第三位的是林地转水域流，达 279.6hm^2（占 1.88%），导致生态服务价值降低 929.99 万元，（占 14.79%）；位于第四位的是耕地转未利用地流，达 180.0hm^2（占 1.21%），导致生态服务价值降低 474.35 万元（占 7.54%）；位于第五位的是林地转耕地流，达 214.6hm^2（占 1.45%），导致生态服务价值降低 165.25 万元（占 2.63%）。这五种土地利用转移流引起的生态服务价值降低额度合计占总量的 95.5%，其余 10 种土地利用转移流引起的生态服务价值降低额度仅占总量的 4.5%。

7.5.4　三市对比分析

从生态服务价值对单位面积的土地利用转移流响应情况来看，不同地区生态服务价值对同一类型土地利用转移流相应的敏感程度不一样。例如，榆林市耕地转林地流的生态服务价值增值额度为 3129.51 元/hm^2，渭南市为 10915.58 元/hm^2，安康市为 8700.23 元/hm²。对本书列入的 30 种土地利用转移流的生态服务价值响应阈值做统计发现，安康市的阈值最大，为-35053.09～35053.09 元/hm²；其次是渭南市，为-29651.34～29651.34 元/hm²，榆林市最低，为-11008.05～11008.05 元/hm²，见图 7-20。

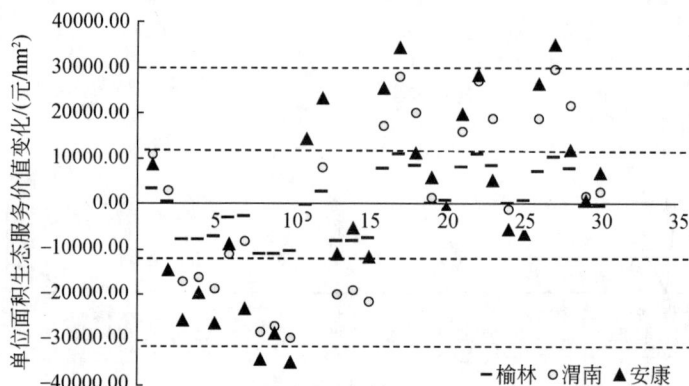

图 7-20　土地利用变化引起的单位面积生态服务价值变化区间

　　土地类型的生态服务价值不仅受到该土地类型面积的影响，还受到其单位面积生态服务价值的影响。例如，安康市耕地单位面积 NPP 价值从 3045.28 元/hm²增至 4029.66 元/hm²，耕地面积减少了 2.35%，约为 117.69km²，耕地的 NPP 价值增加了 29.22%。说明提高农业水平，高效利用优质耕地资源能够弥补耕地减少引起的生态服务价值的减少。榆林市建设用地单位面积的水土保持价值从 1309.07 元/hm²下降到 815.156 元/hm²，减少了 37.73%，建设用地面积从 163.70km²增加到 1462.66km²，增加了 793.499%，但建设用地的水土保持价值减少了 456.38%，说明单位面积水土保持的下降影响大于面积增加的影响。

　　从区域角度看，受土地利用转移流数量和生态服务价值响应敏感度的综合作用，对榆林市、渭南市和安康市生态服务价值影响显著的土地利用转移流有很大差异。2000～2010 年，导致榆林市生态服务价值增加土地利用转移流中，贡献度最大的是耕地转林地流，占生态服务价值增长值的 35.06%；其次为草地转林地流，占 30.04%；第三位是未利用地转草地流，占 19.96%。导致渭南市生态服务价值增加的土地利用转移流中，贡献度最大的是耕地转林地流，占生态服务价值增加值的 37.76%；其次为建设用地转耕地流，占 21.70%；第三位是草地转林地流，占 13.48%；第四位是水域转耕地流，占 11.18%。导致安康市生态服务价值增加的土地利用转移流主要集中于耕地转林地流，占生态服务价值增加值的 90.68%。

　　2000～2010 年，对榆林市生态服务价值降低贡献度最大的是草地转未利用地流，占生态服务价值降低额度的 39.10%；其次为草地转建设用地流、耕地转未利用地流、草地转水域流和耕地转建设用地流，依次为 14.83%、10.06%、9.62%和 8.04%。导致渭南市生态服务价值降低的主要是耕地转建设用地流，占生态服务价值降低额度的 40.66 %；其次为林地转未利用地流、林地转耕地流和草地转耕地流，依次为 13.49 %、12.20%和 10.17%。导致安康市生态服务价值降低的土地利用转移流比较分散，其中贡献度最大的是耕地转水域流，占 41.22%；其次是耕地转建设用地流和林地转水域流，分别占 29.31%和 14.79%。

第8章　生态系统服务权衡与协同分析

21 世纪以来，全球生态系统的危机信号频出，人类逐渐认识到生态服务也是一种稀缺资源，是人类生存与现代文明的基础。土地利用变化中，在某些生态服务功能增大的同时，一些生态系统调节服务功能受到限制甚至损害。当生态系统服务的各种服务之间存在冲突时，就需要对其进行权衡分析，目的是减少冲突而增加协同作用。不同土地利用类型比例的争议是土地资源使用的主要矛盾。几乎所有生态系统服务的决策都涉及利益权衡，因而生态系统服务之间的相互竞争作用在全球具有普遍性，在不同区域内又表现出明显的差异性。

8.1　生态系统服务的权衡与协同关系识别

根据土地利用转移引起的生态服务变化，建立榆林市、渭南市和安康市 NPP 价值变化、固碳释氧价值变化、涵养水源价值变化以及水土保持价值变化与土地利用转移类型之间的关系表。

8.1.1　榆林市生态服务权衡与协同关系识别

2000～2010 年，榆林市土地利用转移流与生态服务变化之间的关系可以分为三大类：生态系统服务协同增长、协同降低和权衡（表 8-1）。

表 8-1　榆林市生态服务权衡与协同关系

土地利用转移流	NPP 价值变化	固碳释氧价值变化	涵养水源价值变化	水土保持价值变化	协同与权衡效应类型
耕转林	+	+	+	+	协同增长
耕转草	−	+	+	+	权衡
耕转水	−	−	−	−	协同降低
耕转建	−	−	−	−	协同降低
耕转未	−	−	−	−	协同降低
林转耕	−	−	−	−	协同降低
林转草	−	−	−	−	协同降低
林转水	−	−	−	−	协同降低

土地利用转移流	NPP 价值变化	固碳释氧价值变化	涵养水源价值变化	水土保持价值变化	协同与权衡效应类型
林转建	−	−	−	−	协同降低
林转未	−	−	−	−	协同降低
草转耕	+	+	−	−	权衡
草转林	+	+	+	+	协同增长
草转水	−	−	−	−	协同降低
草转建	−	−	−	−	协同降低
草转未	−	−	−	−	协同降低
水转耕	+	+	+	+	协同增长
水转林	+	+	+	+	协同增长
水转草	+	+	+	+	协同增长
水转建	+	−	−	+	权衡
水转未	+	+	+	−	权衡
建转耕	+	+	+	+	协同增长
建转林	+	+	+	+	协同增长
建转草	+	+	+	+	协同增长
建转水	−	+	+	+	权衡
建转未	+	+	+	+	权衡
未转耕	+	+	+	+	协同增长
未转林	+	+	+	+	协同增长
未转草	+	+	+	+	协同增长
未转水	−	−	−	+	权衡
未转建	−	−	−	+	权衡

具体而言，耕地转林地、草地转林地、水域转耕地、水域转林地、水域转草地、建设用地转耕地、建设用地转林地、建设用地转草地、未利用地转耕地、未利用地转林地和未利用地转草地共 11 种土地利用转移流下，NPP 价值、固碳释氧价值、涵养水源价值和水土保持价值协同增长；耕地转水域、耕地转建设用地、耕地转未利用地、林地转耕地、林地转草地、林地转水域、林地转建设用地、林地转未利用地、草地转水域、草地转建设用地和草地转未利用地共计 11 种土地利用转移流下，四种生态系统服务价值协同降低；耕地转草地、草地转耕地、水域转建设用地、水域转未利用地、建设用地转水域、建设用地转未利用地、未利用

地转水域以及未利用地转建设用地共 8 种土地利用转移流下，生态系统服务存在权衡效应。具体来说，耕地转草地使 NPP 价值降低，但是固碳释氧价值、涵养水源价值和水土保持价值均增加；草地转耕地引起 NPP 价值和固碳释氧价值增加，但造成涵养水源价值和水土保持价值降低；水域转建设用地引起 NPP 价值和水土保持价值增加，造成固碳释氧价值和涵养水源价值降低；水域转未利用地引起 NPP 价值、固碳释氧价值和涵养水源价值提高，但导致水土保持价值的降低；建设用地转水域和建设用地转未利用地均造成单位面积 NPP 价值、固碳释氧价值和涵养水源价值提高，造成水土保持价值的降低；未利用地转水域和建设用地会提高水土保持价值，造成 NPP 价值、固碳释氧价值和涵养水源价值降低。

8.1.2　渭南市生态服务权衡与协同关系识别

2000～2010 年，渭南市生态系统服务对土地利用转移流的响应分为协同增长、协同降低和权衡（表 8-2）。

表 8-2　渭南市生态系统服务权衡与协同关系

土地利用转移流	NPP 价值变化	固碳释氧价值变化	涵养水源价值变化	水土保持价值变化	协同与权衡效应类型
耕转林	+	+	+	+	协同增长
耕转草	+	−	−	+	权衡
耕转水	−	−	−	−	协同降低
耕转建	−	−	−	−	协同降低
耕转未	−	−	−	−	协同降低
林转耕	−	−	−	−	协同降低
林转草	−	−	−	−	协同降低
林转水	−	−	−	−	协同降低
林转建	−	−	−	−	协同降低
林转未	−	−	−	−	协同降低
草转耕	−	+	+	−	权衡
草转林	+	+	+	+	协同增长
草转水	−	−	−	−	协同降低
草转建	−	−	−	−	协同降低
草转未	−	−	−	−	协同降低
水转耕	+	+	+	+	协同增长

土地利用转移流	NPP 价值变化	固碳释氧价值变化	涵养水源价值变化	水土保持价值变化	协同与权衡效应类型
水转林	+	+	+	+	协同增长
水转草	+	+	+	+	协同增长
水转建	+	+	+	+	协同增长
水转未	+	−	+	−	权衡
建转耕	+	+	+	+	协同增长
建转林	+	+	+	+	协同增长
建转草	+	+	+	+	协同增长
建转水	−	−	−	−	协同降低
建转未	−	−	+	−	权衡
未转耕	+	+	+	+	协同增长
未转林	+	+	+	+	协同增长
未转草	+	+	+	+	协同增长
未转水	−	+	−	+	权衡
未转建	+	+	−	+	权衡

其中，耕地转林地、草地转林地、水域转耕地、水域转林地、水域转草地、水域转建设用地、建设用地转耕地、建设用地转林地、建设用地转草地、未利用地转耕地、未利用地转林地和未利用地转草地共 12 种土地利用转移流使得 NPP 价值、固碳释氧价值、涵养水源价值和水土保持价值协同增长；耕地转水域、耕地转建设用地、耕地转未利用地、林地转耕地、林地转草地、林地转水域、林地转建设用地、林地转未利用地、草地转水域、草地转建设用地、草地转未利用地和建设用地转水域共计 12 种土地利用转移流使这四种生态系统服务价值协同降低；耕地转草地、草地转耕地、水域转未利用地、建设用地转未利用地、未利用地转水域以及未利用地转建设用地共 6 种土地利用转移流下生态系统服务存在权衡效应。具体来说，耕地转草地使 NPP 价值和水土保持价值降低，使固碳释氧价值和涵养水源价值增加；草地转耕地引起单位面积 NPP 价值、固碳释氧价值和涵养水源价值增加，使水土保持价值降低；水域转未利用地引起 NPP 价值和涵养水源价值增加，导致固碳释氧价值和水土保持价值降低；建设用地转未利用地造成涵养水源价值提高，导致 NPP 价值、固碳释氧价值和水土保持价值降低；未利用地转水域引起固碳释氧价值和水土保持价值提升，造成 NPP 价值和涵养水源价值下降；未利用地转建设用地提高了 NPP 价值、固碳释氧价值和水土保持价值，导

致涵养水源价值下降。

8.1.3 安康市生态服务权衡与协同关系识别

2000～2010 年，安康市生态系统服务对土地利用转移流的响应分为协同增长、协同降低和权衡（表 8-3）。

表 8-3 安康市生态系统服务权衡与协同关系

土地利用转移流	NPP 价值变化	固碳释氧价值变化	涵养水源价值变化	水土保持价值变化	协同与权衡效应类型
耕转林	+	+	+	+	协同增长
耕转草	−	−	+	−	权衡
耕转水	−	−	−	−	协同降低
耕转建	−	−	−	−	协同降低
耕转未	−	−	−	−	协同降低
林转耕	−	−	−	−	协同降低
林转草	−	−	−	−	协同降低
林转水	−	−	−	−	协同降低
林转建	−	−	−	−	协同降低
林转未	−	−	−	−	协同降低
草转耕	+	+	−	+	权衡
草转林	+	+	+	+	协同增长
草转水	−	−	−	+	权衡
草转建	−	−	−	+	权衡
草转未	−	−	−	−	协同降低
水转耕	+	+	+	+	协同增长
水转林	+	+	+	+	协同增长
水转草	+	+	+	−	权衡
水转建	+	+	+	−	权衡
水转未	−	+	+	−	权衡
建转耕	+	+	+	+	协同增长
建转林	+	+	+	+	协同增长
建转草	+	+	+	−	权衡
建转水	−	−	+	+	权衡
建转未	−	−	+	+	权衡

土地利用转移流	NPP 价值变化	固碳释氧价值变化	涵养水源价值变化	水土保持价值变化	协同与权衡效应类型
未转耕	+	+	+	+	协同增长
未转林	+	+	+	+	协同增长
未转草	+	+	+	+	协同增长
未转水	+	+	−	+	权衡
未转建	+	−	−	+	权衡

耕地转林地、草地转林地、水域转耕地、水域转林地、建设用地转耕地、建设用地转林地、未利用地转耕地、未利用地转林地和未利用地转草地共 9 种土地利用转移流下，NPP 价值、固碳释氧价值、涵养水源价值和水土保持价值协同增长；耕地转水域、耕地转建设用地、耕地转未利用地和林地转耕地、林地转草地、林地转水域、林地转建设用地、林地转未利用地和草地转未利用地共计 9 种土地利用转移流下，四种生态系统服务价值协同降低；耕地转草地、草地转耕地、草地转鱼鱼、草地转建设用地、水域转草地、水域转建设用地、水域转未利用地、建设用地转草地、建设用地转水域、建设用地转未利用地、未利用地转水域以及未利用地转建设用地共计 12 种土地利用转移类型下生态系统服务存在权衡效应。具体来说，耕地转草地使 NPP 价值、固碳释氧价值和水土保持价值降低，但涵养水源价值增加；草地转耕地引起 NPP 价值、固碳释氧价值和水土保持价值增加，造成涵养水源价值降低；草地转水域和草地转建设用地使水土保持价值增加，导致 NPP 价值、固碳释氧价值和涵养水源价值降低；水域转草地使得 NPP 价值、固碳释氧价值和涵养水源价值提升，导致水土保持价值降低；水域转建设用地引起 NPP 价值和固碳释氧价值提升，导致涵养水源价值和水土保持价值降低；水域转未利用地引起 NPP 价值和水土价值增加，但导致固碳释氧价值和涵养水源价值降低；建设用地转草地引起 NPP 价值、固碳释氧价值和涵养水源价值增大，但导致水土保持价值降低；建设用地转水域导致 NPP 价值和固碳释氧价值降低，但涵养水源价值和水土保持价值增加；建设用地转未利用地导致 NPP 价值、固碳释氧价值和水土保持价值降低，但涵养水源价值提升；未利用地转水域和建设用地导致 NPP 价值和水土保持价值提升，但固碳释氧价值和涵养水源价值降低。

8.2　生态服务权衡与协同定量分析

榆林市、渭南市和安康市单位面积生态服务之间差异较大，为了便于比较各类生态服务的权衡与协同效应的大小，形成对各生态服务权衡与协同关系的数量关系，对各类生态服务的单位面积价值取自然对数，实现数据的平滑处理。由于负数不能直接取对数，采用取绝对值的自然对数，然后乘以-1，从而不影响其属性。经过处理，获取榆林市、渭南市和安康市单位面积的 NPP 价值、固碳释氧价值、涵养水源价值和水土保持价值的自然对数，以及各类生态服务权衡或协同的总体结果——生态服务的自然对数。

8.2.1　榆林市生态服务权衡与协同定量分析

2000~2010 年，榆林市土地利用变化引起的单位面积生态服务价值变化权衡与协同定量关系见表 8-4。

表 8-4　榆林市单位面积生态服务价值的自然对数表

土地利用转移流	单位面积 NPP 价值变化	单位面积固碳释氧价值变化	单位面积涵养水源价值变化	单位面积水土保持价值变化	单位面积生态服务价值变化
耕转林	5.22	7.39	5.94	6.85	8.05
耕转草	-3.48	-6.42	4.95	6.79	5.94
耕转水	-6.24	-8.61	-4.99	-7.42	-8.97
耕转建	-6.16	-8.63	-5.13	-7.42	-8.97
耕转未	-6.00	-8.38	-4.75	-7.74	-8.88
林转耕	-5.22	-7.39	-5.94	-6.85	-8.05
林转草	-5.38	-7.71	-5.48	-4.06	-7.92
林转水	-6.55	-8.87	-6.27	-7.87	-9.30
林转建	-6.49	-8.88	-6.31	-7.87	-9.31
林转未	-6.38	-8.69	-6.21	-8.09	-9.24
草转耕	3.48	6.42	-4.95	-6.79	-5.94
草转林	5.38	7.71	5.48	4.06	7.92
草转水	-6.17	-8.50	-5.66	-7.85	-9.01
草转建	-6.09	-8.51	-5.74	-7.84	-9.02
草转未	-5.92	-8.22	-5.55	-8.07	-8.93
水转耕	6.24	8.61	4.99	7.42	8.97
水转林	6.55	8.87	6.27	7.87	9.30
水转草	6.17	8.50	5.66	7.85	9.01
水转建	3.60	-4.16	-3.11	1.81	-3.78
水转未	4.67	7.06	3.43	-6.46	6.49
建转耕	6.16	8.63	5.13	7.42	8.97

续表

土地利用转移流	单位面积 NPP 价值变化	单位面积固碳释氧价值变化	单位面积涵养水源价值变化	单位面积水土保持价值变化	单位面积生态服务价值变化
建转林	6.49	8.88	6.31	7.87	9.31
建转草	6.09	8.51	5.74	7.84	9.02
建转水	-3.60	4.16	3.11	-1.81	3.78
建转未	4.24	7.11	3.98	-6.47	6.56
未转耕	6.00	8.38	4.75	7.74	8.88
未转林	6.38	8.69	6.21	8.09	9.24
未转草	5.92	8.22	5.55	8.07	8.93
未转水	-4.67	-7.06	-3.43	6.46	-6.49
未转建	-4.24	-7.11	-3.98	6.47	-6.56
榆林市	3.79	5.81	4.87	4.81	6.45

根据表 8-4，作出榆林市 2000～2010 年各生态服务类型对土地利用变化的响应定量关系图（图 8-1）。

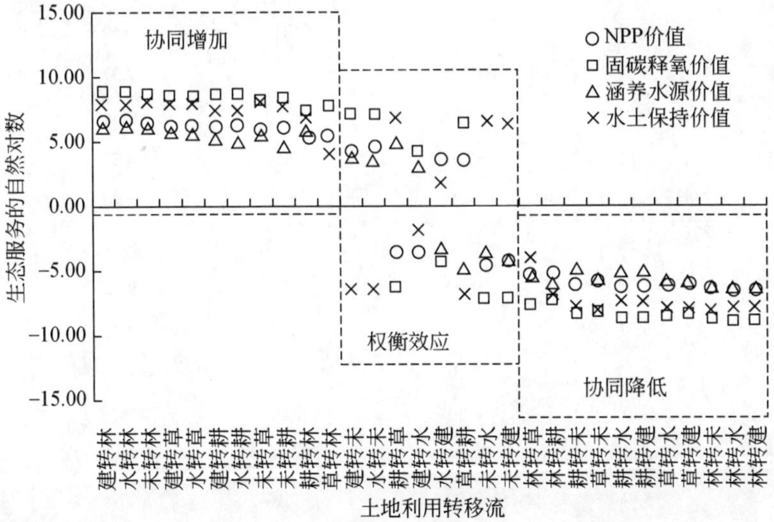

图 8-1　榆林市生态服务权衡与协同效应定量评估图

榆林市处于协同增加效应的 11 种土地利用转移中，NPP 价值、涵养水源价值、固碳释氧价值和水土保持价值的协同性为建设用地转林地>水域转林地>未利用地转林地>建设用地转草地>水域转草地>建设用地转耕地>水域转耕地>未利用地转草地>未利用地转耕地>耕地转林地>草地转林地；与之相反的土地利用转移流的协同降低效应也最大。

从不同生态系统对土地利用转移流的敏感性来看，榆林市的生态系统服务协同效应总体表现为固碳释氧价值变化>水土保持价值变化>NPP 价值变化>涵养水源价值变化。权衡效应变化情况复杂，不一而足。例如，建设用地转未利用地流中，NPP 价值、涵养水源价值和固碳释氧价值协同增加，而水土保持价值却下降；水域转未利用地的固碳释氧价值、NPP 价值和涵养水域价值协同增加，水土保持价值下降。

8.2.2　渭南市生态服务权衡与协同定量分析

2000～2010 年，渭南市土地利用变化引起的单位面积生态服务价值变化权衡与协同定量关系见表 8-5。

表 8-5　渭南市单位面积生态服务价值的自然对数表

土地利用转移流	单位面积 NPP 价值变化	单位面积固碳释氧价值变化	单位面积涵养水源价值变化	单位面积水土保持价值变化	单位面积生态服务价值变化
耕转林	5.82	7.98	7.18	8.75	9.30
耕转草	4.25	−7.00	−2.72	8.27	7.96
耕转水	−5.81	−8.16	−7.13	−9.40	−9.75
耕转建	−5.08	−7.98	−7.11	−9.37	−9.68
耕转未	−5.81	−8.26	−6.54	−9.54	−9.84
林转耕	−5.82	−7.98	−7.18	−8.75	−9.30
林转草	−5.59	−8.30	−7.19	−7.80	−8.99
林转水	−6.51	−8.77	−7.85	−9.82	−10.24
林转建	−6.21	−8.68	−7.84	−9.80	−10.20
林转未	−6.51	−8.82	−7.60	−9.91	−10.30
草转耕	−4.25	7.00	2.72	−8.27	−7.96
草转林	5.59	8.30	7.19	7.80	8.99
草转水	−6.00	−7.78	−7.12	−9.68	−9.91
草转建	−5.44	−7.51	−7.10	−9.65	−9.85
草转未	−6.00	−7.93	−6.51	−9.78	−9.98
水转耕	5.81	8.16	7.13	9.40	9.75
水转林	6.51	8.77	7.85	9.82	10.24
水转草	6.00	7.78	7.12	9.68	9.91
水转建	5.15	6.34	3.44	6.00	7.07

续表

土地利用转移流	单位面积NPP价值变化	单位面积固碳释氧价值变化	单位面积涵养水源价值变化	单位面积水土保持价值变化	单位面积生态服务价值变化
水转未	0.73	−5.91	6.34	−7.47	−7.35
建转耕	5.08	7.98	7.11	9.37	9.68
建转林	6.21	8.68	7.84	9.80	10.20
建转草	5.44	7.51	7.10	9.65	9.85
建转水	−5.15	−6.34	−3.44	−6.00	−7.07
建转未	−5.15	−6.84	6.28	−7.68	−7.91
未转耕	5.81	8.26	6.54	9.54	9.84
未转林	6.51	8.82	7.60	9.91	10.30
未转草	6.00	7.93	6.51	9.78	9.98
未转水	−0.73	5.91	−6.34	7.47	7.35
未转建	5.15	6.84	−6.28	7.68	7.91
渭南市	3.61	6.16	5.03	−5.73	5.88

根据表 8-5，作出渭南市 2000～2010 年各生态服务类型对土地利用变化的响应定量关系图（图 8-2）。

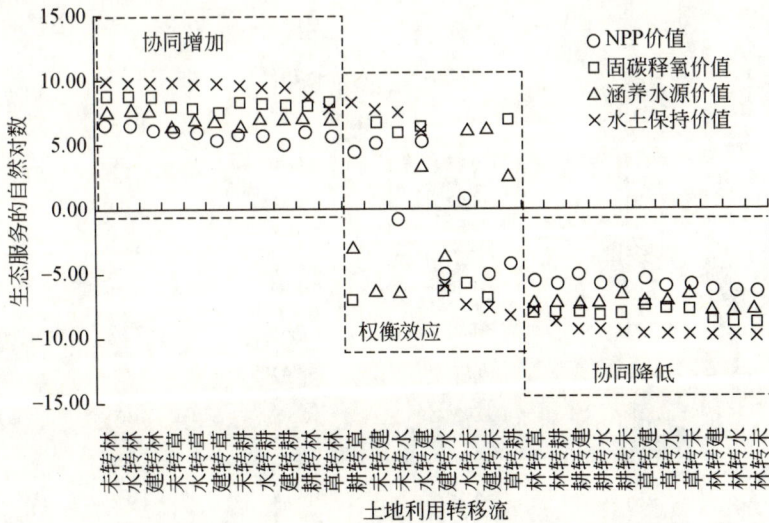

图 8-2 渭南市生态服务的权衡与协同效应定量评估图

渭南市处于协同增加效应的 11 中土地利用转移中，NPP 价值、涵养水源价值、固碳释氧价值和水土保持价值的协同性为未利用地转林地>水域转林地>建设用地转林地>未利用地转草地>水域转草地>建设用地转草地>未利用地转耕地>水域转耕地>建设用地转耕地>耕地转林地>草地转林地；与之相反的土地利用转移流的协同降低效应也最大。

从不同生态系统对土地利用转移流的敏感性来看，渭南市表现为水土保持价值变化>固碳释氧价值变化>涵养水源价值变化>NPP 价值变化。权衡效应变化情况复杂，不一而足。例如，建设用地转未利用地流中，涵养水源价值增大，而 NPP 价值、固碳释氧价值和水土保持价值表现为协同降低效应；水域转未利用地的 NPP 价值和涵养水域价值协同增加且涵养水源增大能力大于 NPP 价值增加能力，水土保持价值和固碳释氧价值降低且水保价值的损失潜力大于固碳释氧价值。

8.2.3 安康市生态服务权衡与协同定量分析

2000～2010 年，安康市土地利用变化引起的单位面积生态服务价值变化权衡与协同定量关系见表 8-6。

表 8-6 安康市单位面积生态服务价值的自然对数表

土地利用转移流	单位面积 NPP 价值变化	单位面积固碳释氧价值变化	单位面积涵养水源价值变化	单位面积水土保持价值变化	单位面积生态服务价值变化
耕转林	6.27	8.84	6.96	5.29	8.95
耕转草	−6.72	−9.51	5.07	−5.85	−9.58
耕转水	−7.44	−10.02	−7.17	−5.09	−10.15
耕转建	−7.38	−9.68	−7.55	−5.32	−9.85
耕转未	−7.45	−10.01	−6.87	−7.22	−10.18
林转耕	−6.27	−8.84	−6.96	−5.29	−8.95
林转草	−7.21	−9.92	−6.80	−6.30	−10.01
林转水	−7.71	−10.29	−7.76	−5.89	−10.41
林转建	−7.67	−10.04	−7.99	−6.00	−10.19
林转未	−7.71	−10.28	−7.61	−7.35	−10.44
草转耕	6.72	9.51	−5.07	5.85	9.58
草转林	7.21	9.92	6.80	6.30	10.01
草转水	−6.78	−9.10	−7.28	5.22	−9.31
草转建	−6.66	−7.85	−7.63	4.97	−8.40
草转未	−6.79	−9.09	−7.02	−6.92	−9.38
水转耕	7.44	10.02	7.17	5.09	10.15
水转林	7.71	10.29	7.76	5.89	10.41

续表

土地利用转移流	单位面积 NPP 价值变化	单位面积固碳释氧价值变化	单位面积涵养水源价值变化	单位面积水土保持价值变化	单位面积生态服务价值变化
水转草	6.78	9.10	7.28	-5.22	9.31
水转建	4.55	8.76	-6.42	-3.72	8.80
水转未	-2.32	4.43	5.82	-7.09	-6.67
建转耕	7.38	9.68	7.55	5.32	9.85
建转林	7.67	10.04	7.99	6.00	10.19
建转草	6.66	7.85	7.63	-4.97	8.40
建转水	-4.55	-8.76	6.42	3.72	-8.80
建转未	-4.65	-8.74	6.86	-7.06	-8.91
未转耕	7.45	10.01	6.87	7.22	10.18
未转林	7.71	10.28	7.61	7.35	10.44
未转草	6.79	9.09	7.02	6.92	9.38
未转水	2.32	-4.43	-5.82	7.09	6.67
未转建	4.65	8.74	-6.86	7.06	8.91
安康市	4.36	7.20	5.95	5.48	7.29

根据表 8-6，作出安康市 2000~2010 年各生态服务类型对土地利用变化的响应定量关系图（图 8-3）。

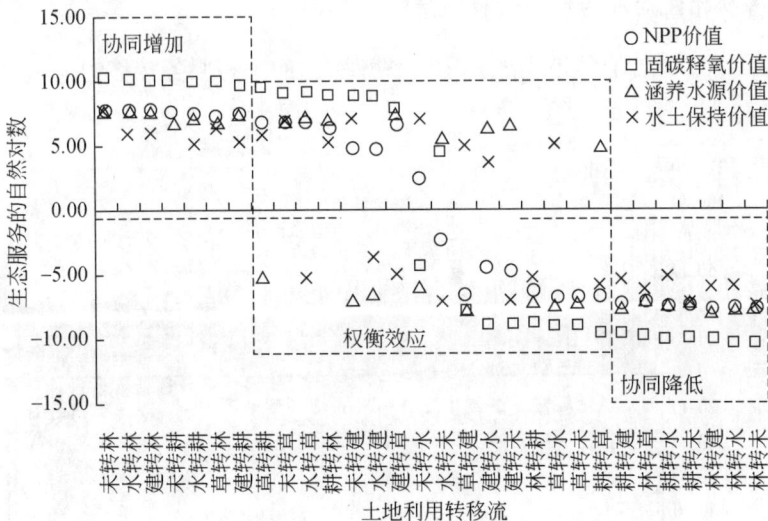

图 8-3　安康市生态服务权衡与协同效应定量评估图

从图 8-3 可以看出，安康市处于协同增加效应的 7 种土地利用转移中，各生态服务价值的协同性为未利用地转林地>水域转林地>建设用地转林地>未利用地转耕地>水域转耕地>草地转林地>建设用地转耕地；与之相反的土地利用转移流的协同降低效应也最大。

从不同生态系统对土地利用转移流的敏感性来看，安康市表现为固碳释氧价值变化>NPP 价值变化/涵养水源价值变化>水土保持价值变化。权衡效应变化情况复杂，不一而足。例如，建设用地转未利用地流中，涵养水源价值增大，而 NPP 价值、固碳释氧价值和水土保持价值表现为协同降低效应；水域转未利用地的涵养水域价值和固碳释氧价值协同增加且涵养水源增加能力大于 NPP 价值增加能力，水土保持价值和 NPP 价值和降低且水保价值的损失潜力大于 NPP 损耗价值。

8.3　区域生态服务权衡与协同效应评估

土地利用变化对区域生态服务价值的影响，一方面取决于土地利用转移流的大小，另一方面取决于不同生态服务的权衡与协同属性及数量关系。基于土地利用转移流视角，计算生态服务权衡与协同效应对区域生态服务价值的影响，对于区域土地利用变化调控与生态文明建设对策的制定具有重要的参考价值。分别计算各土地利用转移流下，各类生态服务价值占区域生态服务价值变化的份额，探究不同的生态服务权衡与协同效应。

8.3.1　榆林市生态服务价值转移流贡献率测评

2000～2010 年，榆林市土地利用转移流引起的生态服务转移的贡献率如图 8-4 所示。

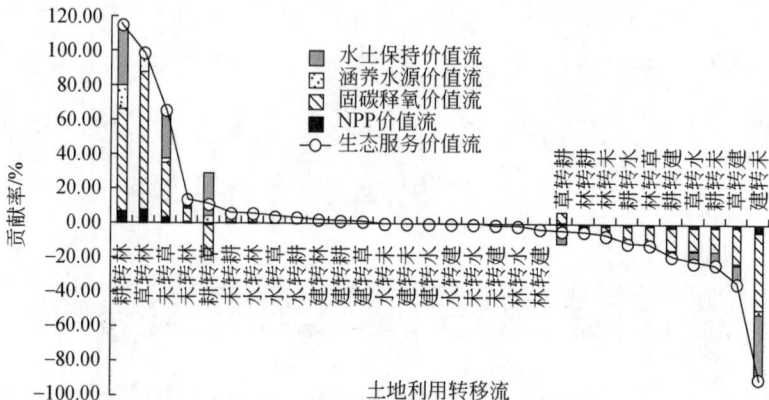

图 8-4　2000～2010 年榆林市土地利用转移流对生态服务转移的贡献率

生态服务表现为协同增加效应的土地利用转移流中，贡献率最大的是耕地转林地流，其次是草地转林地流，位于第三位的是未利用地转草地流。这三大土地利用转移流中，各生态服务转移流的贡献率如下：耕地转林地流中生态服务增值贡献率为固碳释氧价值流>水土保持价值流>涵养水源价值流>NPP 价值流；草地转耕地流中，生态服务增值贡献率为固碳释氧价值流>涵养水源价值流>NPP 价值流>水土保持价值流；未利用地转草地流中，生态服务增值贡献率为固碳释氧价值流>水土保持价值流>涵养水源价值流>NPP 价值流。同期，生态服务表现为协同降低效应的土地利用转移流中，草地转建设用地流对区域生态服务价值的减少表现最为突出，该土地利用转移流中生态服务转移流的减少为固碳释氧价值和水土保持价值的降低；其次为耕地转未利用地流、草地转水域流和耕地转建设用地流，也主要表现为固碳释氧价值和水土保持价值的降低。

引起权衡效用的生态服务转移流中，大部分由于土地转移流的额度较小，价值权衡效应会抵消其对生态服务变化幅度，从而使得其对区域总体生态服务价值变化影响份额不大。但需要注意的是，耕地转草地流引起水土保持价值和涵养水源价值的增加，以及固碳释氧价值的减少。两种效应的综合结果仍然是引起区域生态系统服务的增加，而草地转耕地流整体表现为引起区域生态服务价值的减少。

8.3.2 渭南市生态服务价值转移流贡献率测评

2000～2010 年，渭南市土地利用转移流引起的生态服务转移的贡献率如图 8-5 所示。

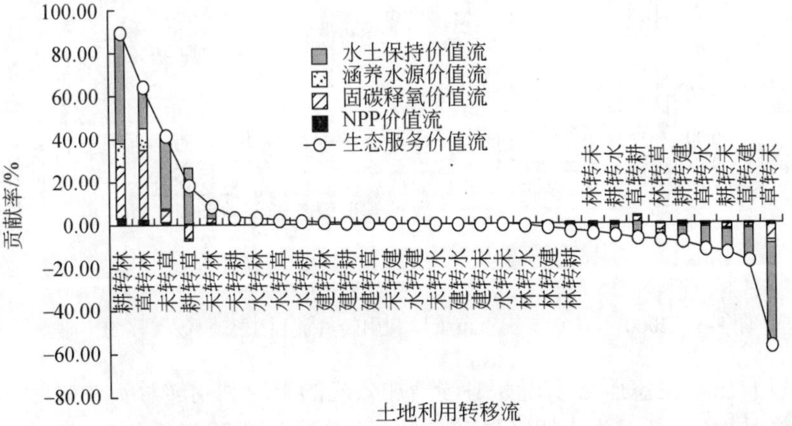

图 8-5 2000～2010 年渭南市土地利用转移流对生态服务转移的贡献率

可以看出，生态服务表现为协同增加效应的土地利用转移流中，贡献率最大的是耕地转林地流，其次是草地转林地流，位于第三位的是未利用地转草地流。其中，耕地转林地流和建设用地转耕地流中对生态服务增值贡献率为水土保持价值流>固碳释氧价值流>涵养水源价值流>NPP 价值流；草地转林地流对生态服务增值贡献率为固碳释氧价值流>水土保持价值流>涵养水源价值流>NPP 价值流。

　　同期，生态服务表现为协同降低效应的土地利用转移流中，耕地转建设用地流对区域生态服务价值的减少表现最为突出，其次为林地转水域流、林地转耕地流，主要表现为水土保持价值和固碳释氧价值的降低。

　　引起权衡效用的生态服务转移流中，大部分由于土地转移流的额度较小，价值权衡效应会抵消其对生态服务变化幅度，从而使得其对区域总体生态服务价值变化影响份额不大。但需要注意的是，耕地转草地流的生态服务价值变化效应，尽管耕地转草地引起水土保持价值的增加和涵养水源价值的增加，但固碳释氧价值减少明显。综合而言，对区域生态服务价值表现为较明显的增值效应，而草地转耕地流，表现为较明显的减少效应。

8.3.3　安康市生态服务价值转移流贡献率测评

　　2000～2010 年，安康市土地利用转移流引起的生态服务转移的贡献率如图 8-6 所示。

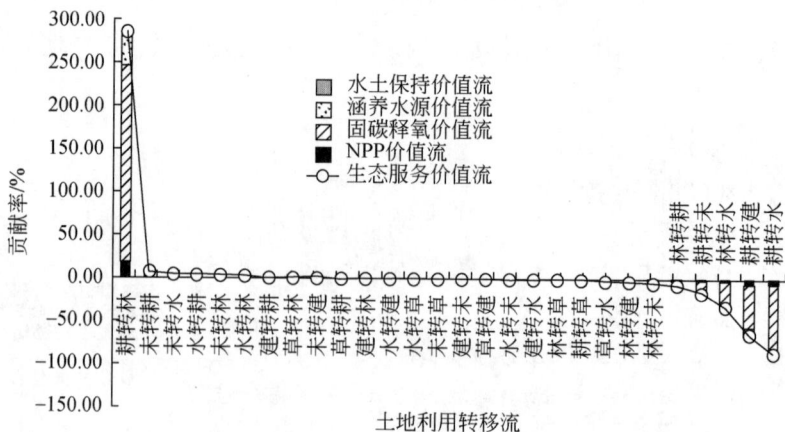

图 8-6　2000～2010 年安康市土地利用转移流对生态服务转移的贡献率

　　可以看出，生态服务表现为协同增加效应的土地利用转移流中贡献率最大的是耕地转林地流，其对生态服务转移流的贡献率为固碳释氧价值流>涵养水源价值流>NPP 价值流>水土保持价值流。同期，生态服务表现为协同降低效应的土地利用转移流中，耕地转水域流对区域生态服务价值的减少表现最为突出，其次为耕地转建设用地流、林地转水域流和耕地转未利用地流，主要表现为固碳释氧价值的降低。引起权衡效用的生态服务转移流中，大部分由于土地转移流的额度较小，价值权衡效应会抵消其对生态服务变化幅度，从而使得其对区域总体生态服务价值变化影响份额不大。

综上所述，土地利用转移流与生态服务变化之间的关系可以分为协同增长、协同降低和权衡三大效应。

榆林市、渭南市和安康市土地利用转移流中，林地的转入流、水域转耕地流、建设用地转耕地流、未利用地转耕地流和未利用地转草地流引起 NPP 价值、固碳释氧价值、涵养水源价值和水土保持价值的协同增加；林地转出流和耕地转向水域、建设用地、未利用地以及草地转未利用地流引起四种生态系统服务价值协同降低；耕地与草地、水域与未利用地、建设用地与未利用地之间的转移流引起生态服务功能的权衡效应。

从不同生态系统对土地利用转移流的敏感性来看，榆林市的生态系统服务协同效应总体表现为固碳释氧价值变化>水土保持价值变化>NPP 价值变化>涵养水源价值变化；渭南市表现为水土保持价值变化>固碳释氧价值变化>涵养水源价值变化>NPP 价值变化；安康市表现为固碳释氧价值变化> NPP 价值变化/涵养水源价值变化>水土保持价值变化。

权衡效应变化情况复杂，不一而足。另外，2000~2010 年榆林市对区域生态服务价值影响明显的土地利用转移流有耕地转林地流、草地转林地流、未利用地转林地流及草地转建设用地流，前三种土地利用转移流的各项生态服务功能具有协同增加效应，是提升榆林市生态服务功能的主要转移类型，草地转建设用地流是导致榆林市生态服务降低的主要转移类型。渭南市主要是耕地转林地流、建设用地转耕地流和草地转林地流对区域生态服务值提升有明显贡献，导致区域生态服务价值降低最明显的土地转移流为耕地转建设用地流。安康市耕地转林地是区域生态服务价值增值的主要土地利用转移流，导致区域生态服务价值减少的主要转移流是耕地转水域和建设用地流。

第9章 对策与建议

生态系统是生态文明建设的物质基础和空间载体，加强生态系统管护有利于促进生态文明建设（马永欢等，2015）。以生态系统服务为切入点，加强生态文明建设关系到自然资源开发与保护的全局。党的十八大报告指出，优化国土开发空间，要控制开发强度，调整空间结构，促进生产空间集约高效、生活空间宜居适度、生态空间山清水秀，给自然留下更多修复空间，给农业留下更多良田，给子孙后代留下天蓝、地绿及水净的美好家园。陕西省既要做好全省一盘棋，又要根据三大区域不同的主体功能，提升生态系统服务能力，制定适时适地的差异化土地利用变化调控与生态文明建设方案，使得全社会的价值取向走向"环境有价、资源有价、生态功能有价"的理念。增强全民保护土地资源和生态环境意识的同时，也需要协调利益相关者对于水土保持生态效益和经济利益的分配关系，实现土地资源的持续利用和生态环境的持续维护。

9.1 土地利用调控的原则

区域土地利用优化调控与生态文明建设，应着眼于区域发展阶段、资源环境禀赋以及主体功能要求，在此基础上，遵循下述原则进行。

1. 区域主体功能主导原则

榆林市位于黄土高原生态屏障带，土地利用调控应优先考虑保障生态功能性用地；渭南市位于关中盆地农产品主产区，土地利用调控应优先考虑基本农田建设；安康市位于秦岭生态屏障地带，土地利用调控依据是确保生态性用地尤其是林地的保护。

2. 效率优先原则

土地利用转移流的生态系统服务价值提升额度具有明显差异。生态系统服务功能提升战略中，应优先考虑对生态系统服务提升高效的土地转移流。

3. 因地制宜原则

榆林市、渭南市和安康市，受地理区位、自然条件、社会经济发展水平和资源环境压力的差异，主体功能定位不同，单位面积的土地利用方式生态系统服务功能具有明显差异。土地利用优化调控应遵循因地制宜原则，宜耕则耕、宜林则林、宜草则草及宜水则水。切不可在干旱缺水区搞水域扩张或在土地崎岖的山地搞耕地扩张。

4. 整体最优原则

由于地域差异，不同区域单位面积的土地转移流对生态系统服务的改变效应具有显著差异。例如，草转林地转移流的生态服务提升效应表现为榆林市<渭南市<安康市。因此，土地利用调控应考虑整体最优原则，在空间上进行有效权衡，发挥各类型区自身长处，达到在较大区域等级上整体系统服务能力的最大化。

9.2　土地转移流调控思路

生态系统服务能力与不同的植被覆被有密切联系。通过土地利用策略的调整对生态系统施加影响，从而可以改变生态系统的结构和过程，也影响着区域生态系统向社会提供产品和服务能力的大小。通过本书研究发现，有的土地利用转移流有利于生态系统服务功能的提升，有的土地利用转移流明显会抑制生态系统服务功能。因此，需要以明确土地利用转移流和生态系统服务功能之间的定性和定量关系为依据，通过调整土地利用转移流的方向和数量，从而促使区域生态系统服务功能向着有利于生态文明的方向发展。

1. 促进具有协同提升生态系统服务能力的土地转移流

土地利用变化中，能够促进的生态系统服务各项功能协同提升的土地转移流少之又少。在本书中，仅考虑 NPP、固碳释氧、涵养水源和水土保持四项生态服务功能，发现耕转林具有协同提升生态系统服务各项功能的作用。在耕地面积较广泛的榆林市，今后应进一步巩固提升耕地转林地流，在此基础上，需要进一步提升所转林地的管护工作，充分发挥其生态服务功能。然而，对于耕地转林地流，仍然需要考虑区域属性。例如，在渭南市，耕地的转出势必会影响渭南市农产品供给能力，需要慎重考虑耕地转林地的问题。对于安康市而言，由于"七山二水一分田"的土地资源格局，耕地资源十分珍贵。因此，除非坡度大于规定要求不宜耕种，否则要十分慎重，不可轻易推行耕地转林地行为。

2. 提升与区域主体生态服务功能一致的土地转移流

对于具有权衡效应的土地利用转移流，总的原则是增加与区域主体功能相适应的生态系统服务功能增加的土地利用转移流。例如，榆林市需要优先考虑增加有利于水土保持功能的土地利用转移流，如耕地转草地流；渭南市则需要优先考虑增加有利于提供农产品供应的转移流，如耕地的转入流；安康市则需要优先考虑增加有利于涵养水源、水土保持等的转移流，如耕地转草地流。相反，上述各区域，需要尽可能减少与区域主体生态系统服务功能定位相抵触的土地转移流，主要是上述各转移流的反向流。

3. 遏制生态系统服务协同降低的土地转移流

有一些土地转移流造成生态系统服务的协同降低。对于这一类型的转移流，在今后发展中应尽量遏制其量的大小。尽管生态系统服务表现为协同降低的土地转移流在不同区域略有差异，但基本上表现为耕地、林地、草地等土地利用类型转向建设用地，均会造成四项生态系统服务功能的降低。但是，建设用地又是必不可少的。因此，总体策略为提高建设用地的集约性，尽可能降低建设用地对耕地、林地、草地等用地类型的占用。同时，需要加强土地整理工作。

9.3　生态系统服务能力提升建议

根据中国科学院生态环境研究中心研究员、中国科学院院士和第三世界科学院院士傅伯杰对全国生态系统服务能力提升的建议，榆林市、渭南市和安康市的生态系统服务能力提升可以考虑以下几个方面。

第一，从生态文明建设和国土空间优化的角度出发，综合各类生态系统和建设用地、耕地及城镇化的发展，要求进行国土空间优化和生态系统的建设。

第二，在生态系统管理中，平衡不同服务和社会需求之间的关系，调节供给服务与文化服务间的关系，使经济发展和社会进步决策不损害生态系统的健康发展。

第三，加强政府在生态系统管理中的综合协调和全社会共同参与。建立和完善各级政府生态系统管理与协调机构，理顺不同的政府部门之间和大流域上下游不同行政区域之间的协调和合作机制。充分发挥省级政府层面，县域层面和企业、社区、公众在生态系统管理中的不同作用。

第四，推进实施生态补偿政策。继续实施已有的生态建设工程和农户补贴政策。实施新的生态保护和恢复工程。要提供对生态系统服务的广大乡村地区实施"以奖促治"的财政激励政策。要制定生态补偿的条例，并开展生态补偿试点，建立建设项目、多元化投资的机制，培育生态建设产业和市场。

第五，提高生态系统管理的科技支撑能力。加大投入力度，建立一个系统的涵盖足够生态系统类型的监测和研究网络。开展国家生态系统状况与变化的周期性调查评估，以便掌握生态系统的动态和变化的状态。推动气候变化与生态系统适应性长期监测，开展生态系统适应气候变化管理的试点示范。开展生态系统管理的教育与培训工作，将生态系统服务于管理的理念引入学校教育，提升全社会对生态系统服务理念的认识，并且要通过各级党校等渠道，向国家、省级和县级的领导干部提供培训。

9.4　生态文明建设路径

1. 榆林市生态文明建设路径

榆林市地处风沙过渡地带，自然生态环境相对脆弱。同时，以煤炭和石油、天然气为主的能源矿产资源丰富，是我国重要的能源矿产生产基地。因此，榆林市以相对脆弱的生态环境和能源矿产资源深度开发为主要矛盾，曾经一度表现在土地利用上为地表覆被的破坏和生态的恶化。今后应在造林绿化、污染减排、城乡环境综合整治等方面加大力度，具体如下。

（1）调整土地利用结构和产业结构优化调控。生态文明建设与农业产业协调发展，推进低碳农业发展，把经济活动过程和结果的"绿色化"、"生态化"作为绿色发展的主要内容和途径。

（2）完善生态环境的动态监测。在国家实行生态退耕政策以后，榆林市推行了矿产资源开发利用与矿山环境保护并重的原则，实施矿产资源开发与环境保护协调发展的战略，建立了矿山环境监测网络，强化监督管理，积极推进矿山环境综合治理。

（3）持续加大退化生态环境修复工作。强化生态保护和建设，通过退耕还林还草工程来建设榆林市的生态环境，在整体上遏制生态环境的恶化。今后的发展中，需要进一步坚持因地制宜的造林原则，结合榆林市的气候和地形特点进行造林整地工作，通过建设小型水利蓄水工程来保障植树造林种草工程的水源；在风沙区优先发展固沙造林，提高植株的成活率；加强水土流失和土壤侵蚀的治理，通过一定的措施来改变原有地表植被覆盖状况，改善小流域水土流失和土壤侵蚀现状；并通过提高地表植被覆盖度来增强生态稳定性。小流域综合开发治理模式就是以小流域为基本开发单元，种植各种合适的植被，并通过防风固沙、培肥改土、蓄水保墒等技术，建立多层次、多年生、多品种的复合群落来维持生态平衡。

（4）加大循环发展，提高能源资源利用效率。坚持适度开发，调整区域资源开发量，适当压缩资源的开采度，将能源矿产资源开发的环境影响降低到最低，推进绿色发展理念，推进循环工业经济模式，从而提升能源区土地生态系统的生态服务能力。具体措施分为三个方面。第一，以煤炭开采为龙头，构建以煤炭开采-电力-铝-建材为主的循环产业链；第二，以焦（煤）化加工为主，构建焦（煤）-化工品为主的循环产业链；第三，以石油加工为主，构建以石油-化工品为主的循环产业链。通过这些措施尽可能地使区域的煤矸石、煤焦油和焦炉煤气等废物通过市场交易实现规模化、产业化和综合利用，减少工业废物对生态环境的破坏，真正实现能源化工基地循环发展。

2. 渭南市生态文明建设路径

对渭南市而言，由于地处关中盆地，自然环境和区位条件良好。近年来随着中国西部核心城市西安市的国际化进程和人口、经济集聚，城市化的溢出效应，渭南市毫无疑问也承接西安市的人口压力、农产品供给压力转移问题。今后土地利用优化调控与生态文明建设中应加强以下几个方面。

（1）优化土地利用结构。地形相对平坦，土壤肥沃，作为关中平原的重要组成部分，农产品是其主体功能，因此，在生态系统服务中需要强化农产品供给的服务功能。在对渭南市的土地利用进行优化结构调整的过程中，实行不同层次的优化方案相结合的方法实现宏观规划与微观调整，由宏观优化方案指导地市以上尺度的土地利用，由微观的土地优化方案指导县以下的土地利用，二者互相交错，为关中地区的土地利用结构协调提供较大的帮助，实行整体与局部相结合，市、县行政单元和土地利用类型等多层次的土地优化系统。根据不同层次的土地利用优化方案之间的同一性和互补性，将其有机地组合起来，更好的发挥各自的功能作用。

（2）加大盆地边缘去水土保持工作。渭南市人口限制区主要是国家生态环境重点建设区，或者属于国家重要的生态屏障区域，生物多样性重点保护区域。今后应在盆地边缘区加强水土流失治理，提升水土保持功能，以此服务于主体区域的农产品生产功能。对渭北黄土丘陵沟壑区等不适宜耕作和对生态环境会造成破坏的坡耕地进行退耕和生态整治，加大对该区域林地和草地的增长，对于该区域的土地利用结构调整可以同过生态移民，实现生态建设和社会经济发展等多重目标。

（3）提高城市用地的集约性。严格执行土地利用总体规划中确定的土地用途分区管制和建设用地空间管制分区。按国家下达的新增建设用地土地利用年度计划指标用地，控制开发强度，不得超计划用地；加大盘活存量土地力度，坚持复垦利用政策，减少耕地后备资源开发力度，做到建设用地总量有减少，耕地数量有增加，质量有提高。严格控制农用地转为建设用地，尽量调剂使用闲置土地和低效利用土地。在既定的城市空间范围内积极开展城市土地整理工作，通过旧城改造、城市土地置换来促进土地利用的有序化和集约化，促进土地配置效率和使用效率的提高。大力调整城市不合理的用地布局，消除城市土地利用中对社会经济可持续发展的制约和限制因素，最终提高其经济承载力。

（4）加快农业产业结构调整，推广资源节约型农业技术。渭南市作为农业大市，必须把发展生态农业作为首要任务，走高效生态的农业现代化道路；推广资源节约型农业技术的扩散是发展资源节约型农业的关键所在。今后具体发展模式应该结合大力发展低碳技术、建立生态工业园区，走种植-养殖-加工业相结合的绿色生态农业发展等。

3. 安康市生态文明建设路径

对于安康市来说，地处秦岭生态屏障地带和国家重要水源地，涵养水源和水土保持是其重要的生态系统服务功能。安康市土地利用优化调控与生态文明建设应大力实施生态强地战略，即以下几个方面。

（1）继续保育森林，进一步提升森林的生态系统服务价值。安康市北靠秦岭，南依巴山，汉江横贯其中，形成"两山夹一川"的地貌轮廓。依托"两山夹一川"的地貌特征，构筑生态网络骨架。

（2）严格保护湿地，强化水源地的生态服务功能。严格保护水源地、湿地等重要生态用地，严格控制水源保护区核心地带的开发活动，地下水源保护区要限制城镇发展。

（3）加强自然保护区建设，严格保护乡土生物栖息地。强化保护区功能，保护生物多样性；发挥土地的生态服务功能，适度开发生态农业、旅游休闲产业，控制不合理的开发建设，并注重环境保护。

（4）加快发展生态农业与林下经济。安康市地处山区，耕地比例很低。确保区域粮食安全和生态安全，需要强力发展生态农业。其次要注重森下经济发展，提高群众的自我补偿能力。比如依托森林资源发展旅游，从旅游经营中取得一定收入；森林生物资源采摘等。

（5）大力发展绿色产业。安康市自然资源、生态环境独具特色，发展潜力巨大，具有发展绿色产业的天然优势，探索"绿水青山就是金山银山"的生态型发展路径，通过大力发展绿色产业，构建绿色产业空间格局体系，切实保护水资源、生物资源和农林资源，解决地区突出的水土流失、挖沙开矿等严重危害生态安全的问题（徐德龙等，2016）。引导城镇资源消耗型企业、污染风险较大企业逐步向外围工业园区迁移，并实现绿色循环转型；构建一批绿色、有机农业产品，加深绿色产业链建设。安康市水热资源丰富，绿色植物生长茂盛，可以依托自己独特的生物资源，通过建立农林产品产业基地来进行特色资源开发。以茶叶、畜牧业、桑蚕、中药材等特色种植业作为主导产业，以农户种植、采摘，公司收购、加工的方式产生集聚效应，着重发展一种绿色品牌产品，并通过媒体广告等方式扩大知名度，最终形成稳定的国内国际市场。

（6）建立长效的生态环境补偿机制。坚持"谁开发谁管理，谁破坏谁治理，谁利用谁补偿"的方针。根据受益者付费、破坏者赔偿、开发者补偿等原则，探索建立生态环境补偿机制，建立矿山环境保护和土地复垦保证金制度。建立生态补偿机制是保育森林面积和改善生态环境的重要环节，建立和完善森林生态效益补偿基金管理制度实质上是连接经济发展和生态保育的纽带。以相邻区政府投入为主，受益者适当承当的原则，加大区域森林的种植与保护。

参 考 文 献

包蕊, 刘峰, 张建平, 等, 2018. 基于多目标线性规划的甲积峪小流域生态系统服务权衡优化[J]. 生态学报, 38(3): 1-17.

陈春阳, 戴君虎, 王焕炯, 等, 2012. 基于土地利用数据集的三江源地区生态系统服务价值变化[J]. 地理科学进展, 31(7): 970-977.

陈福军, 沈彦俊, 李倩, 等, 2011. 中国陆地生态系统近 30 年 NPP 时空变化研究[J]. 地理科学, 31(11): 1409-1414.

陈克龙, 李双成, 周巧富, 等, 2008. 近 25 年来青海湖流域景观结构动态变化及其对生态系统服务功能的影响[J]. 资源科学, 30(2): 274-280.

陈利顶, 刘洋, 吕一河, 等, 2008. 景观生态学中的格局分析: 现状、困境与未来[J]. 生态学报, 28(11): 5521-5531.

陈能汪, 李焕承, 王莉红, 2009. 生态系统服务内涵、价值评估与 GIS 表达[J]. 生态环境学报, 18(5): 1987-1994.

戴尔阜, 王晓莉, 朱健佳, 等, 2016. 生态系统服务权衡: 方法、模型与研究框架[J]. 地理研究, 35(6): 1005-1016.

杜新远, 戚浩平, 孙永军, 2006. ETM+影像实地遥感信息提取的最佳波段选择——以扎陵湖、鄂陵湖地区为例[C]. 北京: 第二届全国国土资源遥感技术应用交流会.

冯伟林, 李树苗, 李聪, 2013. 生态系统服务与人类福祉——文献综述与分析框架[J]. 资源科学, 35(7): 1482-1489.

傅伯杰, 于丹丹, 2016. 生态系统服务权衡与集成方法[J]. 资源科学, 38(1): 1-9.

傅伯杰, 张立伟, 2014. 土地利用变化与生态系统服务: 概念、方法与进展[J]. 地理科学进展, 33(4): 441-446.

高江波, 周巧富, 常青, 等, 2009. 基于 GIS 和土壤侵蚀方程的农业生态系统土壤保持价值评估——以京津冀地区为例[J]. 北京大学学报(自然科学版), 45(1): 151-157.

郭荣中, 杨敏华, 2014. 长株潭地区生态系统服务价值分析及趋势预测[J]. 农业工程学报, 30(5): 238-246.

国志兴, 王宗明, 张柏, 等, 2008. 2000~2006 年东北地区植被 NPP 的时空特征及影响因素分析[J]. 资源科学, 30(8): 1226-1235.

胡和兵, 刘红玉, 郝敬锋, 等, 2013. 城市化流域生态系统服务价值时空分异特征及其对土地利用程度的响应[J]. 生态学报, 33(8): 2565-2576.

胡喜生, 洪伟, 吴承, 2013. 土地生态系统服务功能价值动态估算模型的改进与应用——以福州市为例[J]. 资源科学, 35(1): 30-41.

胡馨月, 宋豫秦, 鲁蕾, 2017. 红寺堡灌区土地利用变化对生态系统服务价值的影响研究[J]. 北京大学学报(自然科学版), 53(5): 939-947.

虎陈霞, 郭旭东, 连纲, 等, 2017. 长三角快速城市化地区土地利用变化对生态系统服务价值的影响——以嘉兴市为例[J]. 长江流域资源与环境, 26(3): 333-340.

黄云凤, 崔胜辉, 石龙宇, 2012. 半城市化地区生态系统服务对土地利用/覆被变化的响应——以厦门市集美区为例[J]. 地理科学进展, 31(5): 551-560.

蒋晶, 田光进, 2010. 1988 年至 2005 年北京生态服务价值对土地利用变化的响应[J]. 资源科学, 32(7): 1407-1416.

赖敏, 吴绍洪, 戴尔阜, 等, 2013. 三江源区生态系统服务间接使用价值评估[J]. 自然资源学报, 28(1): 38-50.

赖元长, 李贤伟, 冯帅, 等, 2011. 退耕还林工程对四川盆周低山丘陵区生态系统服务价值的影响——以洪雅县为
　　例[J]. 自然资源学报, 26(5): 755-768.

李晶, 李红艳, 张良, 2016. 关中-天水经济区生态系统服务权衡与协同关系[J]. 生态学报, 36(10): 3053-3062.

李晶, 任志远, 2011. 基于 GIS 的陕北黄土高原土地生态系统固碳释氧价值评价[J]. 中国农业科学, 44(14):
　　2943-2950.

李鹏, 姜鲁光, 封志明, 等, 2012. 生态系统服务竞争与协同研究进展[J]. 生态学报, 32(16): 5219-5229.

李双成, 刘金龙, 张才玉, 等, 2011. 生态系统服务研究动态及地理学研究范式[J]. 地理学报, 66(12): 1618-1630.

李双成, 张才玉, 刘金龙, 等, 2013. 生态系统服务权衡与协同研究进展及地理学研究议题[J]. 地理研究, 32(8):
　　1379-1390.

李文华, 张彪, 谢高地, 2009. 中国生态系统服务研究的回顾与展望[J]. 自然资源学报, 24(1): 1-10.

李琰, 李双成, 高阳, 等, 2013. 连接多层次人类福祉的生态系统服务分类框架[J]. 地理学报, 68(8): 1038-1047.

李屹峰, 罗跃初, 刘纲, 等, 2013. 土地利用变化对生态系统服务功能的影响——以密云水库流域为例[J]. 生态学
　　报, 33(3): 726-736.

刘纪远, 布和敖斯尔, 2000. 中国土地利用变化现代过程时空特征的研究——基于卫星遥感数据[J]. 第四纪研究,
　　20(3): 229-239.

刘纪远, 匡文慧, 张增祥, 等, 2014. 20 世纪 80 年代末以来中国土地利用变化的基本特征与空间格局[J]. 地理学报,
　　69(1): 3-14.

刘琳, 刘雪华, 2011. 黄土高原 1990～2000 年间的景观格局演变及生态系统服务功能分析[J]. 干旱区资源与环境,
　　25(5): 8-13.

刘敏超, 李迪强, 温琰茂, 等, 2006. 三江源地区生态系统水源涵养功能分析及其价值评估[J]. 长江流域资源与环
　　境, 15(3): 405-408.

刘瑞, 朱道林, 2010. 基于转移矩阵的土地利用变化信息挖掘方法探讨[J]. 资源科学, 32(8): 1544-1550.

刘宪锋, 任志远, 林志慧, 2013. 青藏高原生态系统固碳释氧价值动态测评[J]. 地理研究, 32(4): 663-670.

刘晓荻, 1998. 生态系统服务[J]. 环境导报, (1): 44-45.

刘永强, 廖柳文, 龙花楼, 等, 2015. 土地利用转型的生态系统服务价值效应分析——以湖南省为例[J]. 地理研究,
　　34(4): 691-700.

马彩虹, 2013. 基于 GIS 的汉江流域陕西段植被覆盖变化特征分析[J]. 陕西理工学院学报(自然科学版), 29(4):
　　66-70.

马彩虹, 2014. 陕西黄土台塬区土地生态风险时空差异性评价[J]. 水土保持研究, 21(5): 216-220.

马彩虹, 贾科利, 邹淑燕, 等, 2017a. 基于矢量属性的宁夏中部干旱带土地利用变化信息挖掘[J]. 水土保持通报,
　　37(4): 260-265.

马彩虹, 贾科利, 邹淑燕, 等, 2017b. 土地转移流视角下土地利用变化过程追踪方法探讨——以宁夏中部干旱带盐
　　池县为例[J]. 西北师范大学学报(自然科学版), 53(4): 101-106.

马彩虹, 任志远, 2014. 陕西黄土台塬区土地系统变化特征分析[J]. 水土保持通报, 34(1): 237-241.

马彩虹, 任志远, 2015. 陕西黄土高原台塬区土地利用的人地关系透视[J]. 干旱区研究, 32(6): 1240-1246.

马彩虹, 任志远, 李小燕, 2013. 黄土台塬区土地利用转移流及空间集聚特征分析[J]. 地理学报, 68(2): 257-267.

马彩虹, 张静, 2013. 陕南汉江流域 I_{NDV} 时空差异分析[J]. 西北师范大学学报(自然科学版), 2013, 49(5): 103-107.

马长欣, 刘建军, 康博文, 等, 2010. 1999~2003 年陕西省森林生态系统固碳释氧服务功能价值评估[J]. 生态学报, 30(6): 1412-1422.

马骏, 马朋, 李昌晓, 等, 2014. 基于土地利用的三峡库区(重庆段)生态系统服务价值时空变化[J]. 林业科学, 50(5): 17-26.

马永欢, 黄宝荣, 2015. 基于生态系统服务的生态文明建设研究[J]. 国土资源情报, (3): 3-6.

欧阳志云, 王如松, 赵景柱, 1999. 生态系统服务功能及其生态经济价值评价[J]. 应用生态学报, 10(5): 635-640.

欧阳志云, 王效科, 苗鸿, 1999. 中国陆地生态系统服务功能及其生态经济价值的初步研究[J]. 生态学报, 19(5): 607-613.

彭建, 胡晓旭, 赵明月, 等, 2017. 生态系统服务权衡研究进展: 从认知到决策[J]. 地理学报, 72(6): 960-973.

彭文甫, 樊淑云, 周介铭, 等, 2014. 基于遥感与 GIS 的土地利用变化对生态服务价值的影响[J]. 中国农学通报, 30(5): 195-202.

彭文甫, 周介铭, 杨存建, 等, 2014. 基于土地利用变化的四川省生态系统服务价值研究[J]. 长江流域资源与环境, 23(7): 1053-1062.

秦嘉励, 杨万勤, 张健, 2009. 岷江上游典型生态系统水源涵养量及价值评估[J]. 应用与环境生物学报, 15(4): 453-458.

饶胜, 林泉, 王夏晖, 等, 2015. 正蓝旗草地生态系统服务权衡研究[J]. 干旱区资源与环境, 29(3): 81-85.

任志远, 刘焱序, 2013a. 西北地区植被净初级生产力估算模型对比与其生态价值评价[J]. 中国生态农业学报, 21(4): 494-502.

任志远, 刘焱序, 2013b. 西北地区植被保持土壤效应评估[J]. 资源科学, 35(3): 610-617.

盛莉, 金艳, 黄敬峰, 2010. 中国水土保持生态服务功能价值估算及其空间分布[J]. 自然资源学报, 25(7): 1105-1113.

石培礼, 吴波, 程根伟, 等, 2004. 长江上游地区主要森林植被类型蓄水能力的初步研究[J]. 自然资源学报, 19(3): 351-360.

司今, 韩鹏, 赵春龙, 2011. 森林水源涵养价值核算方法述评与实例研究[J]. 自然资源学报, 26(12): 2100-2109.

孙慧兰, 李卫红, 陈亚鹏, 等, 2010. 新疆伊犁河流域生态服务价值对土地利用变化的响应[J]. 生态学报, 30(4): 887-894.

王航, 秦奋, 朱筠, 等, 2017. 土地利用及景观格局演变对生态系统服务价值的影响[J]. 生态学报, 37(4): 1286-1296.

王军, 顿耀龙, 2015. 土地利用变化对生态系统服务的影响研究综述[J]. 长江流域资源与环境, 24(5): 798-808.

王科明, 石惠春, 周伟, 等, 2011. 干旱地区土地利用结构变化与生态服务价值的关系研究——以酒泉市为例[J]. 中国人口·资源与环境, 21(3): 124-128.

王培忠, 严卫东, 边辉, 等, 2010. 提取蚀变信息时 TM 影像的最佳波段组合研究[J]. 地球科学与环境学报, 32(2): 173-175.

王鹏涛, 张立伟, 李英杰, 等, 2017. 汉江上游生态系统服务权衡与协同关系时空特征[J]. 地理学报, 72(11): 2064-2078.

王书明, 张志华, 2017. 景观格局—生态过程—生态系统服务的系统耦合—傅伯杰景观生态学思想述评[J]. 鄱阳湖学刊, (2): 78-83, 127.

王思远, 张增祥, 周全斌, 等, 2002. 基于遥感与 GIS 技术的土地利用时空特征研究[J]. 遥感学报, 6(3): 223-228.

王晓学, 李叙勇, 莫菲, 等, 2010. 基于元胞自动机的森林水源涵养量模型新方法——概念与理论框架[J]. 生态学报, 30(20): 5491-5500.

王秀兰, 包玉海, 1999. 土地利用动态变化研究方法探讨[J]. 地理科学进展, 18(1): 83-89.

王雅, 蒙吉军, 2017. 黑河中游土地利用变化对生态系统服务的影响[J]. 干旱区研究, 34(1): 200-207.

王燕, 高吉喜, 王金生, 等, 2014. 新疆国家级自然保护区土地利用变化的生态系统服务价值响应[J]. 应用生态学报, 34(5): 1439-1446.

王友生, 余新晓, 贺康宁, 等, 2012. 基于土地利用变化的怀柔水库流域生态服务价值研究[J]. 农业工程学报, 28(5): 246-251.

王云, 周忠学, 郭钟哲, 2014. 都市农业景观破碎化过程对生态系统服务价值的影响——以西安市为例[J]. 地理研究, 33(6): 1097-1105.

王忠诚, 华华, 王淮永, 等, 2014. 八大公山国家级自然保护区林地水源涵养功能研究[J]. 中南林业科技大学学报, (2): 95-101.

吴海珍, 阿如旱, 郭田保, 等, 2011. 基于 RS 和 GIS 的内蒙古多伦县土地利用变化对生态服务价值的影响[J]. 地理科学, 31(1): 110-116.

吴克宁, 赵珂, 赵举水, 等, 2008. 基于生态系统服务功能价值理论的土地利用规划环境影响评价——以安阳市为例[J]. 中国土地科学, 22(2): 23-28.

谢高地, 鲁春霞, 冷允法, 等, 2003. 青藏高原生态资产的价值评估[J]. 自然资源学报, 18(2): 189-196.

谢高地, 张彩霞, 张雷明, 等, 2015. 基于单位面积价值当量因子的生态系统服务价值化方法改进[J]. 自然资源学报, 30(8): 1243-1254.

谢高地, 张钇锂, 鲁春霞, 等, 2001. 中国自然草地生态系统服务价值[J]. 自然资源学报, 16(1): 47-53.

谢高地, 甄霖, 鲁春霞, 等, 2008. 一个基于专家知识的生态系统服务价值化方法[J]. 自然资源学报, 23(5): 911-919.

徐德龙, 潘云鹤, 李伟, 等, 2016. 秦巴山脉绿色循环发展战略[J]. 中国工程科学, 18(5): 1-9.

阳文锐, 李锋, 王如松, 等, 2013. 城市土地利用的生态服务功效评价方法——以常州市为例[J]. 生态学报, 33(14): 4486-4494.

杨越, 哈斯, 杜会石, 等, 2014. 基于 RS 和 GIS 的宁夏盐池县土地利用变化对生态系统服务价值的影响[J]. 水土保持研究, 21(5): 100-105.

岳德鹏, 王计平, 刘永兵, 等, 2007. GIS 与 RS 技术支持下的北京西北地区景观格局优化[J]. 地理学报, 62(11):

1223-1231.

岳耀杰, 闫维娜, 王秀红, 等, 2014. 区域生态退耕对生态系统服务价值的影响——以宁夏盐池为例[J]. 干旱区资源与环境, 28(2): 60-67.

张珏, 张慧, 2014. 土地利用变化对嘉兴市生态系统服务价值损益的影响[J]. 浙江农业学报, (2): 444-450.

张立伟, 傅伯杰, 2014. 生态系统服务制图研究进展[J]. 生态学报, 34(2): 316-325.

张新荣, 刘林萍, 方石, 等, 2014. 土地利用、覆被变化(LUCC)与环境变化关系研究进展[J]. 生态环境学报, 23(12): 2013-2021.

张镱锂, 祁威, 周才平, 等, 2013. 青藏高原高寒草地净初级生产力(NPP)时空分异[J]. 地理学报, 68(9): 1197-1211.

张舟, 吴次芳, 谭荣, 2013. 生态系统服务价值在土地利用变化研究中的应用: 瓶颈和展望[J]. 应用生态学报, 24(2): 556-562.

赵小汶, 2016. 土地利用生态服务价值指标体系评估结果比较研究[J]. 长江流域资源与环境, 25(1): 98-105.

赵永华, 张玲玲, 王晓峰, 2011. 陕西省生态系统服务价值评估及时空差异[J]. 应用生态学报, 31(10): 2662-2672.

郑华, 李屹峰, 欧阳志云, 等, 2013. 生态系统服务功能管理研究进展[J]. 生态学报, 33(3): 702-710.

周涛, 李天宏, 2014. 陕西省退耕还林(草)前后 LUCC 对生态系统服务的影响[J]. 水土保持研究, 21(1): 246-250.

周晓, 任志远, 李柏延, 等, 2017. 银川盆地生态系统服务权衡与协同关系[J]. 陕西师范大学学报(自然科学版), 45(1): 104-109.

周自翔, 李晶, 冯雪铭, 2013. 基于 GIS 的关中-天水经济区土地生态系统固碳释氧价值评价[J]. 生态学报, 33(9): 2907-2918.

朱文泉, 潘耀忠, 何浩, 等, 2006. 中国典型植被最大光利用率模拟[J]. 科学通报, 51(6): 700-706.

朱文泉, 潘耀忠, 张锦水, 2007. 中国陆地植被净初级生产力遥感估算[J]. 植物生态学报, 27(3): 413-424.

BALBI S, PRADO A D, GALLEJONES P, et al. , 2015. Modeling trade- offs among ecosystem services in agricultural production systems[J]. Environmental Modelling & Software, 72(10): 314-326.

BAO G, BAO YH, QIN Z H, et al. , 2016. Modeling net primary productivity of terrestrial ecosystems in the semi-arid climate of the Mongolian Plateau using LSWI-based CASA ecosystem model[J]. International Journal of Applied Earth Observations and Geoinformation, 46(4): 84-93.

BENNETT E G. PETERSON, GORDON L, 2009. Understanding relationships among multiple ecosystem services[J]. Ecology Letters, 12(12): 1394-1404.

BLAEN P J, JIA L, PEH KS-H, et al. , 2015. Rapid Assessment of Ecosystem Services Provided by Two Mineral Extraction Sites Restored for Nature Conservation in an Agricultural Landscape in Eastern. England[J]. Plos, 2015, 10(4): 1-10.

BOUMANS R, COSTANZA R, FARLEY J, et al. , 2002. Modeling the dynamics of the integrated earth system and the value of global ecosystem services using the GUMBO model[J]. Ecological Economics, 41(3): 529-560.

BUTLER J R, WONGB G Y, METCALFEC D J et al., 2013. An analysis of trade-offs between multiple ecosystem services and stakeholders linked to land use and water quality management in the Great Barrier Reef, Australia[J].

Agriculture, Ecosystems & Environment, 180(1): 176-191.

CARPENTER S R, MOONEY H A, AGARD J, et al. , 2009. Science for managing ecosystem services: Beyond the Millennium Ecosystem Assessment[J]. Proceedings of the National Academy of Sciences of the United States of America, 106(5): 1305-1312.

CHRISTOPHER P, STEVEN K, RANGA M, et al. , 2003. Continental scale comparisons of terrestrial carbon sinks estimated from satellite data and ecosystem modeling1982-1998[J]. Global and Planetary Change, 39(11): 201-213.

COSTANZA R, 1992. Toward an Operational Definition of Health[M]//In: Costanza R, Norton B and Haskell B(eds.)Ecosystem Health: New Goals for Environmental Management. Washington D C: Island Press.

COSTANZA R, D ARGE R, GROOT R, et al. , 1997. The value of the world's ecosystem services and natural capital [J]. Nature, 387(8): 253-260.

COSTANZA R, MAGEAU M, 1999. What is a healthy ecosystem?[J]. Aquatic Ecology, 33: 105-115.

DAILY G C, 1997. Nature's Services: Societal Dependence on Natural Ecosystems[M]. Washington D C: Island Press.

DAILY G C, MATSON P A, 2008. Ecosystem services: from theory to implementation[J]. Proceedings of the National Academy of Sciences of the United States of America, 105(28): 9455-9456.

DOBBS C, NITSCHKE C R, KENDAL D, 2014. Global drivers and tradeoffs of three urban vegetation ecosystem services[J]. Plos, 9(11): 1-10.

EASTBURN D J, O'GEEN A T, TATE K W, et al. , 2017. Multiple ecosystem services in a working landscape[J]. Plos, 12(3): 1-10.

FELIPE-LUCIA, M R, COMÍN F A, BENNETT E M, 2014. Interactions among ecosystem services across land uses in a floodplain agroecosystem[J]. Ecology and Society, 19(1): 20.

FIELD C B, BEHRENFELD M J, RANDERSON J T, et al. , 1998. Primary production of the biosphere: Integrating terrestrial and oceanic components[J]. Science, 281(5374): 237-240.

HEIN L, VAN KOPPEN K, DE GROOT R S, et al. , 2006. Spatial scales, stakeholders and the valuation of ecosystem services[J]. Ecological economics, 57(2): 209-228.

KOSCHKE L, FÜRST C, FRANK S, et al. , 2012. A multi-criteria approach for an integrated land-cover-based assessment of ecosystem services provision to support landscape planning[J]. Ecological Indicators, 21(10): 54-66 23.

KRAGT M E, ROBERTSON M J, 2014. Quantifying ecosystem services trade-offs from agricultural practices[J]. Ecological Economics, 102(2): 147-157.

KROLL F, MÜLLER F, HAASE D, et al. , 2012. Rural-urban gradient analysis of ecosystem services supply and demand dynamics[J]. Land Use Policy, 29(3): 521-535.

LANGEMEYER J, GÓMEZ-BAGGETHUN E, HAASE D, et al. , 2016. Bridging the gap between ecosystem service assessments and land-use planning through Multi-Criteria Decision Analysis(MCDA)[J]. Environmental Science and Policy, 62(2): 45-56.

LIU P, ZHENG X Q, CHEN J F, et al. , 2016. Characteristic analysis of ecosystem service value of water system in Taiyuan urban district based on LUCC[J]. International Journal of Agricultural and Biological Engineering, 9(1): 153-165.

LIU S L, YIN Y J, LIU X H, et al. , 2017. Ecosystem Services and landscape change associated with plantation expansion in a tropical rainforest region of Southwest China[J]. Ecological Modelling, 353: 129-138.

MAES J, PARACCHINI M L, ZULIAN G, et al. , 2012. Synergies and trade-offs between ecosystem service supply, biodiversity, and habitat conservation status in Europe[J]. Biology Conservation, 155(10): 1-12.

MEEHAN T D, GRATTON C, DIEH E, et al. , 2013. Ecosystem-service tradeoffs associated with switching from annual to perennial energy crops in riparian zones of the US midwest[J]. Plos, 8(11): 80-93.

MILLENNIUM ECOSYSTEM ASSESSMENT, 2005. Ecosystems and Human Well-Being: Our Human Planet: Summary for Decision-makers[M]. Washington, D C: Island Press.

MONTOYA-TANGARIFE C, DE LA BARRERA F, SALAZAR A, et al. , 2017. Monitoring the effects of land cover change on the supply of ecosystem services in an urban region: A study of Santiago-Valparaı́so, Chile[J]. Plos, 12(11): 1-22.

PLIENINGER T, DIJKS S, OTEROS-ROZAS E, et al. , 2013. Assessing, mapping, and quantifying cultural ecosystem services at community level[J]. Land Use Policy, 33(12): 118-129.

QUEIROZ C, MEACHAM M, RICHTER K, et al. , 2015. Mapping bundles of ecosystem services reveals distinct types of multifunctionality within a Swedish landscape[J]. Ambio, 44(1): 89-101.

RAUDSEPP-HEARNE C, PETERSON G D, BENNETT E M, 2010. Ecosystem service bundles for analyzing tradeoffs in diverse landscapes[J]. Proceedings of the National Academy of Sciences of the United States of America, 107(11): 5242-5247.

REID, WALTER V, 2006. Bridging Scales and Knowledge Systems: Concepts and Applications in Ecosystem Assessment[M]. Washington, D C: Island Press.

SHARPLY A N, WILLIAMS J R, 1990. EPIC-erosion/productivity impact calculator: 1. Model documentation. US Department of Agriculture Technical Bulletin, No. 1768[Z]. Washington D C: USDA Agricultural Research Service: 235.

SHOYAMA K, YAMAGATA Y, 2014. Predicting land-use change for biodiversity conservation and climate-change mitigation and its effect on ecosystem services in a watershed in Japan[J]. Ecosystem Services, 8: 25-34.

TIAN Y C, WANG S J, BAI X Y, et al. , 2016. Trade-offs among ecosystem services in a typical Karst watershed, SW China[J]. Science of the Total Environment, 566(10): 1297-1308.

TOMSCHA S A, GERGEL S E, 2016. Ecosystem service trade-offs and synergies misunderstood without landscape history[J]. Ecology and Society, 21(1): 43-53.

TURNER B L, SKOLE D L, SANDERSON S, et al. , 1995. Land use and land cover change science /research plan[R]. IGBP Report No. 35, HDP Report No. 7. IGBP of the ICSU and HDP of the ISSC, Stockholm and Geneva.

TURNER K G, ODGAARD M V, BOCHER P K, et al. , 2014. Bundling ecosystem services in Denmark: Trade-offs and synergies in a cultural landscape[J]. Landscape and Urban Planning, 125(10): 89-104.

TURNER P K, ADGER W N, BROUWER R, 1998. Ecosystem services value, research needs, and policy relevance: a commentary[J]. Ecological Economics, 25(1): 61-65.

WILLEMEN L, HEIN L, VERBURG P H, 2010. Evaluating the impact of regional development policies on future landscape services[J]. Ecological Economics, 69(11): 2244-2254.

WISCHMEIER W H, JOHNSON C B, CROSS B V, 1971. A soil erodibility nomograph for farmland and construction sites[J]. Soil Water Conser, 26(5): 189-193.

YANG G F, GE Y, XUE H, et al. , 2015. Using ecosystem service bundles to detect trade-offs and synergies across urban-rural complexes[J]. Landscape and Urban Planning, 136(4): 110-121.

ZHANG T, CAO G C, CAO S K, 2017. Dynamic assessment of the value of vegetation carbon fixation and oxygen release services in Qinghai Lake Basin[J]. Acta Ecologica Sinica, 37(2): 79-84.

ZHANG Y M, ZHAO S D, 2010. The millennium ecosystem assessment follow-up: a global strategy for turning knowledge into action[J]. Journal of Natural Resources, 25(3): 522-528.